法律学の森

フランス民法
――日本における研究状況――

大村敦志

〈略目次〉

第3章　民事責任　　　　　　　Titre III/ Responsabilité civile
　第1節　契約責任　　　　　　　　ch. I/ Responsabilité contractuelle
　第2節　不法行為責任　　　　　　ch. II/ Responsabilité délictuelle
補章　取引　　　　　　　　　　Titre supplémentaire/ Affaires
　第1節　債権債務関係　　　　　　ch. I/ Régimes des obligations
　第2節　各種契約　　　　　　　　ch. II/ Contrats spéciaux
　第3節　担保及び時効　　　　　　ch. III/ Sûreté et prescription

結章——展望　　　　　　　　　Conclusion/ Perspective
　あとがき　　　　　　　　　　　Postface

法律学の森

フランス民法
―日本における研究状況―

大村敦志

Atsushi OMURA
Droit civil français vu par un juriste japonais : état des lieux
Tokyo, août 2010

〈略目次〉

◇ 略目次　　　　　　　　　　◇ Sommaire

序章──回顧　　　　　　　　Introduction/ Rétrospective

第1編　人と家族の法　　　　Livre I/
　　　　　　　　　　　　　　　Droit des personnes et de la famille

　第1章　一般原則　　　　　　Titre I/ Principes généraux
　　第1節　法　　　　　　　　　ch. I/ Droit objectif
　　第2節　権　利　　　　　　　ch. II/ Droits subjectifs
　第2章　人　　　　　　　　　Titre II/ Personnes
　　第1節　同　定　　　　　　　ch. I/ Identification
　　第2節　法　人　　　　　　　ch. II/ Personnes morales
　　第3節　人格権　　　　　　　ch. III/ Personnalité
　第3章　家　族　　　　　　　Titre III/ Famille
　　第1節　婚　姻　　　　　　　ch. I/ Mariage
　　第2節　離　婚　　　　　　　ch. II/ Divorce
　　第3節　親　子　　　　　　　ch. III/ Filiations
　　第4節　未成年者・被保護成年者　ch. IV/ Mineurs et majeurs protégés
　補章　家　産　　　　　　　　Titre supplémentaire/ Patrimoine
　　第1節　夫婦財産制　　　　　ch. I/ Régimes matrimoniaux
　　第2節　相　続　　　　　　　ch. II/ Successions

第2編　物と債権債務の法　　Livre II/
　　　　　　　　　　　　　　　Droit des biens et des obligations

　第1章　財　産　　　　　　　Titre I/ Biens
　　第1節　分　類　　　　　　　ch. I/ Classification
　　第2節　所有権　　　　　　　ch. II/ Propriété
　　第3節　登記制度　　　　　　ch. III/ Publicité foncière
　第2章　契約一般　　　　　　Titre II/ Contrat en général
　　第1節　意思──合意・錯誤　　ch. I/ Consentement et erreur
　　第2節　世界──公序・コーズ　ch. II/ Cause et ordre public
　　第3節　意味──解釈・性質決定　ch. III/ Interprétation et qualification
　　第4節　射程──契約の拘束力　ch. IV/ Bonne foi et effets relatifs

iii

〈略目次〉

第3章　民事責任　　　　　　　　Titre III/ Responsabilité civile
　　第1節　契約責任　　　　　　　　　ch. I/ Responsabilité contractuelle
　　第2節　不法行為責任　　　　　　　ch. II/ Responsabilité délictuelle
補章　取引　　　　　　　　　　　Titre supplémentaire/ Affaires
　　第1節　債権債務関係　　　　　　　ch. I/ Régimes des obligations
　　第2節　各種契約　　　　　　　　　ch. II/ Contrats spéciaux
　　第3節　担保及び時効　　　　　　　ch. III/ Sûreté et prescription

結章──展望　　　　　　　　　　Conclusion/ Perspective

　　あとがき　　　　　　　　　　　　　Postface

〈細目次〉

序章　回　顧　……………………………………【Leçon 01】…… 3

 Ⅰ　本書の端緒 ── 日本とフランス民法の関係 ……………… 3
  1　一般的な関係(3)／2　法をめぐる関係(5)
 Ⅱ　本書の前提 ── 日本におけるフランス民法の研究史 …………… 6
  1　19世紀(7)／2　20世紀(8)／3　21世紀(9)
 Ⅲ　本書の視点 ── 日本から見たフランス民法 ……………………… 10
  1　検討の方法(10)／2　検討の対象(11)／3　検討の意味(12)
 Ⅳ　本書の経緯 ── 日本とフランスの環境の変化 …………………… 14
  1　2004年(14)／2　2007年(15)／3　2009年(17)
 【コラム1】(18)

第1編　人と家族の法 ─────────────── 21

第1章　一　般　原　則 ───────────────── 23

第1節　法　……………………………………【Leçon 02】…… 23

 Ⅰ　序 ── 民法典の関連規定 ……………………………………… 23
 Ⅱ　「法律」と「判例」の関係 …………………………………… 24
  1　民法教科書による概観(24)／2　杉山直治郎『法源と解釈』(25)
  ／3　大村敦志『法源・解釈・民法学』(27)
 Ⅲ　「法典」の存在意義 …………………………………………… 30
 【コラム2】(31)

第2節　権　利　……………………………………【Leçon 03】…… 32

 Ⅰ　序 ── 権利論の位置づけ …………………………………… 32
 Ⅱ　権利論の動向 ………………………………………………… 33

v

1　権利の本質(33)／2　権利の濫用(33)
　Ⅲ　権利濫用論の導入 …………………………………………… 34
　　　1　末川博『権利濫用の研究』(34)／2　大塚直「生活妨害の差止に関する基礎的考察（1-8）」(37)
　Ⅳ　補論──「一般利益」論 …………………………………… 39
　【コラム3】(40)

第2章　人 ──────────────── 41

第1節　同　定 ……………………………【Leçon 04】…… 41
　Ⅰ　序 …………………………………………………………… 41
　　　1　民法典の構成(41)／2　検討の方法(42)
　Ⅱ　同定の方法──民事身分 ……………………………………… 43
　　　1　手続──民事身分簿(43)／2　実体──民事身分の構成要素(44)
　Ⅲ　同定の対象──国籍 …………………………………………… 46
　　　1　手続──国籍の取得(46)／2　実体──国籍の位置づけ(47)／3　補論──試金石としての外国人法(49)
　【コラム4】(49)

第2節　法　人 ……………………………【Leçon 05】…… 50
　Ⅰ　序 …………………………………………………………… 50
　　　1　前　提(50)／2　前　史(51)
　Ⅱ　中心的な研究系譜 ……………………………………………… 52
　　　1　山本桂一『フランス企業法序説』(52)／2　星野英一「いわゆる『権利能力なき社団』について」(54)
　Ⅲ　周辺的な研究系譜 ……………………………………………… 56
　　　1　財産の分離(56)／2　団体の組織(58)
　【コラム5】(58)

第3節　人格権 ……………………………【Leçon 06】…… 60
　Ⅰ　序 …………………………………………………………… 60
　　　1　民法典の規定(60)／2　民法学の対応(61)

Ⅱ　具体的な紹介・検討の存在 ………………………………………… 64
　　　　1　北村一郎「私生活の尊重を求める権利」(64)／2　大村敦志「フランスにおける人工生殖論議」(66)
　　Ⅲ　より一般的な考察の不在 …………………………………………… 68
　　　　1　技術的な考察(68)／2　価値的な考察(68)／3　むすびに代えて──「人の法」へ？(69)
　　【コラム6】(69)

第3章　家　族 ──────────────────────── 70

第1節　婚　姻 …………………………………【Leçon 07】…… 70

　　Ⅰ　序 ………………………………………………………………………… 70
　　　　1　検討の前提──民法典の規定(70)／2　検討の視点──公共性と私事性(71)
　　Ⅱ　婚姻による共同体 …………………………………………………… 72
　　　　1　成　立(72)／2　効　果(75)
　　Ⅲ　婚姻外の共同体 ……………………………………………………… 76
　　　　1　回避から(76)／2　承　認　へ(78)
　　【コラム7】(79)

第2節　離　婚 …………………………………【Leçon 08】…… 80

　　Ⅰ　序──離婚法改革の歴史 …………………………………………… 80
　　Ⅱ　カルボニエ改革 ……………………………………………………… 81
　　　　1　離婚原因(82)／2　離婚給付(84)
　　Ⅲ　その後の改革 ………………………………………………………… 85
　　　　1　改革の過程(86)／2　改革への視線(87)
　　Ⅳ　小括──子ども中心主義とポストモダン家族法 ………………… 88
　　【コラム8】(89)

第3節　親　子 …………………………………【Leçon 09】…… 90

　　Ⅰ　序 ………………………………………………………………………… 90
　　　　1　親子法の構成(90)／2　親子法の展開(92)／3　親子法の研究(93)

vii

II　実　親　子 …………………………………………………………… 94
　　1　水野紀子「実親子関係と血縁主義に関する一考察」(94)／2　伊藤昌司「フランス親子法における身分占有」(96)
III　その他の親子 ……………………………………………………… 97
　　1　養親子――民法典の規定(97)／2　生殖補助医療による親子(98)
【コラム 9】(99)

第 4 節　未成年者・被保護成年者 ………………【Leçon 10】…… 100

I　序 …………………………………………………………………… 100
II　これまでの研究状況 ……………………………………………… 101
　　1　未成年者(101)／2　被保護成年者(102)
III　残された研究課題 ………………………………………………… 104
　　1　歴史の研究(104)／2　実態の研究(105)／3　観念の研究(106)
IV　おわりに――親族扶養をめぐって …………………………… 107
【コラム 10】(107)

補章　家　産 ──────────────────────────── 109

第 1 節　夫婦財産制 ………………………………【Leçon 11】…… 109

I　序 …………………………………………………………………… 109
　　1　概　観(109)／2　改正の経緯(111)
II　これまでの主要な研究 …………………………………………… 113
　　1　稲本洋之助『フランスの家族法』〔第 2 部〕(113)／2　高橋朋子『近代家族団体論の形成と展開』(115)
III　これからの研究 …………………………………………………… 117
　　1　実定法の中で(117)／2　実定法の外で(117)
【コラム 11】(118)

第 2 節　相　続 ……………………………………【Leçon 12】…… 119

I　序 …………………………………………………………………… 119
II　従来の研究 ………………………………………………………… 120

　　　　　1　稲本洋之助『近代相続法の研究』(120)／2　伊藤昌司『相続法の基礎的諸問題』(122)
　　Ⅲ　最近の研究 ………………………………………………………… 124
　　　　　1　実　作(124)／2　方　法　論(124)
　　Ⅳ　今後の研究 ………………………………………………………… 124
　　　　　1　遺　言　へ(124)／2　家族財産法へ(125)

◇第1編の結語に代えて(126)
　【コラム 12】(127)

第2編　物と債権債務の法 ──────────── 129

第1章　財　産 ──────────────── 131

第1節　分　類 ……………………………【Leçon 13】…… 131

　Ⅰ　概　観 ……………………………………………………………… 131
　　　　1　民法典の編成(131)／2　講学上の編成(132)
　Ⅱ　対　比 ……………………………………………………………… 133
　　　　1　分類への執着(133)／2　分類に見る特色(134)
　【コラム 13】(136)

第2節　所有権 ……………………………【Leçon 14】…… 137

　Ⅰ　序──フランス民法 544 条 ……………………………………… 137
　Ⅱ　所有権の実質 ……………………………………………………… 138
　　　　1　利用の優越──原田純孝『近代土地賃貸借法の研究』(138)／2　住居の確保──吉田克己『フランス住宅法の形成』(140)
　Ⅲ　所有権の絶対 ……………………………………………………… 141
　　　　1　意思による制限の排除(141)／2　性質による制限の承認(143)
　【コラム 14】(144)

第3節　登記制度 …………………………【Leçon 15】…… 146

　Ⅰ　序──フランス民法研究の実験場 ……………………………… 146

II　フランス法主義の認識 …………………………………………… 147
　　　　1　先駆者としての末弘厳太郎(147)／2　紹介者としての星野英一(148)
　　III　フランス法主義の理解 …………………………………………… 149
　　　　1　フランス対抗要件主義の理解(149)／2　フランス意思主義の理解(152)
　　IV　フランス法主義の評価 …………………………………………… 153
　　　　1　内在的・自律的な評価(153)／2　外在的・関係的な評価(154)
　【コラム15】(155)

第2章　契約一般 ―――――――――――――――――― 156

第1節　意思 ―― 合意・錯誤 ……………………【Leçon 16】…… 156

　　I　序 ………………………………………………………………… 156
　　　　1　民法典の編成と講学上の編成(156)／2　債権法改正とヨーロッパ契約法(158)／3　最近の研究と本書の視点(159)
　　II　合意の形成 ……………………………………………………… 160
　　　　1　錯誤論の内部 ―― 方法論との関係(160)／2　錯誤論の周辺 ―― 情報提供義務論の理解(163)／3　錯誤論の展望(165)
　　III　合意の周辺 ……………………………………………………… 166
　　　　1　合意の領分 ―― 附合契約(166)／2　合意の前段階 ―― 申込と予約(166)
　【コラム16】(167)

第2節　世界 ―― 公序・コーズ ………………【Leçon 17】…… 168

　　I　序 ―― 二重の仕組み …………………………………………… 168
　　II　外的な仕組み …………………………………………………… 169
　　　　1　価値の側面から ―― 大村敦志『公序良俗と契約正義』(169)／2　観念の側面へ(170)
　　III　内的な仕組み …………………………………………………… 172
　　　　1　機序の側面から ―― 小粥太郎「フランス法におけるコーズの理論」(172)／2　連関の側面へ(175)

【コラム 17】(177)

第 3 節　意味 ── 解釈・性質決定　………………【Leçon 18】……178

- I　序 ── 関連の規定と研究の文脈　………………………………………178
- II　契約の解釈　………………………………………………………………179
    1　研究の内容(179)／2　研究の視点(181)
- III　契約の性質決定　…………………………………………………………182
    1　研究の内容(182)／2　研究の視点(185)

【コラム 18】(187)

第 4 節　射程 ── 契約の拘束力　………………………【Leçon 19】……188

- I　総論 ── フランス民法 1134 条　………………………………………188
    1　前提 ── 古典的な理解(188)／2　展開 ── 現代的な理解(189)／3　将来 ── 重層的な理解へ(190)
- II　各　論　……………………………………………………………………191
    1　時間的射程 ── 不予見理論の不採用(191)／2　構造的射程(192)／3　対人的射程 ── 相対効とその例外(194)

【コラム 19】(196)

第 3 章　民事責任 ──────────────────────198

第 1 節　契約責任　……………………………………【Leçon 20】……198

- I　序 ── 規定の配置など　…………………………………………………198
- II　本　論　……………………………………………………………………198
    1　契約責任の内容 ── 森田宏樹『契約責任の帰責構造』(198)／2　契約責任の外延(200)／3　契約責任の位置づけ ── 森田修『契約責任の法学的構造』(204)
- III　補論 ── 解除等について　………………………………………………205
    1　解　除(205)／2　その他(205)

【コラム 20】(207)

xi

第2節 不法行為責任 ……………………………【Leçon 21】…… 208

Ⅰ 序 —— 規定の配置と研究の文脈 ………………………………… 208
Ⅱ フォート ……………………………………………………………… 209
　1　1382条に基づく責任 —— 野田第1論文から野田第3論文へ(209)／2　その他の責任 —— 野田第2論文から北村論文へ(211)／3　社会法との関係 —— 野田第1論文から山口論文へ(212)
Ⅲ 損　害 ………………………………………………………………… 213
　1　要件としての損害(213)／2　効果における損害(216)
Ⅳ 因果関係 ……………………………………………………………… 216
Ⅴ 補　論 ………………………………………………………………… 217
　1　ヴィネー草案(217)／2　ベルエポックのフランスと高度成長期の日本，そして現在…(217)
【コラム21】(217)

補章　取　引 ―――――――――――――――――――――― 219

第1節　債権債務関係 ……………………………【Leçon 22】…… 219

Ⅰ 序 —— 関連の規定 …………………………………………………… 219
Ⅱ 債権の当事者 ………………………………………………………… 220
　1　多数当事者の債権債務関係(220)／2　債権債務関係の移転(221)
Ⅲ 債権の効力 …………………………………………………………… 223
　1　強制履行(223)／2　債権財産の保全(225)
Ⅳ 今後の方向 …………………………………………………………… 226
　1　立法との関係で(226)／2　学説との関係で(227)
【コラム22】(227)

第2節　各種契約 …………………………………【Leçon 23】…… 229

Ⅰ 序 —— 売買とその他の契約 ………………………………………… 229
Ⅱ 継続的売買をめぐる議論 …………………………………………… 230
　1　中田裕康『継続的売買の解消』(230)／2　中田裕康『継続的取引の研究』〔第1章〕(231)

Ⅲ　その他の議論 ……………………………………………… 233
　　　　　1　売買について(233)／2　その他の契約類型について(235)
　　　Ⅳ　今後の方向 ── どのように立法するか？ ……………… 236
　　　　　1　類型の設定方法(236)／2　類型の所在(236)
　　【コラム 23】(237)

第 3 節　担保及び時効 ……………………………【Leçon 24】…… 239

　　　Ⅰ　担　保 ……………………………………………………… 239
　　　　　1　序 ── 規定の対比(239)／2　各論的な検討 ── 道垣内弘人『買主の倒産における動産売主の保護』(240)／3　総論的な検討 ── 山野目論文(241)
　　　Ⅱ　時　効 ……………………………………………………… 242
　　　　　1　序 ── 規定の対比(242)／2　各論的な検討 ── 星野英一「時効に関する覚書（1-4）」(243)／3　総論的な検討 ── 金山直樹論文(244)

　　◇　第 2 編の結語に代えて(245)
　　【コラム 24】(246)

結　章　展　望 ────────────────【Leçon 25】── 247

　　　Ⅰ　序 ── フランス民法・研究・展望 ……………………… 247
　　　Ⅱ　民法・民法典の解釈・立法のために …………………… 249
　　　　　1　基層を発掘する(249)／2　革新を導入する(250)
　　　Ⅲ　民法・民法典の思想と民法学の理論のために ………… 251
　　　　　1　観念を抽出する(251)／2　枠組を構築する(252)
　　　Ⅳ　結語 ── フランス学の系譜の中で／司法制度改革の先に ……… 254
　　【コラム 25】(255)

あ と が き(257)

　　参考文献（巻末）
　　事項索引（巻末）
　　人名索引（巻末）

xiii

【コラム目次】

1　フランス民法の教科書 (18)
2　フランス民法典 100 周年と 200 周年 (31)
3　フランス民法典の制定とナポレオン，ポルタリス (40)
4　フランス家族法改革とド＝ゴール・カルボニエ (49)
5　ＥＵ統合とフランス民法典の改正 (58)
6　フランス法とアメリカ，イスラム (69)
7　ボワソナードと旧民法典 (79)
8　富井政章と梅謙次郎 (89)
9　星野英一とフランス民法研究 (99)
10　日仏会館と日仏法学会 (107)
11　全国の大学におけるフランス法教育 (118)
12　日本におけるフランス法学文献の翻訳 (127)
13　フランスにおける博士学位論文と教授資格試験 (136)
14　フランスにおける日本人研究者 (144)
15　フランス公法・刑法と民法学 (155)
16　フランス裁判法・社会法と民法学 (167)
17　フランス民法学の歴史 —— 19 世紀末まで (177)
18　フランス民法学の歴史 —— 20 世紀以降 (187)
19　フランス法と辞典・事典 (196)
20　civil の意味 —— commercial, économique との対比 (207)
21　civil の意味 —— naturel/religieux, public/politique との対比 (217)
22　フランスにおける法学者の著作 (227)
23　フランスにおける法教育 (237)
24　フランス文学とフランス民法 (246)
25　フランス学の系譜 (255)

フランス民法

◇序章◇ 回　顧

【Leçon 01】

Ⅰ　本書の端緒 ── 日本とフランス民法の関係

1　一般的な関係

　――嗚呼わが仏蘭西。自分はどうかして仏蘭西の地を踏みたいばかりに此まで生きていたのである。

（永井荷風『フランス物語』，1909 年）

　――ふらんすに行きたしと思へどもふらんすはあまりに遠し。せめては新しき背広をきてきままなる旅にいでてみん。

（萩原朔太郎「旅上」，1913 年）

　作家や画家たちが，こうしてフランスへのあこがれを語り始めたのは，明治末年，西暦で言えば 1910 年前後のことであった。上田敏によれば，当時の風潮は「学術は応用の方面を重んじる，理論は，実生活に縁遠い害にも薬にもならぬものの外，空論として斥ける，政治思想の養成には勉めない，文学を等閑視する」というものであり，「一般の思想界は英米の文化に影響され，特殊専門の学術技芸は，英米よりも寧ろ，独逸の学風に感化せられている。……仏蘭西文化の直接感化は極めて僅少である」という具合であった。以上の引用は，評論家・渡辺一民の『フランスの誘惑』（岩波書店，1995）によるが，渡辺によれば，こうした風潮の中で，作家や画家たちは，国家に抗する際の理想としてフランスを掲げたというのである。

　文化人類学者の山口昌男の著書のタイトルを借りるならば，大正から昭和戦前期を通じて，日本におけるフランスは『「挫折」の昭和史』『「敗者」の精神史』

に連なるものであったと言っても大過はない。再び，上田敏の言によれば「法理の根本，政治の基礎等について，随分仏蘭西風の思想も参照されたやうである。然し1870年普仏戦争の一大事変あって戦敗の仏国は俄然日本における声望を失ったのである」が，そうであればこそ，フランスは「負け組」の人々のよりどころとなったのであり，第2次大戦でドイツが敗れるとともに，フランスは知的なモードとしてよみがえることになる。「今，戦争がすんで民主主義革命の中にこれから新しい文学が生まれて行くにしても，日本は未だヨーロッパから学んで行かなければならない。ことにわれわれインテリゲンチャの立場において近代文学を考へて行くのに，まづフランス文学者はどういふ動きをしていたかといふことが第一に浮かんでくるのです」(1946年の『近代文学』座談会における荒正人発言。前掲の渡辺著から引用。なお，他の出席者として，埴谷雄高・加藤周一・中村真一郎などがいた）という発言は，この経緯をよく示している。

　実際，この発言に呼応するかのように，戦後まもなくサルトル，カミュなどの実存主義のブームがおこり，その後も，レヴィ＝ストロースの構造主義から，フーコーの知の考古学，そして，デリダの脱構築へと，フランス現代思想はこの国の知の流行の中心に位置し続けることになる。その背景には，「フランス文学は，日本では，頂点に立っており，そこには，おのずから，秀才が集まり，その秀才たちは，そのなかで，秀才的に形成され，日本文化の代表選手としての自覚をもって，そこから出てくるように，構造されている」(竹内好)という事情もあった。確かに，上記の加藤・中村，福永武彦のほか，森有正や大江健三郎など仏文科は多くの知識人を送り出してきた。最近でこそ，思想の世界でのフランスの影響力は減退しつつあるが，2001年以降はアメリカ主導の「帝国」「グローバリゼーション」に対する対抗力としてのフランスに再び注目が集まっている（たとえば，元駐仏大使・小倉和夫の『グローバリズムへの叛逆──反米主義と市民運動』〔中央公論社，2004〕を見よ。ほかにも，ブルデューをはじめとする多くの論者が紹介されている）。

　以上のように，近代日本においてフランスは，メイン・ストリームに対するカウンター・バランスとして，ドイツやアメリカとは異なる視点を提供する気になる存在として，常に参照されてきたと言えるだろう。

◆ I ◆ 本書の端緒──日本とフランス民法の関係

2　法をめぐる関係

このようなフランスへの視線の盛衰は，法をめぐる関係にも見てとれる。

よく知られているように，近代日本の最初の民法典（今日では「旧民法典」と呼ばれる）の大部分は，1873 年にフランスから来日したボワソナードの手になるものであった。しかし，法典論争において断行派は延期派に敗れ，「既成法典」の改正を通じて新しい民法典の制定作業が行われることとなる。その結果できあがったのが現行民法典である。日本民法典の歴史についてはここでは立ち入らないが（簡単には，大村『民法総論』〔2001〕を参照），現行民法典の編別がザクセン民法典を範としたものであり，見かけ上はドイツ民法典に近いことや，1920 年代にいわゆる「学説継受」──その代表例が法律行為理論や債務不履行理論の導入──が行われたことにより，日本民法はドイツ法の影響を受けているという理解が形成されることとなった。こうして法典編纂期には大きかったフランス法の影響は，いったんは表面から消えることとなった。先ほど一つの転換点としてあげた明治末年は，フランス法学派の総帥でもあった梅謙次郎が亡くなった時期でもあるが，この頃から日本におけるフランス法の影響は失われ始める。

しかし，第 2 次大戦後になると，フランスに対する関心は，法の世界でも再び見られるようになる。ただし，そのためには敗戦から 20 年ほどの年月が必要であった。というのは，戦後の混乱の中で退潮し，法社会学の陰に隠れた観のあった法解釈学が復調を見せ始めるには，社会が安定することが必要だったからである。実際，「学説継受」が認識された（北川善太郎）のとあわせて，日本民法典の基層にはなおフランス法の影響が残ることが指摘され（星野英一），これによって表層に付加された解釈的構築物の除去がはかられるようになった（平井宜雄）のは，1960 年代の末から 1970 年代の初頭にかけてのことであった。この「フランス法研究のルネサンス」の後には，重要な民事立法においても，有力な発想源としてフランス法が参照されることが多くなる。1980 年後半の特別養子法，1990 年代の債権譲渡特例法，成年後見法，そして，進行中（現在は休止中）の生殖医療関連の親子法などがその例である。

5

Ⅱ　本書の前提 ── 日本におけるフランス民法の研究史

　以上を話の枕として，次に，日本におけるフランス民法の研究について，ごく簡単に概観しておくことにしよう。これまで，どのような観点に立って，研究がなされてきたのかを知っておくことは，現在，どのような観点に立つことが必要かということを考えるための前提となるだろう。

　このような試みは，すでに星野英一によってなされている。星野は，パリ第２大学が編集したフランス民法典200周年記念論文集（*1804-2004 Le Code civil. Un passé, un présent, un avenir*, Dalloz, 2004）に，「民法典の日本への影響（L'influence du Code civil au Japon）」と題する論文の寄稿しているが（その後，日本語版として「フランス民法典の日本に与えた影響」北村一郎編『フランス民法典の200年』〔有斐閣，2006〕── 以下，「200年A」と略記 ── が発表された），そのなかで，同民法典の100周年記念論文集に寄稿した五来欣造氏（弁護士）のほぼ同名の論文「フランス民法典の日本への影響」以来，何度も論じられてきたこのテーマに，今日では「より深く plus profondément」切り込むべきではないかとしている。そして，誰が影響を与え，誰が影響を受けたのか，影響とは何かという問いを立て，第一に，（すでに検討のなされている）法典から法典への影響ではなく，学説から学説への影響を重視すべきこと，第二に，他の国の影響との対比を考慮に入れる必要があることを説いている。

　星野はまた，フランス民法（学）との関係で，日本法の歴史は三つの時期 ── 排他的影響の時代（1867-1890），ドイツ法優位の時代（1890-1966），法学の傾向変化の時代（1967-）── に分けられるとしている。以下においては，この時代区分を参照しつつも，一方でより単純な，他方でより詳細な区分を試みる。すなわち，まずは，19世紀・20世紀・21世紀という単純な時代区分をした上で，それぞれをさらに二つに分けてみたい。なお，一般の世界史におけるのと同様に，ここでは「20世紀」は短い世紀であったという前提をとることにする。ただし，ここでの「短い20世紀」は，他で述べたのとは少し異なり（大村「書評　山本敬三『公序良俗論の再構成』を味わう」民商法雑誌125巻2号〔2001〕249-250頁参照），大正・昭和の時代（世界史的には，第1次大戦の勃発から冷戦の終了まで）を指すものと考えてみたい。

◆ II ◆ 本書の前提――日本におけるフランス民法の研究史

1 19世紀

(1) 思想の時代　ここでいう19世紀（明治時代）は、「思想の時代」から始まる。フランス法は、天賦人権を表現した自然法として、民権運動の人々に熱心に学ばれたという（この点は、大村『法典・教育・民法学』〔有斐閣、1999〕第1編で触れたことがある）。フランスの法学書は、今日では驚くほどに、数多く翻訳されている。また、ボワソナードの民法草案の翻訳も広く読まれていたようである。そして、一般に、こうしたフランス法の受容のされ方が、法典論争の一つの要因となったと考えられている。

もっとも、このような常識（紋切型）を超えて、民法典を持つということの意義が、当時、どの程度まで理解されていたのかは、一層の検討の余地があるところであり、民法学と法史学の双方からのさらなる研究が必要とされる。具体的な問題に即して言えば、別著でも触れたところであるが（大村『民法読解総則編』〔有斐閣、2009〕）、日本民法典の第1編第1章第1節の表題（「私権の享有」か「権利の享有」か）をめぐる争いもこの点にかかわるだろう。

余談ながら、近時、トルコのEU加盟につき、同国の法典（刑法典）のあり方が障害になっていると報じられた。国際社会における地位と法典編纂という問題も、世界的に見た場合、決して過去の問題になったわけではないことを付言しておく。日本の経験を視野に入れた比較研究は興味深いテーマとなるだろう。

(2) 立法の時代　「思想の時代」に続くのは「立法の時代」である。旧民法典の公布（1890年）から現行民法典の公布・施行（1896/98）を経て、法典が一応の定着を見る時代がそれである。この時期には一見すると、フランス民法のプレゼンスは激しい浮沈に見舞われたとも言える。ボワソナード民法が否定され、ドイツ民法典の影響を受けた現行民法典がこれに変わったという限度では、確かにそうである。

しかし、星野が説くように、民法典の基層においてフランス民法の影響が残っていたことは、当時においては広く認識されていたとも言われている。このことの証左として、たとえば、日本におけるフランス民法典100周年記念の際の井上正一の演説などが引用されることがある。ドイツ法学の影響が強まったのは、「20世紀」に入っていわゆる学説継受が始まってからだというのである。この点に関しても、一層の実証的研究が必要だろう。

ただ、ここでは、この時代に参照されたフランス法は、フランス法学ではな

くフランス民法典であることを確認しておけばよい。当時は，まさに「立法の時代」であったのであり，立法との関係でフランス法が参照されていた（ある場合には受け入れられ，ある場合には退けられた）と言って大過なかろう。

2　20世紀

(1)　**解釈の時代**　「20世紀」に入り，いわゆる学説継受が盛んに行われるようになると，フランス法の影響は全く見られなくなったのだろうか。実は，そうではない。

産業革命以後の急速な社会変化に対応するためには，もはやフランス民法典もドイツ民法典も十分ではなかった。とりわけ，制定から100年を経たフランス民法典の場合には，社会問題（端的に言えば労働問題・階級問題）との落差が大きかった。この落差を埋めるために，第1次大戦後には「法の社会化」と呼ばれる現象が生ずることになる。法思想一般の次元においてもそうであるが，個別の法理をめぐってもこの傾向は現れた。たとえば，大量契約（約款）や労災事故・鉄道事故（危険責任）をめぐる法理がその代表的な例である。

20世紀前半の日本のフランス法学者たち（あるいは，フランス法に関心を寄せた民法学者たち）の興味は，こうした法理に向けられた。その代表例が，杉山直治郎の約款研究であり，野田良之の交通事故法研究である。20世紀の後半になるが，山口俊夫の労働契約研究もこの流れに含めてとらえることができるだろう。さらに，民法学者の研究例としては，末川博の権利濫用論研究を付け加える必要がある。

なお，より目立たない形ではあるが，従来の（ドイツ流の）支配的な解釈論に意義を唱えるためにフランス法を援用するという利用の仕方も，すでにかなり早い時期から見られる。末弘や川島などを子細に検討すると，フランス法にヒントを得た議論が意外に多いことに気づく。また，我妻もデュギなどに言及することがある。

(2)　**沿革の時代**　こうした実践的な観点からのフランス民法研究は，戦後には継承されなかったかと言えば，必ずしもそうではない。平井宜雄による結果債務・手段債務の概念の導入などはその一例であろう。しかし，20世紀の後半――正確には1967年の星野論文以降――において，支配的になるのは，いわゆる母法研究・沿革研究である。この研究プログラムは，ドイツ法学説によって

◆ II ◆ 本書の前提——日本におけるフランス民法の研究史

付加された書かれざる概念を除去し，本来のテクストに戻ることを唱道する点において，16世紀の人文主義法学のような趣を持つ（このことは，かつて池田＝道垣内論争に関して述べたところである。大村『法源・解釈・民法学』〔有斐閣，1995〕の補論を参照。本書でも後に触れる）。

以後，多くの領域に適応可能なこの方法は，「流行」を形成することになる。とりわけ，東大や慶應大では，瀬川信久の『不動産附合法の研究』（有斐閣，1981）や池田真朗の『債権譲渡の研究』（弘文堂，1993）が具体的モデルを提示したこともあり，それに続く若手研究者の論文において大いに活用されることとなり，ある意味で，以後のフランス民法研究のメイン・ストリームが形成されることになる（大村『公序良俗と契約正義』〔有斐閣，1995〕もこのなかに含まれる）。

もっとも，これとは異なるフランス法研究の流れもないわけではない。山本桂一の法人研究（『フランス企業法序説』〔東大出版会，1969〕）のほか，淡路剛久の連帯債務研究（『連帯債務の研究』〔弘文堂，1975〕），金山直樹の時効研究（『時効理論展開の軌跡』〔信山社，1994〕）などが，その例である（星野自身の研究——たとえば物権変動に関するもの——もこれに加えることができる）。これらはもちろん，ドイツ法を主体とした法人論・連帯債務論などに対するアンチテーゼとして提出されており，その意味では，前の時代の流れを汲むものであると言える。しかし，単にドグマティックのレベルでの議論にとどまらず，法技術の根底にある考え方（物の見方・世界の捉え方）に迫る点に大きな特徴がある。

3　21世紀

(1) **比較の時代**　日本民法学における「21世紀」は，1988年に始まる。この年に，平井宜雄は「法律学基礎論覚書」「続・法律学基礎論覚書」という副題を持つ一連の論文によって，それまでの方法論を厳しく批判した。そこで直接に矢面に立たされたのは利益考量論であったが，論理重視の平井批判は，若手研究者の意識を歴史から体系へと大きくシフトさせた。このことを端的に示したのが，その後の池田＝道垣内論争，森田＝潮見論争であった。

平井批判が広い範囲での共感を集めたのは，ある意味では「破壊の時代」が完結しつつあり，代わって「建設の時代」が始ろうとしてことの現れでもあった。平井は，当時の若手世代がそれぞれに模索していたものに，一つの方向づけをしたとも言える。母法研究によって既存の概念的構築物を除去することは

できるとして、その先に、新たな概念を再構築する必要があるのではないか。利益考量によって微視的なルールを積み重ねていくというのでは、法体系の複雑さは増すばかりであり、日本民法の原理を明確に示すことはできない。一言で言えば、母法研究や利益考量論を学んだ世代は、このように考えるようになっていたのである。

以上の帰結として、沿革的連関に着目するいわば「タテ」の比較研究とは別に、外国法をモデル造りの基礎として利用する「ヨコ」の比較研究が目立つようになった。こうした研究の典型例は、内田貴や道垣内弘人のような英米法（沿革的な繋がりがほとんどない）を参照する人々によってもたらされたが（内田貴『契約の再生』〔弘文堂，1990〕，道垣内弘人『信託法理と私法体系』〔有斐閣，1996〕）フランス民法研究に関しても、大村『典型契約と性質決定』〔有斐閣，1997〕，森田宏樹『契約責任の帰責構造』〔有斐閣，2002〕のように、母法であることのみに依拠するのではなく、むしろ鏡のようにフランス法を参照することにより法理論の構成へと向かう試みが現れるようになった。

(2) 再び，思想の時代へ？　　新しい世紀には、こうした「比較の時代」の到来と前後して、もう一つ別のトレンドが生まれる。それは、いわば外国法の根底にある考え方を抽出しようとするものであったと言える。換言すれば、再び、「思想の時代」へと向かう流れが現れつつあるとも言える。

英米法に関しては、吉田邦彦の最近の研究がこのような特徴を強く帯びていると言える（『民法解釈と揺れ動く所有論』〔有斐閣，2000〕，『契約法・医事法の関係的展開』〔有斐閣，2003〕）。フランス法研究としては、民法からは少し外れるが、水町勇一郎『労働社会の変容と再生』（有斐閣，2001），大村『フランスの社交と法』（有斐閣，2002）などが同様の傾向に属すると言えるだろう。これらは、法の「内部」から「外部」へと向かう、あるいは、確実性のある「表層」から不確実性を伴う「深層」へと向かう比較研究であるとも評しうる。

III　本書の視点 —— 日本から見たフランス民法

1　検討の方法

以上のように、日仏双方の社会情勢や時代思潮に緩やかに規定されながら、日本のフランス民法研究は展開されてきた。前掲の星野論文は、このような研

◆ Ⅲ ◆ 本書の視点 —— 日本から見たフランス民法

究の蓄積を，① 総括的な観点から，② 時間の軸にそって検討したものであったが，本書においては，これを参照しつつも，二つの点で異なる整理を試みたい。

第一に，「日本における研究状況」をある程度まで詳しく紹介するように試みる。その際にあわせて，研究対象であるフランス民法そのものについての知識も必要に応じて提示する。第二に，民法典が対象とする領域ごとに，既存の研究の整理・位置づけを試みる。民法典の全体を，「人と家族の法」「物と債権債務の法」—— こうした区分は時折見られるものである（たとえば，カルボニエの民法教科書は序論を別にすると，人・家族・物・債権債務の4巻編成になっていた。また，最近では，Hauser et al. (dir.), *Code des personnes et de la famille*, Litec (2001-) も現れている）—— に二分し，それぞれをさらにいくつかに区切った上で，日本における研究状況を明らかにしていきたい。

2　検討の対象

では，「人と家族の法」，「物と債権債務の法」をどのように区分し，どのような研究を紹介していくのか。次に，これらの点について触れておく。

まずは，略目次を掲げてみよう。

第1編　人と家族の法
　第1章　一般原則
　　第1節　法／第2節　権利
　第2章　人
　　第1節　同定／第2節　法人／第3節　人格権
　第3章　家　族
　　第1節　婚姻／第2節　離婚／第3節　親子／第4節　未成年者・被保護成年者
　補　章　家　産
　　第1節　夫婦財産制／第2節　相続
第2編　物と債権債務の法
　第1章　財　産
　　第1節　分類／第2節　所有権／第3節　登記制度
　第2章　契約一般
　　第1節　意思 —— 合意・錯誤／第2節　世界 —— コーズ・公序／第3節　意味 —— 解釈・性質決定／第4節　射程 —— 信義則・相対効

第3章　民事責任
　　第1節　契約責任／第2節　不法行為責任
　補　章　取　引
　　第1節　債権債務関係　第2節　各種契約　第3節　担保及び時効

　以上を一覧すると，本書のおおよその内容がわかるはずである。もっとも，各編の補章については一言説明をしておく必要があろう。第1編の補章「家産」の部分には，夫婦財産関係と相続とをまとめて配置してある。この部分は内容上は家族財産法とも言うべき部分であり，広義の「人と家族の法」に含まれるものの，財産法との関連性が高く，また，技術的にも複雑な部分である。それゆえ本書においては，この部分は周辺的な部分としてごく簡単に扱うにとどめている。第2編の補章「取引」の部分には，日本で言えば債権総則・契約各則・担保物権にあたる部分をまとめ，やはり相対的に軽い取り扱いをしている。これらの部分（とりわけ各種契約・担保）もまた応用的・実務的な性格が強いからである。

　このように民法典を中心部分（人・家族・物・債権債務）と周辺部分（夫婦財産・相続・各種契約・担保）に分ける考え方はフランスでも見られる。たとえば，古典的な教科書である Carbonnier の *Droit civil* は中心部分のみを対象としており，周辺部分を含まない。

　次に，本書で紹介・言及する研究は，巻末の参考文献表に掲げたとおりである。ただし，すべてを同じように取りあげるわけではない。研究の基本的な動向を示すことが目的なので，特徴的なものを重く扱う。具体的には，参考文献表に太字で掲げたものについては一定程度の紙幅を割いているが，そのほかのものについては一言二言触れるだけにとどまる。なお，本文中の引用は簡略化して行う（見出し中では文献名のみを示す。ほか，本文中でも掲載雑誌等を省略することがある。また，頻出する2冊のフランス民法200周年記念論文集については，初出箇所を除き200年A，200年Bと略記する。正式タイトルは巻末の「参考文献」を参照）。

3　検討の意味

　最後に，以上のような検討方法を採る理由について触れておく。

◆ Ⅲ ◆ 本書の視点 ── 日本から見たフランス民法

　第一に，研究論文の内容（そのアプローチのしかた）にとどまらず対象である民法上の概念や制度そのものをも含めて説明するのは，次のような理由による。一方で，実際的に見て，読者の多くはフランス法について必ずしも十分な知識を知識を持っていないだろうと想定される。そこでこの点を補う必要が生ずることになる。しかし，それだけではない。さらに進んで，本書では，日本の研究者が行ってきたフランス民法研究を解説することを通じて，フランス民法の内容やその特色についても知っていただこうと考えている。そのためには，それぞれの研究が前提としている概念や制度だけでなく，いまだ研究が及んでいない概念や制度についても，適宜，補充を行うことが望ましい。

　他方，理論的に見ると，方法論のみを独立に検討することはあまり有益なことだとは思われない。どのような対象に対して，どのような問題状況を前提に，どのような研究がなされのかを具体的に語ることによって，初めて，フランス民法に向けられた関心の内実が明らかになる。本書は，このように，対象と視線とをあわせて提示することによって，フランス民法への理解を深めることを直接の目標としている。このような意味で，本書はフランス民法の入門書であろうとしている。

　第二に，民法典の領域ごとの整理を行うのは，次のような理由による。一つには，同じくフランス民法を研究すると言っても，問題ごとに状況は異なるので，それぞれの問題ごとの研究の展開を知っておくことが重要である。このような見方は，それぞれの領域における今後の課題を見出すのにも有益なはずである。もう一つには，研究の集積している領域，欠落している領域を明示することによって，いわば研究の棚卸しを行うことができる。なぜ，この領域に関心が集まったのか，なぜ，この領域に関心が寄せられていないのか。これらのことを考えることにも大きな意義があるが，実用的な観点に立った場合には，このような作業により新たな課題を認識することが可能になる。このように，本書は，間接的にはフランス民法研究のためのマップの役割をはたすことを目的としている。その意味では，本書は研究者のためのフランス民法研究入門書でもある。

序章――回　顧

Ⅳ　本書の経緯 —— 日本とフランスの環境の変化

1　2004年

(1)　**フランス民法200周年と法科大学院の発足**　　本書第1編は，2004年に東京大学大学院法学政治学研究科で行った講義をもとにしている。

　この2004年という年は，この先，どのような年として記憶されるのだろうか。最近で言えば，1989年や2001年が特別な意味を持つ年であることは，その時点で明らかであった。しかし，2004年の意味はいまだ明らかとは言えない。

　とはいえ，法を学ぶ者にとっては，2004年はすでに一定の意味を帯びている。日本では，4月に司法制度改革の一環として法科大学院が発足した。また，フランスに関して言えば，3月には民法典200周年が祝われたが，5月にはナショナルな法とは緊張関係に立つヨーロッパ拡大が実現した。私たちは，法学教育（さらには法システム）のあり方の大きな転換に直面しているわけだが，旧来の法学教育（さらには法システム）においてその中核をなすと考えられてきた「法典中の法典」たる民法典の存在そのものが，その母国においては，積極・消極の両面から再検討に付されているのである。

　こうした状況を念頭に置きつつ，「日本から見てフランス民法とは何であったのか，何でありうるのか」という問いを立てて，これに一定の答えを与えること。そうした作業を通じて，法学・法典のあり方，さらには法（各国法Droitsの上位にある法一般 DROIT）のあり方につき思考を深めること。これらが本書の究極の目的である。

　必ずしも民法やフランス法を専門とするのではない人々をも含む読者に向けて，このような著書を公刊するのは，今日のような転換期にあっては，細々とした法知識を身につけることとは別に，法とは何か・法を学ぶとはいかなることかを考えることに格別の意味があると考えるからである。

(2)　**専修コースと研究者養成コースで**　　本書第1編のもとになった講義は大学院の二つのコースの学生に向けたものであった。すなわち，一方でこの講義は大学院専修コースの授業として行われたが，1991年に発足した一つのコースが終焉を迎える年に，このコースで行われる（べきである）教育はいかなるものかを確認しておくことは，このコースで教えた者・学んだ者にとって必要なことだろう。日本からフランス民法という外国法へと向けられた視線のあり様

◆ Ⅳ ◆ 本書の経緯──日本とフランスの環境の変化

を吟味しておくことは，専修コース──それは実務の現場に戻れば直ちに役立つような寿命の短い知識を学ぶ場として構想されていたわけではなかったと思う──で学ぶということの積極的な意味に繋がるはずだと考えて，最後の年にこのような講義を開設した（もっとも，実際には専修コースからの受講者はいなかった）。

他方，上記の講義には研究者養成コースの学生諸君（さらに他の大学から参加している諸君）も参加した。その人たちにとっては，本書はより実用的な意味を帯びる。民法専攻でまだ研究テーマを決めていないという人は，この本書を通じて日本におけるフランス民法研究の欠落を知ることができるはずである。それは研究テーマの一つのタネとなりうるはずである。また，すでにテーマを決めている（さらにフランス法を扱う）という人は，過去の主要な研究をフォローすることによって，フランス民法研究の様々な視点・手法を学ぶことができるだろう。この点は，民法以外の専攻の人についても同様である。

もっとも，研究の欠落は直ちに論文に繋がるわけではない。欠落部分が研究の対象となりうるか否かは，われわれ自身の問題意識にかかっている。その欠落を埋めることが日本法の研究にとって意味があると言えてはじめて，論文（ないしその一部）が成り立ちうるのである。ここでも重要なのは，日本法の観点からフランス民法をいかに見るのか，そこから何を引き出すのかという視点・手法なのである。

2　2007 年

(1)　フランス民法典の改正作業　　本書第 2 編は，2007 年度に東京大学大学院法学政治学研究科で行った講義をもとにしている。第 1 編では「人と家族の法」を扱ったが，第 2 編では「物と債権債務の法」を扱った。かつてのフランス民法典の編別で言えば，第 1 編「人」を終えて，第 2 編「財産」，第 3 編「財産取得の諸方法」（恵与・相続・夫婦財産制は除く）に入ったわけである。

「かつての」と付け加えたのは，この 3 年の間に，フランス民法典は大きな変化を遂げたからである。すなわち，2004 年の民法典 200 周年を契機として，債権法・時効法と担保法の大改正が打ち出されたが，そのうちの担保法大改正はすでに完了して独立の担保編が設けられるに至っている。その結果，形式的に見て，長きにわたった 3 部編成はもはや維持されていないのである（すでに担保法大改正の前に「マイヨットに適用される諸規定」が四つめの編として追加されて

いた。このことに意味については，大村「民法典 200 周年を祝う」石井三記編『コード・シヴィルの 200 年』（創文社，2009）── 以下，「200 年 B」と略記 ── で触れた)。

　実質的に見ても，担保法の内容はかなり大きく変わった。さらに，より重要な改正として債権法・時効法の大改正が予定されている。本書は，改正済みの担保法，改正予定の債権法・時効法（その後，時効法は改正済み）の内容紹介そのものを目的とするものではないが，必要に応じて最小限の言及はせざるを得ない。

　(2)　**日本における研究の進展**　変化したのは，フランス民法典そのものだけではない。正確に言えば，本書の検討対象はフランス民法典そのものではなく，フランス民法典に関する日本の諸研究であるが，日本における研究状況自体が変化を見せているのである。フランス民法典に関する研究は，200 年を契機として大きな進展を見せたが（この点についても，大村・前掲論文を参照），日本でも 200 周年に際して 2 冊の論文集が刊行された。

　そのうちの一つは，歴史的・理論的な観点からの研究であるが，もう一つは，フランス民法典そのものを対象とするものであり，主要なテーマにつき，200 年間の民法典・民法学の変遷をたどるサーヴェイ論文が集められている。本書は，日本の研究をサーヴェイするものであるので，揃って現れたこれらサーヴェイ論文の存在を二重の意味で ── まず第一に本書と同様にサーヴェイを行うものとして，そして第二にそれ自体を独自の研究として ── 考慮に入れざるを得ない（二つの 200 周年記念論文集は，現段階でフランス民法につき学ぶのに最も適した教材であると言える）。

　(3)　**法科大学院生に向けて**　さらに，三つ目の変化が加わる。2004 年の講義は，専修コースと研究者養成コースの合併授業という形で行われたが，実際に参加したのは，研究者養成コースの学生諸君と他大学の同僚および大学院生であった。その結果として，どちらかと言うと「研究へのてびき」という観点に重点が置かれることとなった。

　しかし，2007 年の講義は，法曹養成専攻（法科大学院）と総合法政専攻の合併授業という形をとっており，実際にも，法科大学院の学生諸君が参加者の多数を占めた。このような形で講義を行ったのは，日本におけるフランス民法の研究状況を知ることは，研究者になろうという人だけでなく実務家としてやっていこうという人にも有益であろうと考えたからである。本当に有益かどうかは

◆ IV ◆ 本書の経緯──日本とフランスの環境の変化

参加者がそれぞれの長い職業生活の中で判断することになるとしても，どのような点で有益でありうるかを示しておく必要はある。講義ではこの点に留意するようにした。

　実務家になろうという人々にとっても重要なのは，自らは見えない日本法の影の部分を，フランス法を鏡にすることによって見えるようにすることだろうと思う。具体的に個々の研究論文の成り立ちを学ぶことを通じて，こうした姿勢を身につけるというのが，すべての人にとって期待されることなのである。

　しかし，こうしたことを学ぶことにどのような意味があるのか。二つの意味があるだろうと思う。まず，一般的に言って，フランス民法に限らず外国法の知識は，自国法（日本法）の理解を深める。それは具体的な法制度についてだけでなく，社会や法のあり方一般についても言えることである。次に，より具体的に，いわゆるハードケースに直面した時に，外国法の知識は選択肢を増やす（批判的・多面的な検討を可能にする）。私たちの講義を聴いた卒業生たちが，時折，私たちの研究室に現れるのは，ハードケースについてのありうる考え方（方向性）を求めてのことである。これらの相談に対して，（少なくとも私は）柔軟な思考力を持つ相談者に，比較法的なヒントを提供しながらブレイン・ストーミングをすることで応じている。研究者からいかに有益なヒントを引き出せるかは，尋ねる側の力量にかかっており，比較法に関する基礎的な能力はその力量の一部分をなしている。

3　2009 年

　本書の結章は，2009 年に行われた日仏法学会創立 50 周年シンポジウムの報告原稿として書かれた。2 番目の講義からさらに 2 年が経過したが，この間にも無視しがたい変化が生じている。

　第一に，フランス側では，前述のように債権法・時効法改正案から時効法の部分が切り離されて成立した。債権法部分については，新たに司法省の草案が公表されるに至っている。さらに，物権法の改正案も公表された。

　第二に，日本側に目を転ずると，2009 年 3 月には民法（債権法）改正検討委員会の改正案が公表され，これを受けて 10 月には法制審議会での審議がスタートした。また，2009 年 5 月に施行された裁判員法に基づき，8 月には初めての裁判員裁判が行われ，国民の関心の対象となった。

第三に，日仏の関係に関しては，2008年秋に開催された日仏修好150周年シンポジウムが行われたが，フランス学の退潮を憂うる声も聞かれた。

　第四に，視野を東アジアに，さらには世界に広げるならば，次のような現象が目につく。一つは，2007年秋の中国物権法の成立，2009年春の韓国民法改正作業の再開。東アジアもまた立法の時代に突入している。もう一つは，2008年秋の金融危機による新自由主義の退潮。来るべき世界のあり方が改めて問われている。

　結章では，本書第1編・第2編がたどってきた日本におけるフランス民法研究の100年の歴史をふまえつつ，一方で，近年の様々な変動に留意し，他方で，私自身の個人的な関心も提示しながら，日本におけるフランス民法研究の将来について展望する。

●コラム1● フランス民法の教科書

　19世紀フランスの民法解説書は，逐条方式の「注釈書 commentaire」であった。体系的な観点に立った「概説書 traité」が支配的になるのは20世紀になってからである。20世紀前半を代表する概説書としては，Planiol の *Traité élémentaire de droit civil* がある（著者名により Planiol と呼ばれる。後に Ripert が加わり，Planiol=Ripert と呼ばれるようになる。戦後は，Boulanger が加わって，Ripert=Boulager と呼ばれた）。3巻本の Planiol はそれまでの大注釈書に比べるとコンパクトなものであり，教科書としての色彩の濃いものであった。これと並ぶものとして，Colin=Capitant（後に，Capitant=Julliot de la Morandière），Josserand の概説書がある。当時は，概説書を刊行することができたのは限られた著者だけであった。

　戦後になると，上記の Ripert=Boulanger, Capitant=Julliot de la Morandière のほかに，Mazeaud や Marty=Raynaud, さらには今日まで続く Carbonnier や Weil=Terré のシリーズが現れる。特に，教科書シリーズの叢書化が進み，後2冊は，それぞれ PUF 社・Dalloz 社の叢書の1部として刊行された。さらに，1970年代に入ると，多様な教科書類が現れるようになる。Starck=Roland=Boyer などの Litec 社のシリーズ，Flour=Aubert などの Armand Colin 社のシリーズのほか，Atias, Sériaux, Zenati などの PUF 社の新しい叢書，さらには Cornu や Larroumet のシリーズなどがその例であるが，特筆すべきは，それぞれ Ghestin と Malaurie とをリーダーとするシリーズであろう。

　すでに述べたところからも窺われるように，フランスの教科書は，単著からス

◆ Ⅳ ◆ 本書の経緯──日本とフランスの環境の変化

タートしたとしても，後続世代によって改訂が加えられていくことが多い。そして，改訂は極めて頻繁に行われる。もっとも，Carbonnier の教科書は，半世紀にわたり著者自身によって各巻 20 回にも及ぶ改訂が施された後，その死によって，その内容は古典として固定・保存されることとなった（現在では，最終版が PUF 社の社会科学シリーズに列せられている）。

　なお，Cornu, Malaurie, Ghestin, Terré といった 1920〜30 年代生まれの著者たちの後に続く現役世代は，いまのところ独自の教科書シリーズを産みだしていない（Leveneur や Denis Mazeaud は Mazeaud の改訂に，Aynès や Crocq は Malaurie の改訂に参加している）。

第1編
人と家族の法

◇第1章◇ 一般原則

◆第1節◆ 法　【Leçon 02】

I　序──民法典の関連規定

　本書の叙述は，基本的には，フランス民法典の編別の順に従い，領域ごとに関連の諸研究を紹介・検討する形で行われる。しかし，民法典の冒頭に「一般原則」に関する規定群が置かれているわけではない。フランスで，少なくとも民法典の編纂後に限って見る限り，一般原則への言及が活発になされるようになったのは，アンリ・カピタンによる『法学入門』が書かれて以来のことであると言ってよい。

　もっとも，民法典には「一般原則」に関する規定が全くないのかと言えば，そうではない。その目次を一瞥すれば分かるように，フランス民法典は，「第1編　人」，「第2編　物および財産権の諸変容」，「第3編　財産権取得の諸方法」の3編に分けられているが（現在はそうではない），その前に「序章（前加章）」が置かれ，「法律の公布・効力・適用一般」に関する6ヶ条がここに配されている。このうち，最初の3ヶ条は，法律の公布（1条）・時的適用範囲（2条）・空間的適用範囲（3条）に関するものであり，最後の1ヶ条は，公序規定と約定との関係（6条）に関するものである。

　これらはいずれも，「法律」に関する一般的な規定として重要な意味を持っているが，とりわけ，裁判官の職責を定める残る2ヶ条の意味は大きい。次のような規定である（以下，原則として，稲本監訳による）。

　4条　法律の沈黙，不明瞭又は不十分の口実の下に裁判を拒否する裁判官に対しては，裁判拒否につき有罪として訴追することができる。

―――― 第1章 一般原則 ――――

5条 裁判官は，裁判官に服する事件について一般的かつ規則制定的な処分によって〔裁判を〕言い渡すことを禁止される。

このように，二つの規定は，裁判官の職責を二つの方向から定めている。すなわち，一方で，裁判官は裁判を拒むことができないが，他方，その裁判にあたっては事件限りの判断がなされなければならない。ここでは，法律（立法）の優位の下に，裁判（司法）は位置づけられているわけである。と同時に，法律に従って（法創造をすることなく）すべての事件に判断を下しうるという前提がとられていることがわかる。

このような考え方の当否は，19世紀末フランスの民法学説にとって最も重要な検討課題の一つとなった。これは，そもそも「法」とは何かという根本問題にかかわるが，この点 ―― 立法と司法（法律と判例）の関係 ―― が，以下の主要な話題となる。

❚❚ 「法律」と「判例」の関係

1 民法教科書による概観

法律と判例の関係いかん，そもそも法とは何か，という問題は，規定としては民法4条・5条にかかわるものではあるが，実際には，それを超えた一般的な問題として論じられてきたと言ってよい。そこで，まず，最近の教科書（カルボニエの最終版）によりつつ，この問題の位置づけについてもう少し触れておくことにしたい。

カルボニエの『法学入門』の編成は，次のようになっている。

第1部　最初の見方・考え方 Première idée de la matière
　第1章　法＝権利（法現象／法学／法哲学）
　第2章　フランスの民法と司法制度（フランスの民法／フランスの司法制度）
第2部　民法の基礎理論 Théories générales du droit civil
　第1章　法＝客観法（民法の諸法源／民法における諸権威）
　第2章　権利＝主観法（権利の生成／権利の実現）

ここでの関心事である「法律」と「判例」に関しては，第2部第1章の「法＝客観法」の中で扱われている。法現象・法学としての「法」ではなく（第1部

◆ 第1節 ◆ 法

第1章), 法規範としての「法」を考えた場合に, まず出てくる問題が, 法規範はどのように導かれるのかという問題であり, それは, 「法源」と「解釈」をめぐる問題として提示されることになるのである。このような認識は, 科学学派の始祖の一人であるジェニーの『実定私法における解釈方法と(諸)法源』に由来すると言ってよいが, 日本でも, この問題を論ずる研究において, この二つの言葉がキーワードとされているのも, このような問題配置と議論の経緯を意識してのことであろう。以下, 杉山と大村の著書をとりあげて見ていく。

2 杉山直治郎『法源と解釈』

(1) **紹 介** 杉山直治郎 (1878-1966) は, 東京大学法学部においてフランス法を講じた初の日本人教授として知られている (その後, 福井・野田・山本・山口・北村と続く)。ちなみに, 杉山が師と仰いだのは, 日本民法典の起草者の一人である富井政章と 20 世紀フランス民法学の制度化の立役者――学会を組織し, 論文作法を確立し, 学習判例集を出版した――アンリ・カピタンであった。

『法源と解釈』(有斐閣, 1957) は, 有斐閣の学術選書 (我妻栄『近代法における債権の優越的地位』, 岡松参太郎『無過失損害賠償責任論』, 鳩山秀夫『債権法における信義誠実の原則』などを含むコレクション) の1冊として, 野田・山本の2人の尽力によって1957年にまとめられた論文集であり, 杉山の主著となったものである。そこには, 10 編の論文が収められているが, 杉山自身によって, それらは「法一般理論」に関するもの (5編), 「比較法理論」に関するもの (3編), 「私法」に関するもの (2編) に大別されている。

これらのうちでとりわけ興味深いのは, 次の3編, すなわち, 「明治8年布告第103号裁判事務心得と私法法源」(1931), 「法律思想の発達」(1918), 「比較法学の観念に就いて」(1921) である。なかでも最初の論文は, 『法源と解釈』の巻頭に掲げられたものであり, 分量も 100 頁を超えるものである。その副題「ヂェニー先生の古稀を祝して」が示すように,「ヂェニー先生の私法法源及び其解釈方法論」を念頭に置いた論文である。他の二つの論文も, この巻頭論文と無縁ではない。というのは, 19 世紀末から 20 世紀初頭にかけても科学学派の法学改革運動は, 連帯主義・世界主義という価値を伴うものであったと思われるが, 二つの論文は, これらの点を検討の対象とするものだからである。

(2) **特 色** 杉山の発想は, 三つの点で非常に興味深い。まず第一に, す

でに述べたように，杉山は，20世紀初頭のフランス法学の動向を総体として把握しようとしている。ジェニーの法学方法論に言及する研究は，杉山の前後にも多数存在するが，杉山の視野は，それらに比べて格段に広い点に大きな特徴がある。この点は，外国法の学び方として示唆に富むものであると言える。第二に，杉山は，フランスの科学学派の学説と明治日本の太政官布告とを合わせ鏡のようにつきあわせることによって，それぞれにつき，興味深い知見を導こうと試みている。すなわち，一方で，太政官布告の解釈を通じて，ジェニー学説とサレイユ学説の調整をはかる見方を示している。他方，当時の法源論の先端に位置するものとして太政官布告を再発見・再提示しようとしている。第三に，杉山は，比較法学の大きな流れを視野に収めている。太政官布告を「立法と司法との協働」を定める法律として位置づけるとともに，こうした規範が新興の新法典国においてはたす役割について触れている（なお，太政官布告の1条は仏民4条に，4条は仏民5条に類似しているが，杉山は布告は自主的立法であったと推測している）。

（3）**展　開**　杉山の巻頭論文は，ジェニーの古稀祝賀のために書かれているが，ジェニーの古稀には3巻本の祝賀論集が献呈されている。そして，そこには，外国からの寄稿もなされていた。今日，科学学派の研究成果は，19世紀末から20世紀初頭にかけての歴史的な文脈の中で改めて検討される必要があるが，その際には，諸外国においてジェニーの主張が大きな反響をもたらしたことの意味を考慮に入れる必要があるだろう。日本に限って言えば，杉山を一つの回路として，フランスの法思想がどのような影響を及ぼしたのかを研究することは，様々な意味で興味深い課題となるだろう。たとえば，末弘や穂積の判例研究，社会的な関心の背景事情との関連なども検討に値するだろう。

ところで，杉山の『法源と解釈』に関しては，これをめぐる諸研究との関連にも触れておく必要があろう。3点ある。第一は，科学学派など当時のフランス法学の紹介についてである。当時，すでに牧野英一（1878-1970）は，『民法の基本問題第2編――法律学における実証的と理想的』（有斐閣，1925）などにおいて，ジェニーやサレイユに言及していたほか，『基本問題』の後続の諸巻において，当時の様々な問題をとりあげている。第二に，太政官布告に関してであるが，これに関しては，野田良之「明治8年太政官布告103号第3条の『条理』についての雑観」（『法学協会百周年論集　第1巻』〔有斐閣，1983〕），第三に，フラン

◆ 第1節 ◆ 法

スの判例のあり方に関しては、野田良之「フランスにおける民事判例の理論」法学協会雑誌75巻3号（1958）がある。前者は「条理」の概念を検討しており、後者は「判例」の法源性を検討している。

3　大村敦志『法源・解釈・民法学』

(1)　**紹　介**　杉山の『法源と解釈』の刊行から、40年近くを経て、大村『法源・解釈・民法学』が現れる（有斐閣、1995）。大家の代表的な研究を集めたのとは異なり、初めての留学の「印象」をとりまとめた研究ノートではあるが、「フランス民法総論研究」という副題が示すように、個別の研究テーマには収まらない民法一般に関するいくつかの論文が収められている。その表題が示すように、杉山の研究の承継を志すものであり、それまで同様の研究が欠けていたことに鑑みると、一定の存在価値を持っていると言える。

『法源・解釈・民法学』は、付録的な小論を収めた第3部を別にすると、既発表の3論文を再編した第1部「フランスにおける『判例』と『学説』」と、やはり既発表の3論文を再編した第2部「フランスにおける『立法』と『立法学』」からなる。そこでは、（広い意味での）「法源」として「判例」と「法律」とが対比された上で、「判例」に対する「学説」の役割が強調されるとともに、「立法」を対象とした「立法学」の必要性が説かれている。

第1部を貫くのは、「判例」や「学説」という法現象を対象として観察するという視点である。このような視点は、1980年代のフランス法理論に多少とも共通に見られたと言ってよい。「法認識論」とも呼ばれたこの理論潮流にはいくつかの流れがあったが（アティアスを中心とするエックス学派、マルクス主義の影響の強い批判学派、学際性の高いベルギー学派、立法学中心のジュネーヴ学派）、それらを束ねた形で、規範としての「判例」が生み出されるメカニズム、「学説」の提示する「理論」や「体系」の役割などが論じられた。

これに対して、第2部では、1980年代の家族法関連立法の動向が踏まえられている。すなわち、一方では、1964〜75年のいわゆるカルボニエ改革（家族法の大部分がカルボニエ単独起草の草案によって改正された）が完結し、これとは手法を異にする「改革の改革」（85年夫婦財産法、87年親権法改正）に対する関心が寄せられつつあり、他方、生命倫理立法への動きが大々的に展開されていたという事情が、そこには反映されている。

(2) **特　色**　この論文集の特色としては，次の4点をあげることができるだろう。

第一に，1980年代の法学思潮がそれなりにとらえられていること。杉山のように，法学の内部に兆す法思想的なものには及んではいないものの，生命倫理論議に関しては，フランス社会に根強く存在する倫理観にある程度までは接近していると言えるだろう。

第二に，「判例」の検討を通じて，少なくともフランスでは，裁判官の活動の主要部分が法解釈ではなく法適用にあることを示したこと。同じように，「判例」という言葉を用いても，フランスの場合と日本の場合とでは，その抽象度に大きな差があることが指摘されるとともに，法適用の諸側面（事実認定や性質決定）に注目すべきことが説かれた。

第三に，「学説」の活動の重点が「体系化」にあることを強調していること。放置しておくと複雑さを増す法システムを，一定の原理に基づいて単純化することが「学説」の役割であるという見方が示されているが，この点は従来の研究があまり触れてこなかった点であると思われる。この点を明らかにできたのは，上記の法認識論によるところも大きい。

第四に，「立法学」という枠組みで，カルボニエ改革における上からの合意調達の過程と生命倫理論議における下からの合意形成の過程の双方を視野に入れ，「公論としての立法」という見方を示していること。その後，フランスでは，こうした枠組みが有効な問題が続出する（パクス立法やペリュシュ事件）。また，日本でも同様の議論が可能な問題が現れることになる。

(3) **展　開**　以上のように見ると，『法源・解釈・民法学』は，どちらかと言うと，外的視点に立って「判例」「学説」「立法」を観察するものであると言えるだろう。一方で，法理論の助けを借り，他方，法現象の観察を手がかりとしている以上，このような性格を帯びるのは不可避のことであるとも言える。しかし，同様の分析を，内的視点に立って行うことも不可能ではないし，むしろ，実定法学にとっては，それこそが必要なことであるとも言える。

ある意味で，このような要請に応えるのが，『法源・解釈・民法学』と隣接する時期に執筆された大村『典型契約と性質決定』（有斐閣，1997）である。契約の基礎理論に関して，この研究がどのような意味を持つかは，当面の関心事ではないので後に譲る。ここでは，『典型契約と性質決定』は，法適用過程を中心に

◆第1節◆法

おき，一方で法概念論へ，他方で法源論へと広がるものであり，個別契約の法的処遇（さらには法適用全般）の中核にある作業は「性質決定」であり，学説の役割は性質決定の前提となる契約類型を整備することにあることを説いていることを確認しておく。なお，『典型契約と性質決定』の後半から結章にかけて，契約類型の創出の主たる担い手は，契約当事者たちであることが強調されているが，この点に関しては，改めて後に触れたい。

「判例」や「学説」の役割に関して，日本では，『法源・解釈・民法学』の前後を通じて，少なくとも民法に関する限りでは，必ずしも活発な議論が展開されたとは言えない。しかしながら，民事訴訟法や行政法に目を転じると，状況はやや異なっている。まず，山本和彦『フランスの司法』（有斐閣，1995）は，豊富な見聞をもとにして，フランスの司法の実情を生き生きと描き出した。この労作によって，「規範としての判例」ではなく「現象としての判例」（判例的なものではなく，司法的なもの）の姿はよりはっきりと示されたと言うことができる。次に，橋本博之『行政法学と行政判例』（有斐閣，1998）が，その表題が端的に示すように，「行政判例と行政法学の相互関係のあり方」を，活発なアレティストであると同時に，深遠な法思想家であったオーリウを素材に検討した。

最後に，今後，ありうる研究の方向につき，2点を指摘しておく。一つは，「立法学」にかかわる。すでに触れた家族法改革は，1980年代の第2段階，90年代の第3段階を経て，今日では第4段階に入っている。このような立法の変遷を辿りつつ，立法過程のあり方の変化の意味を論ずる作業は，日本の立法を見ていく上でも有益な示唆をもたらすに違いない。パクスやペリュシュに現れた「世論」の力を分析することも急務であろう（岩村＝大村編『個を支えるもの』〔東京大学出版会，2005〕参照。なお，杉山の『法源と解釈』では，「世論と法律」の関係も論じられていた。これも含めて歴史的な再検討も必要だろう）。もう一つは，最近の「公法学」のあり方にかかわる。法学方法論における革新は，このところ公法学において顕著に見られるように思われる。かつて，科学学派の時代には，民法学の革新と公法学の革新とは密接に連動していた（大村「ベルエポックの法人論争──憲法学と民法学の対話のために」藤田宙靖＝高橋和之編『樋口陽一先生古稀記念 憲法論集』〔創文社，2004〕参照。なお，杉山の『法源と解釈』にも，デュギを論ずる論文が収められている）。このことに思いをいたして，公法学の動向を考慮に入れた研究も考えられてよい。もっとも，民法学においても，学説の役割

に対する見直しが始まりつつあることは付言しておこう（大村「共和国の民法学」同『学術としての民法Ⅰ 20世紀フランス民法学から』〔東京大学出版会，2009〕）。

Ⅲ 「法典」の存在意義

　はじめに掲げたカルボニエの目次と，ここまでの紹介・検討とを照らし合わせて見ると，カルボニエの民法入門で触れられている「法」と「権利」とのうち，「法」に限って見るならば，なお残されている問題が二つあることがわかる。第一は，法現象について（法とは何か）であり，第二は，民法典について（民法典を持つということは何を意味するか）である。第一の問題は非常に大きな問題であるが，重要な問題である。本書は，あるやり方で，この大きな問いの一部に答えを与えようという試みであるとも言える。それゆえ，この点に関しては，すべての各論的な考察を終えた後で，改めて触れるのが適当であろう。ここで触れておきたいのは，第二の問題である。これも大問題には違いないが，これまでに議論の蓄積がないわけではなく，日本でも紹介された例がある。

　本書の冒頭でも触れたように，この問題は民法典をめぐる今日的問題であり，緊張をはらんだ政治問題でもある。一方で，これまで，とりわけ19世紀末以来，民法典はフランス社会の統合の象徴であり続けてきた。このことは，近年では，カルボニエが様々な形で説いてきたところであった。他方，ヨーロッパ統合の大きな流れの中で，フランス民法典とヨーロッパ法との間の抵触が目立つようになってきている。一つには，人権条約によって民法典を含む国内法が糾弾される場面が出てきているが，もう一つ，ヨーロッパ契約法の動きにどのように対処するかも深刻な問題として意識されるようになってきている。ヨーロッパ化の時代の中で，フランス民法典はなお国民統合の象徴たりうるか，また，フランス民法典は，再びヨーロッパをリードすることができるか。

　こうした状況のフォローはある程度までは行われているが，なお，十分とは言えない。人権条約との関係，ヨーロッパ契約法との関係に関しては，最新のデータをフォローする速報と考え方の根幹を探る基礎研究の双方が望まれるだろう。それと並んで，あるいは，それ以上に重要なのが，「民法典」の意義を問い直すことである。一つの社会を規律する私法ルールの基本部分を「法典」という形で持つということがいかなることを意味するのか。この点につき，カル

◆ 第1節 ◆ 法

ボニエの説いたところは，過去の説明として大きな意義を持っている（大村「民法と民法典を考える」民法研究第1号〔1996〕）。しかし，現在・将来に向けて，より積極的に「民法典」をサポートすることができるかどうか，できるとしたら，それはいかなる社会観・法典観によってであるのか。大村『フランスの社交と法』（有斐閣，2002）は，この問いの一部に答えを与えようという試みであるが，なお十分とは言えない。さらなる検討が望まれるところである。

● コラム 2 ● フランス民法100周年と200周年

　2004年春，パリでは，シラク（Chirac）大統領を迎えて，民法典200周年を祝う祝典が開催された。この公式の行事を含めて，200周年を記念する行事・研究集会はフランスの内外で様々な形で展開され，多数の出版物が刊行された（Dalloz社から出版されたパリ第2大学の論文集はDalloz社の法令集と同じ赤の表紙，Litec社から出版されたテレ（Terré）編の論文集はLitec社の法令集と同じ青の表紙に飾られたが，これに白の表紙の全国公証人大会記録を加えると，トリコロールが完成する）。

　日本でも，日仏法学会がその年度の総会で民法典200周年を記念する特別講演を行ったほか（「特集・フランス民法典と行政法・社会法・憲法」日仏法学24号〔2007〕参照），前述の通り，関連の2種の論文集が刊行されている（北村一郎編『フランス民法典の200年』〔有斐閣，2006〕，石井三記編『コード・シヴィルの200年』〔創文社，2007〕）。

　200周年は民法典の学理的な再検討を促しただけでなく，全面改正を加速する要因ともなった。実際のところ，冒頭のシンポジウムの席でシラク大統領が明らかにしたように，200周年を契機にフランスは民法典の大改正に乗り出した。すでに，担保法・時効法の改正がなされたほか，債務法改正や物権法改正の草案も現れている。

　このような事態は，民法典100周年の際にも見られた。この時にも，一方で100周年を記念する式典が行われ，論文集が公刊されるとともに，民法典の大改正が企図された。実際には改正は実現しなかったが（改正の主唱者の一人であったSaleillesの早逝も影響している），改正の試みはその後も続けられ，1920年代には仏伊債務法草案が作られ，第2次大戦後には民法典改正委員会（Julliot de la Morandièreを委員長とする）による草案が作られた（後者の日本語訳としてフランス民法典改正草案翻訳委員会「フランス民法典改正草案（1-3）」比較法雑誌4巻1＝2号，3＝4号，5巻，2＝3＝4号〔1959-60〕）。

　なお，フランス民法典100周年は日本でも祝われており，記念論文集が残され

ている（梅謙次郎ほか『仏蘭西民法百年記念論集』〔法理研究会，1905〕）。さらに日本では，フランス民法150周年記念論文集という本国でも見られない論文集も公刊されている（江川英文編『フランス民法の150年・上』〔有斐閣，1957〕）。

◆ 第2節 ◆ 権　利　【Leçon 03】

Ⅰ　序——権利論の位置づけ

「一般原則」に関連する民法典の諸規定や民法教科書における叙述の構成に関しては，前節で触れた通りであるが，ここでは，「権利」に焦点をあわせて，改めて次の諸点を確認することから始めよう。

　第一に，フランス民法典の「前加章」に置かれた6ヶ条の中には，直接に「権利」の内容や行使に関するものは含まれていない。たとえば，日本民法典の1条（とりわけ同1項・3項）に対応するような規定は存在しない。すなわち，私権と公共の関係についても，権利の濫用に関しても，フランス民法典は沈黙している。このことの意味は考えてみるに値することがらである。

　第二に，カルボニエの民法教科書（『民法入門』）では，その第2部第2章が「権利＝主観法 les droits subjectifs」が題されており，この章はさらに，「権利の創造 création des droits subjectifs」と「権利の実現 réalisation des droits subjectifs」の2節に分割されている。もっとも，そこで扱われているのは，権利の種別や分類（第1節）であり，期間や証明に関する事項や権利の行使・特喪に関する事項，そして民事訴訟に関することがら（第2節）である。なお，権利の種別に関しては，「財産 patrimoine」との関係で，droits patrimoniaux/extra-patrimoniaux という区別が出てくるのが興味深い。そこには，日本でいう財産権・人格権という区別以上のものが含まれているように思われるが，詳しくはそれぞれの箇所で必要に応じて言及する。

　しかしながら第三に，カルボニエは，第1節・第2節の本論に先立って，「権利」に関する半頁足らずの説明を試み，これに3頁ほどの注（問題状況）を付加している。この総論的部分の「本文」および「注」では，彼の教科書においてしばしばそうであるように——この点に彼の教科書の最大の魅力がある——，示唆に富む叙述が簡潔な（ゆえに難解な）形で与えられている。

◆ 第2節 ◆ 権　利

　第四に，総じて見ると，カルボニエの教科書からは，フランス民法学における権利論の関心が，権利の本質，権利の濫用，期間・証明・訴権などとの関係に集まっていることが伺われる（「注」がついているのはこれらの部分である）。このうち，最後の点は興味深い点であるが，さしあたりは立ち入らない（『民法読解 総則編』〔有斐閣，2009〕において日本民法の期間・時効に関する規定との関連で論じた）。以下においてやや詳しく見ていきたいのは，「権利の濫用」およびその前提となる「権利の本質」に関してである。しかし，日本における議論を紹介・検討する前に，もう少しの間カルボニエに従いつつ，「権利の本質」「権利の濫用」の双方につき，フランスの議論の特徴をごく一般的に示しておくことにしよう。

II　権利論の動向

1　権利の本質

　権利の本質に関するカルボニエの説明はごく短いものである。「法は各人に，特権，行為の範囲，活動の領域を与える。人は，国家の保護の下にこれらを享有する。これが個人の権利であり，権利＝主観法である。」彼は次のように続ける。「権利の本質を明らかにすることは困難である。ある者は，それは意思の力であると言い，別の者は法によって考慮された利益，法的に保護された利益であると言う。実際のところとしては，権利は法の基礎概念の一つであり，あまり分析の対象とはなっていない」と。

　確かに，法学にとっては「権利」は「点」や「線分」のような基本概念であり，自明のものとして扱われていることが多い。しかし，カルボニエが指摘するように，一方で，20世紀初頭にデュギによって権利否定論が説かれたこと，他方，1980年代以降に人権が強調されるようになり，権利中心的な議論が優越するようになっていることは，いずれも興味深く，立ち入った検討を要するものと思われる。なかでも前者は権利の濫用とも密接な関係を持つことは，カルボニエ自身の説くところでもある。そこで次に権利の濫用について見ておこう。

2　権利の濫用

　「権利は法によって境界線を引かれた活動領域として現れるのであり，権利

者がこの活動領域の内部にとどまる限り，いかなる異議も生じないように思われる。……これが個人主義的な見方である。権利濫用理論が現れるのは，このような場面においてである。」カルボニエはこのように述べ，「権利濫用理論によれば，他人に損害を与えることのみを目的とするとき，もはや権利行使は正当であることを止め，フォート faute（最近では「過失」ではなく「非（行）」と訳されることもある）を構成する」ことを確認し，さらに進むならば，「それは権利に関する別の考え方，すなわち，権利を社会的機能としてとらえる見方となるだろう」としている。こうして，権利濫用論は，民事責任論を経て，権利本質論へと還流することになる。

　ところで，フランス法における権利濫用論の嚆矢となったのは，1855年のコルマール控訴院判決であった。これに対して，日本で，権利濫用が関心を集めたのは，1919年の著名な信玄公旗掛松事件においてであった。次に紹介する末川博が，フランスの権利濫用論に関心を寄せるきっかけとなったのも，この事件である。この事件は，まさに個人主義から集団主義へと権利観が転換した時期において現れた事件であったが，そのことも含めて，末川の研究の紹介に移ろう。

Ⅲ　権利濫用論の導入

1　末川博『権利濫用の研究』

（1）**紹　介**　末川博（1892-1977）は，我妻栄（1897-1973）と並ぶ指導的な民法学者として，昭和初年から1960年代末までを通じて学界に大きな影響を与えてきた。その研究は多岐に及び，主要な論文は，1970年代に『末川博法律論文集』（岩波書店，1970）にまとめられ，『法と契約』『権利侵害と権利濫用』『債権』『物権・親族・相続』の4巻に分けて配置されている。末川の学説の中には，物権変動論における無因論や不法行為法における違法性論のように，大きな影響力を持ったものが少なくないが，なかでも民法1条3項の新設へと帰着した『権利濫用の研究』の貢献は大きい。末川の古稀記念論文集全3巻（岩波書店，1962）が「権利の濫用」に関する寄稿を集めて編集されたのも，自然なことであった。

　『権利濫用の研究』は1933年刊の『不法行為並に権利濫用の研究』（岩波書店）

◆第2節◆ 権　利

などに収録された諸論文を再編の上で1949年に公刊されたものであるが, 後に, 1930年刊『権利濫用論』(岩波書店) とあわせて, 上記の論文集に『権利侵害と権利濫用』という形で改めてまとめられた。以下の紹介は, この最後の論文集によるが, 同論文集の「あとがき」で末川は次のように述べている。「およそ, 近代法では, すべての法律関係は権利という形でとらえられ, しかもその外延は, 個人主義, 自由主義といった近代市民的な基調の上に構築されているといってよいだろう。ところが, このことに対して, 私は疑惑を持つに至ったので, 権利をめぐる法現象について考察を試みることになった。」こうした指針の下に書かれた諸論文を集めたのが, 同論文集の第1部「権利論と権利の濫用」である。その中には大小15編の論文・評釈が収められているが, 権利濫用論の中核を構成するのは,「権利の濫用に関する一考察」(1919),「権利濫用禁止の理論的考察」(1924),「ローマ法における権利行使に関する原則とシカーネの禁止」(1924),「ドイツ民法及びスイス民法における権利濫用に関する規定の成立過程」(1928),「フランスにおける権利濫用理論」(1929) の5編である。

最初の「一考察」は, 前述のように信玄公旗掛松事件を契機とするものであるが, 末川は, その後の研究の中で, 社会主義 (ロシア法) や歴史 (ローマ法) にも関心を示しつつ, ドイツ・スイスやフランスの法状況へと筆を進めたと言える。末川にとって, フランス法はドイツ法やスイス法ほどには親しい外国法ではない。また, ドイツ法・スイス法と異なりフランス民法典には権利濫用に関する規定は置かれていない。それでも末川がフランス法につき論文を書かざるを得なかったのは, フランスが権利濫用論の母国であったからである。「フランスにおいて提唱された権利濫用の理論は, 却って他の新進の国家の民法典において採用され, 既に形式化され若しくは将に形式化されようとしているのである。」翻って日本の状況を見ると「わが国においても既に学説や判例で広く認められて来つつある。しかし, 丁度フランスにおけると同じように, わが国においてもなおこれに関する法典上の直接の規定を有たない。従ってフランスにおいて発展してきた理論をわが国においてかえりみることは必ずしも無意義だとはいえまい。」末川はこう述べてフランスの権利濫用論の紹介を行っている。

(2) 発　想　　末川自身が触れているように, 末川論文登場の時点で, フランスの権利濫用論はすでに日本に紹介されていた。牧野英一の「権利の濫用」法学協会雑誌22巻6号 (1904) や鳩山秀夫の「工業会社の営業行為に基く損害

賠償請求権と不作為の請求権」法学協会雑誌29巻4号（1911）などがあったのである。これらと比べてみると，末川論文は後発論文ながら（後発論文ゆえに），より最近までの学説を視野に入れて時代区分を行っており，分析的な叙述を見せていると言える。

　具体的には，末川は，フランスの学説史を「第1期 ── 個別的考察の時代」，「第2期 ── 統一的理論建設の時代」，「第3期 ── 根本的考察並びに権利濫用理論拡大の時代」の3期に分けており，第3期に属するものとして，カムピオン『権利濫用論 ── 権利の反社会的行使について』(1925)，リペール『債務法における道徳律』(1925)，そしてジョスラン『権利の精神とその相対性について ── 所謂権利濫用の理論』(1927)などの最新学説を紹介・検討している。以上からも容易に想像されるように，末川は公刊されたばかりの最新研究（とりわけジョスランのものは権利濫用論に関する標準的研究となる。これにつき，伊藤正己編『法学者 人と作品』〔日本評論社，1985〕に収録された山口俊夫による紹介がある）を利用して，この論文を書いたと言える。

　末川は，諸研究に従って（学説史の3期分類はカムピオンによる），フランスの権利濫用論を紹介したわけだが，すでに触れたようにそこには，法典に規定がなくとも権利濫用論は可能であることを示したいという意図が見られる。しかし，今日の観点から虚心に見ると，それは，権利濫用論を通じて見た19世紀末～20世紀初頭の民法学史の紹介にもなっていて，興味深い。

　(3) 展望　末川の貢献もあり，1947年の民法改正によって，日本民法典は権利濫用に関する明文の規定を持つに至る。そうなると，学説の関心は，権利濫用論の採否ではなくその適用領域へとシフトすることになる。権利濫用に関する戦後のいくつかの論文は，そのようなものであった（鈴木禄弥論文など）。その際の検討素材は日本の裁判例であり，もはやフランス法が参照されることはなかった。もっとも，フランスの権利濫用論に関する研究が全くなくなったわけではない。たとえば，前掲の末川古稀『権利の濫用』には木村健助による論文「フランス法における権利濫用」が収録されている。しかし，このような企画物を別にすると，フランス法における権利濫用が語られることはほとんどなくなる。

◆ 第2節 ◆ 権　利

2　大塚直「生活妨害の差止に関する基礎的考察(1-8)」

(1)　**紹　介**　末川論文に匹敵する（分量的にはそれ以上の）研究として特筆すべきは，大塚直の「生活妨害の差止に関する基礎的考察」である。末川のフランス法研究から半世紀以上を経て，1986年から90年にかけて法学協会雑誌に8回にわたって掲載されたこの大論文の直接のテーマは「生活妨害の差止」であった。しかし，大塚自身が述べるように，「生活妨害に対する差止の法律構成としては，古くは，裁判例上も学説上も権利濫用の法理が用いられていたが，その後は，……見解は，多岐に分かれている」という経緯がある。「権利濫用の構成は，すでに学説上は放棄され，裁判例上も稀になっている」のではあるが，諸外国での法的対応を歴史を遡って検討するとなると，生活妨害の研究は権利濫用論に及ばざるを得なくなる。

大塚論文は，外国法としてフランス法・ドイツ法の双方を検討しているが，フランス法に関する検討は8回の連載のうちの第3回から第6回にまたがっている。第3章第1節「フランスにおける近隣妨害の差止」と題された部分であるが，この部分はさらに「差止の法律構成・法律要件」「差止の法律構成の背景」に二分されており，権利濫用論との関連に関しては，前者の最後の部分で（連載では第4回から第5回にかけて）学説の詳しい検討が行われている。そこで，大塚は，近隣妨害と権利濫用との関係に触れ，両者を隣接概念とする考え方や近隣妨害を権利濫用に含める考え方を紹介した上で，(狭義の)権利濫用に関する学説から近隣妨害に関する学説へと進んでいる。

興味深いことに大塚は，末川のところで見たリペール，ジョスラン，カムピオンをいずれも近隣妨害に関する学説として引用している。この点に鑑みても，近隣妨害と権利濫用の間の敷居は低いと言わざるを得ない。さらに，大塚は，リペールを差止否定説（後に害意必要説），ジョスランをフォート説，カムピオンを衡平説に分類している。そこでは，近隣妨害において差止を認める際の根拠と判断基準に関心が寄せられており，末川論文よりも数歩進んだ検討がなされていると言える。

(2)　**発　想**　大塚の考察の大きな特徴は，その問題の立て方にある。大塚論文の副題は「物権的妨害排除請求と不法行為に基づく請求との交錯」と題されているが，この副題が示すように，大塚は，生活妨害の差止を認めるのに，物権的請求権による構成と不法行為による構成のどちらがよいかという問題構

成を持っている。それゆえ，近隣妨害については不法行為構成が有力であるというだけでは満足せず，なぜ物権的請求権構成が採用されないかにつき，さらに立ち入った議論を行っている。この点でも，大塚は一歩進んでいる。

同時に，このように帰納的な視点をもって問題に臨んでいるために，権利濫用理論の出発点にある「権利とは何か」「権利濫用とは何か」という原理的な視点はややもすると後景に退きがちになっている。このように評するのは「ないものねだり」ではあるが，大塚が扱った素材を別の観点から扱うならば，末川以上の権利論・権利濫用論を構成することも可能であったかもしれない。

(3) 展望　大塚の大研究が公表されてからすでに15年ほどが経過したが，大塚に続く研究は現れていない。しかし，これを踏まえた研究の方向性はいくつかありうるものと思われる。どのような研究がありうるのかを考えるためには，大塚の研究を相対化してみることが必要になろう。

大塚のフランス法研究の成果のもう一つは，判例分析であった。近隣妨害につき，いったいこれまでにどんなことが争われてきたのか。大塚の研究は丹念にこの点を示している。ただ，大塚の議論の重点は法律構成にあるために，この部分のデータは必ずしも積極的には活かされていない。また，権利濫用を視野に入れつつも近隣妨害へと向かった大塚が関心を寄せたのは，近隣妨害を理由とする差止の基準であった。大塚の作業を踏まえつつ，今後の研究の方向を考えるとしたら，これらの点が手がかりになるだろう。ここでは，三つの方向をあげておこう。

第一に，「近隣」に関する問題への展開である。大塚の分析は，フランスにおける近隣関係のあり方を部分的にとらえていたということができるだろう。しかし，近隣問題は「近隣妨害」ではない形でも現れうるはずである。たとえば，近隣住民の人間関係にアプローチするのも一法ではあるが，ここでの文脈により近いところで言えば，近隣住民相互の財産関係につき，様々な観点からの検討が行うことが考えられるだろう。特に，建築に関する様々な規制に関しては，関心は持たれているものの本格的な研究は十分とは言えない状況にある。民法典で言えば用益権・地役権を視野に入れつつ，各種の立法的・行政的措置につき検討を加えることが重要だろう。

第二に，いまの点とも関連するが，「権利」とは何かを再考することもなすべきことがらの一つだろう。今日では，不動産にせよ動産にせよ，その上に存す

◆第 2 節◆　権　利

る権利は，一定の人間的価値によって制約を受けていると考えることは，十分に可能である。たとえば，「環境」による制約や「文化」による制約が考えられることは，別のところで述べた通りである（大村「20 世紀が民法に与えた影響(2)」法学協会雑誌 120 巻 12 号〔2003〕を参照）。

　第三に，近隣妨害を超えて「妨害（障害）」一般に進むことも考えられる。最近，そのような方向を目指す学位論文も現れている（Guillemain, *Le trouble en droit privé*, PUAM, 2000）。「妨害（障害）の概念」「妨害（障害）の制裁」に二分されたこの論文のうち，とりわけ興味深いのは，その検討範囲にかかわる前半部分である。そこで，著者は，「妨害（障害）」を「損害」の「先駆物 précurseur」として位置づけ，「私益・公益に対する加害の恐れ menace」をとりだしている。このような分析は，「損害」ではなく「妨害」をとりだすことの意味を改めて考えさせる。

Ⅳ　補論──「一般利益」論

　ところで，最後に出てきた「公益（一般利益）」とは何か，という問いは，権利論の枠の内部でも外部でも大きな意味を持つ。日本民法典で言えば，私権と公共の関係という問題がこれに連なるが，フランスの文脈で言うならば，デュギの権利否定論を今日ではどのように扱うかという問題であると言ってもよいかもしれない。このような観点から見て興味深いのは，契約に関する最近の 2 冊の学位論文である。最後に，これらにつき簡単な紹介をしておくことにしたい。2 冊とは，Lokiec, *Contrat et Pouvoir. Essai sur les transformations du droit privé des rapports contractuels*, LGDJ, 2004 と Mekki, *L'intérêt général et le contrat. Contribution à une théorie de la hiérarchie des intérêts en droit privé*, LGDJ, 2004 である。

　これらの学位論文の目次を見ると，そこでは「公益 intérêt public」や「公序 ordre pubic」という言葉が大きな役割を占めていることがわかる。2 冊の学位論文は，もはや契約は私的な利益のためのツールではないという発想に立っている。そこに「権力 pouvoir」や「政治 politique」の契機を見出し，これを直視した契約理論の構想が目標として措定されている。契約と公序とを単純に対置すれば済むという時代は，遠い過去となった。今日では，契約と一般利益の関

39

係はより複雑なものとなっていることは，2冊の学位論文の内容を一瞥すれば了解される。新しい権利論は，おそらくは契約法の領域から生まれ出ることになるだろう。

● コラム 3 ● フランス民法典の制定とナポレオン，ポルタリス

　1804年に成立したフランス民法典（やや古くなったが，稲本洋之助監訳がある）は「ナポレオン法典 Code Napoléon」とも呼ばれ（ナポレオンは，民法典のほかに，商法典・刑法典・民事訴訟法典・刑事訴訟法典を制定している。5法典をあわせて「ナポレオン（諸）法典 Codes Napoléons」と呼ぶこともある），ナポレオンがその制定に強いリーダーシップを発揮したことは広く知られている（日本語では，宮崎孝治郎『ナポレオンとフランス民法』〔岩波書店，1937〕を参照）。

　ナポレオンは，5法典を制定することにより，フランス国内の法を統一するとともに，司法制度を手中に収めることになった。異なる慣習法が併存し，高等法院が分立していた時代は終わりを告げ，一つの法典（民法典）・一つの裁判所（破毀院）が支配する時代が始まったのである。

　フランス民法典の政治的な父がナポレオンであるとすると，学問的な父と呼ぶべきは4人の起草者，なかでも草案に付された「（民法典）序論」の執筆者ポルタリス（Portalis）であろう（日本語訳として，野田良之訳〔日本評論社，1947〕がある）。「序説」は法典編纂の意義やその概要を説くものであり，いわばマニフェスト的な文書であるといえる。

　フランス民法典の基本思想については大革命の理念との関係が語られることが多かったが，最近では見直しも行われており，フランスの法制史学界には怜悧な現実主義に基づくものであったとする見解も現れている。大革命の自体の見直しの潮流（Furet などの修正主義）とも関連する動きと言えようか。他方，カルボニエ（Carbonnier）のように，民法典をもって「19世紀フランス社会の民事憲法 constitution civile」と呼ぶものもある。

　なお，1789年の大革命と1804年の民法典の間は，中間法の時代と呼ばれるが，この時期にも民法典制定の試みは行われており，カンバセレス（Cambacérès）の三つの草案がよく知られている。

◇第2章◇ 人

◆第1節◆ 同　定　【Leçon 04】

Ⅰ　序

1　民法典の構成

　フランス民法典の第1編「人（について）」は，1804年の制定時には11の章から構成されていた。しかし，1990年代に第1章の2と第12章が付加されたことによって，現在では13の章を有するものとなっている。各章の表題を列挙すると次のようになる。

第1章　私　権	
第1章の2　フランス国籍	
第2章　身分証書	
第3章　住　所	
第4章　不在者	
第5章　婚　姻	⎫
第6章　離　婚	⎪
第7章　親子関係	⎬　家族の法
第8章　養親子関係	⎪
第9章　親　権	⎪
第10章　未成年・後見・親権解放	⎪
第11章　成年・被保護成年者	⎪
第12章　民事連帯規約・同棲	⎭

　上の表にも書き込んだように，この広義の「人の法」のうち，第5章〜第8章までが「家族の法」をなすものであることに異論はない。第9章〜第11章と

第12章に関しては，その扱われる場所は，「家族の法」であったり「人の法」であったりする。いずれにせよ明らかなのは，第1章〜第4章が狭義の「人の法」を構成するということである。

この狭義の「人の法」を日本民法典の総則中の「人の法」該当部分と照らし合わせてみると，フランス民法の次のような特色を指摘することができる。フランス民法では，第一に，（広義の）「後見」に関する規定は「家族の法」の後に一括されていること（日本では，総則と親族に分割して配置されている）。第二に，法人に関する規定が置かれていないこと（日本では，「法人」の章が置かれている）。第三に，国籍・身分証書に関する規定が置かれていること（日本では民法2条だけが外国人に関する規定である）。第四に，「私権」に関する規定として，私権と公権の区別に関する規定や人格・人身に関する規定が置かれていること（日本では，前者につき，民法2条が「私権の享有」という表現を用いているが，その他には規定がない。また，後者については全く規定がない）。第五に，住所・不在者に関する規定が置かれていること（基本的には，日本と同じ）。

2　検討の方法

以上をふまえて，本章および本節の検討方法につき一言しておきたい。

まず確認しておきたいのは，フランス民法の「人の法」に関してわれわれの関心を引くのは，①「法人」の不在，②「人格・人身」の重視，③「国籍・民事身分」の包摂の3点であること。上記の単純な比較から，このことは明らかであろう。このうち③は，人の「同定 identification」に関するものであり，これが民法典に含まれるのは（国籍に関してはその後の曲折があるものの）1804年以来のことである。そこで，本章ではまずこの点から検討を始めたい（本節「同定」）。次に①「法人」であるが，20世紀の初頭に特別法・判例・学説により承認されており，今日では，講学上，「人の法」に含めて論じられている。本章では続いてこの点を検討する（第2節「法人」）。残るのが②である。「人格・人身」に関する規定は1970年代・90年代の改正によって導入されたものであり，今日，フランス民法の「人の法」の大きなの特徴をなすものとなっている。最後に，この点をとりあげることによって本章は完結する（第3節「人格権」）。

次に確認すべきは，本節における検討の仕方についてであるが，この点に関しては，他の部分とは異なる配慮が必要であること。序章第1節・第2節や本

◆ 第 1 節 ◆ 同　定

章第 2 節・第 3 節の場合には，各節で扱われる問題につき，代表的なモノグラフィーが存在するが，本節に関してはそのようなものが存在しないからである。換言すれば，本節で扱う諸問題は，日本の学説からあまり顧みられていないのである。そこで，以下においては，関連の制度の内容・性質につき簡単な説明をし（規定の変遷につき，大村「人」200 年 A 参照），いくつかの散発的な（日本の）研究にも触れつつ，今後，何が研究対象とされるべきかを考えていくことにする。フランス民法典の章立てに従い，「民事身分」（Ⅱ）と「国籍」（Ⅲ）とに区別して話を進めるが，「同定」という観点から見るならば，前者は同定の方法（何によって同定するか）に，後者は同定の対象（誰を同定するか）に，それぞれかかわるものであると位置づけられる。なお，「私権と公権の区別」に関しても，「国籍」との関連で一言することになろう。

Ⅱ　同定の方法 ── 民事身分

1　手続 ── 民事身分簿

　フランス民法における民事身分簿・身分証書に関する研究は，日本ではほとんど行われていない（一般的な研究として，仁平先麿「フランス法における身分証書」慶應義塾大学法学研究 50 巻 1 号〔1977〕があるほか，親子関係につき，水野紀子「フランスにおける親子関係の決定と民事身分の保護（1-3）」民商法雑誌 104 巻 1 号，3 号，105 巻 1 号〔1990〕があるぐらい）。言うまでもなく，日本民法は戸籍法の存在を前提にしつつ（民 739 条 1 項。「戸籍法の定めるところにより」cf. 民 177 条「登記法の定むる所に従ひ」），これを補助法たる戸籍法に委ねている。そのために，民事身分に関する諸問題は，戸籍に関する問題として扱われることが多く，どちらかというと技術的な問題であると考えられがちである。

　しかし，フランス民法典において「民事身分 état civil」に関する規定が置かれていることの意味は，予想以上に大きい。民法典が革命の成果の一つであることを考えれば，このことは容易に理解される。それまでは教会が排他的に管理していた人の存在と家族関係（出生・婚姻・死亡）を，世俗権力が奪取した結果が，「民事身分」だからである（カルボニエの説くように，民法典が導入した原則は「自由・平等」と「世俗化 sécularisation」であった）。余談ながら，この法革命は，今日では大きな成果を見せている。市役所における民事婚の儀式は，フランス

国民の習俗に深く浸透している。パクスの届出先が市役所ではなく裁判所書記局とされたのは，いまや伝統となった共和主義的なこの習俗のゆえにである。

　個人別に編成されている身分証書のシステムは，日本において戸籍の個人化をはかる際に，参照対象として一定の意味を持つかもしれない。しかし，それよりも重要なのは，民事身分を国が一括管理することの意味を考えるということにあるだろう。

2　実体 ── 民事身分の構成要素

　では，身分証書によって証明される民事身分とは何か。民事身分とは政治身分と対比して用いられる概念であり，広くは，「出生から死亡までの私法上の人の状態・地位」をさすが，より限定的には，「親子関係と婚姻によって定まる家族関係」をさすこともある。具体的には，「国籍，婚姻・親子関係・親族関係・姻族関係，氏名・住所・能力・性別など」がその要素とされる。これらの諸要素は，「人を社会において個別化し同定する働き」をする。このことは，われわれにも理解しうることである。「住所・氏名・年齢・性別」は，われわれの社会でも個人を特定するための要素としてしばしば用いられているからである。平素，われわれはこれらの要素につき，あまり立ち入っては考えてみない。しかし，氏名・住所・性別・年齢とはいったい何か。それらはどのようにして定まるのか，処分・変更は可能なのか。こうした問いは，「人のアイデンティティとは何か」にかかわる。以下，これらの4要素のそれぞれにつき，順に簡単に見た上で，（性別・年齢による）差別と平等にも触れよう。

　(1)　氏　名　　日本において，フランスにおける氏名のあり方に関心が寄せられたのは，夫婦別姓論議との関係においてである。このような関心に立つ一連の研究が存在する（滝沢〔佐藤〕聿代「フランスの判例における夫婦の氏」法学協会雑誌87巻11=12号〔1971〕，同「最近のフランスにおける氏の諸問題」日仏法学14号〔1986〕，同「フランスの判例からみた夫婦の氏 ── 夫婦別氏制への展望」成城法学34号〔1990〕など）。それ以外の研究は，ここでもごくわずかである（歴史を含む研究として，木村健助『フランス法の氏名』〔関西大学出版・広報部，1977〕が注目される）。

　フランス民法典では，出生証書に生年月日・出生地（これも個人の特定要素として重要）のほかに性別・氏名が記載されるべきこととされており（仏民57条1項），あわせて，名の選択に関する規定や氏名の変更に関する規定が置かれてい

◆第1節◆ 同　定

る（仏民57条2～4項，60条～61-4条。これらの諸規定は，1993年・96年に改正を受けている。この点につき，吉井啓子「1993年のフランス家族法改正による命名・氏名の変更に関する新規定」同志社法学252号〔1997〕）。なお，氏に関しては，最近の民法改正（2002年3月4日法。2003年6月18日法により再修正）により，父の氏・母の氏・結合氏への変更が認められるようになっている。

　命名・氏名変更の際には「子の利益」が基準になるが，この点に関しては，いくつか検討を要する点がある。一つは，人権条約との関係である。国家が命名権に制限を設けることに，「私生活の尊重」との関係で問題はないかである（なお，「同定」と「私生活」とが裏腹の関係に立つことも含めて，大村「人」法学教室264号〔2002〕を参照）。もう一つ，氏名変更の重要な理由が「フランス化 francisation」であることも認識する必要がある。国籍ともかかわる問題である。

　氏名に関しては，今日では別の問題もある。それは，氏名の商品化に関する問題である。この点に関しては，人格権を扱う際にあわせて言及することにしたい。

　(2) 住　所　　日本においては，フランス法に限らず，住所一般に関する関心は極めて希薄である。民法総則中の住所規定はほとんど意味を持っていないと言われており，不在者財産管理や失踪宣告の前提をなす概念としてとらえられているに過ぎない。

　しかし，「住所 domicile」は，人の「法的場所決定 localisation juridique」のための概念であり，人の同定の一要素として不可欠なものである。もちろん人の生活領域が広がるに従い，住所の特定は困難になってきている。そのために日本でもフランスでも，「居所 résidence」の概念が導入されている。とはいえ，フランス法は，あくまでも「一つの住所」にこだわりを見せている。というのは，「一つの法人格が一つの住所において一つの財産を持つ」というドグマが存在するからである。このドグマの意味を探究することは，法人格や財産の概念をその深層において理解することに繋がる。同様の文脈で検討されるならば，「住所」もまた興味ある姿を見せることだろう。

　(3) 性別・年齢　　性別は，個人の同定要素として重要なものとされてきた。出生証書にも氏名とともに記載されることは，すでに見た通りである。性別に関しては，従来は変更は不能とされてきた。しかし，近年では性同一性障害の存在が知られるようになったこともあり，性別は，身体的・精神的・社会的要

45

素の複合によって構成されていて，必ずしも出生時に定まるものではないとする考え方も有力になってきている。この問題に関しては，ヨーロッパ人権裁判所の判断に基づき，破毀院が判例変更をしており，今日では，性別の変更も認められるに至っている（以上につき，大村「同性愛・性転換と民法」同『消費者・家族と法』〔東京大学出版会，1999/95〕などを参照）。もっとも，さらに進んで，「性別を変更・処分する権利」があるかどうかには有力な異論もある。

年齢は，氏名以外では，個人の同定に用いられることが最も多い要素である。しかし，年齢に関する議論は，成年・未成年の区別（およびこれに準ずる区別。養子・遺言能力や意思能力・責任能力など各種の能力と年齢の関係）のほかにはあまり問題にならない。カルボニエが各所で指摘するように，年齢の変更という問題もないわけではないが，必ずしも関心を集めていない。

(4) **差別と平等**　最後に，(3)の延長線上の問題として「差別」や「平等」に関する研究について触れておこう。もちろん，フランスにも男女差別に関する研究は存在する（たとえば，Micou, *L'égalité des sexes en droit privé*, PUP, 1997. 労働法・家族法の双方にまたがるものだが，あまりブリリアントな印象はない）。しかし，それよりも興味深いのは年齢差別に関する研究であり（Mercat-Bruns, *Vieillissement et droit à la lumière du droit français et du droit américain*, LGDJ, 2001），さらには，平等そのものを論ずる研究である（Mazière, *Le principe d'égalité en droit privé*, PUAM, 2003）。暦上の年齢のような形式的指標によらないのとすると，いかなる指標によって区別を行うことが正当なのかという問いは，すぐれてフランスらしい問いであると言えるだろう。この点は，次の「国籍」（「人種」）にもかかわってくる。

Ⅲ　同定の対象 ── 国籍

1　手続 ── 国籍の取得

すでに一言したように，フランス民法典の「私権の享有」に関する章には，「私権と公権の区別」にかかわる規定が置かれている。次の2ヶ条がそれである（1889年6月26日法による）。

◆第1節◆ 同　定

> 7条　民事上の権利(私権)の行使は，政治的権利(公権)の行使から独立である。
> 　政治的権利は，憲法的法律及び選挙の法律にしたがって取得され，保持される。
> 8条　フランス人はすべて，民事上の権利を享有する。

　では，8条にいう「フランス人」とは誰のことか？この点につき，かつては8条2項以下が定義を与えていた。しかし，この部分は20世紀の前半に民法典からは削除された（1927年8月10日法）。そして，世紀の中葉には単行法としての国籍法典が制定されるに至った（1945年10月19日のオルドナンス）。このようにして国籍が民法典から切り離された後も，国籍と民事身分とは密接に関係するもの，パラレルな構造を持つものとして取り扱われてきた。

　ところが，さらに半世紀の後に，国籍に関する諸規定は民法典に再び編入されることとなった（1993年7月22日法）。その結果，現在では，第1章の2に100ヶ条を超える規定が8つの節に分けられて繰り込まれている（国籍取得の要件に関しては，その後もさまざまな変化があった。中野裕二「フランスにおける意思表明にもとづく国籍取得――1994-98年」関西大学法学論集60号〔2000〕）。法典の形を損なうことを覚悟しつつ，いったんは放逐した国籍関連規定を民法典に回収したのはなぜか。この点は，極めて興味深い論点である。しかし，残念なことに，この大改革の後も，国籍が民法の問題として論じられることはあまりない（国籍は，国際私法の問題として論じられている。Lagarde, *La nationalité française*, Dalloz, 1997 が代表的概説書）。だが，それでも，国籍と民事身分が民法典の中に併存するに至ったことにより，両者が（広い意味での）民事身分を構成することはよりはっきりとしたといえる。

2　実体――国籍の位置づけ

(1) 法哲学的な意味　国籍規定が民法典に再編入されたことによって，「国籍」は再び，民法の問題としての地位を獲得したと言える。これまでのところ，十分な議論が展開されているとは言えないものの，今後は，民法の問題として国籍が論じられることも予想される（たとえば，フュルシロンなどはすでに，国籍法に関する論文を書いている）。だが現段階では，民法の問題としての国籍論は十分に展開されているとは言えず，したがって，日本における研究もほとんど

見られない。

　しかし，数少ない例外として，最近，一つの論文が現れている（澤敬子「ネーションと外国人の法についての準備的考察（1-2）」法学論叢144巻2号，145巻6号〔1998-99〕）。この論文は，民法の観点に立つものではないが，「フランス移民・国籍法改正議論を手がかりに」という副題を持っており，フランス国籍法を対象とするものである。しかも，外国人労働者の新規入国問題と定住外国人問題の双方を視野に収め，政策や行政上の問題としてではなく「ネーションについての法としての外国人法」という観点からのアプローチを試みようとしている。

　こうした観点に立つと，比喩的な表現ではあるが，民事身分が個人としてのフランス人のアイデンティティを保障するものであるとすれば，国籍はネーションとしてのフランス人のアイデンティティにかかわるものであるとの見方が出てくる。しかし，上記の著者の研究は端緒についたばかりであり，その先の明確な展望は示されていない。こうした見方のありうる含意については「補論」で触れることにして，いまは先にすすもう。

　(2)　**実定法的な意味**　国籍は，法技術的には内国法の適用を画する要素として作用する。国際私法による準拠法選択はその典型例である。しかし，フランス国籍を持たない外国人の増加，あるいは，国籍は持つが文化を異にする人々の増加は，国際私法の枠には収まらない問題を生み出す。とりわけ家族法は様々な影響を受けざるを得ない。たとえば，ヨーロッパ的な家族観（一夫一婦）が再検討に付され，さらには，「家族」とは何か，「家族」にどのような法的保護が与えられるべきかが問われることになる。

　フランスでは，こうした課題につき，集団的・包括的な検討がなされるとともに（Dekeuwer-Defossez (dir.), *Le droit de la famille à l'épreuve des migrations transnationales*, LGDJ, 1993, Kahn (dir.), *L'étranger et le droit de la famille*, DF, 2001），モノグラフィーも現れつつある（Bourdelois, *Mariage polygamique et droit positif français*, Joly, 1993, Jault-Seseke, *Le regroupement familiale en droit comparé français et allemand*, LGDJ, 1996）。日本でも，同様の研究がやがて必要になることだろう。そのためにはフランスの経験を学んでおくことは有益なことであるにちがいない。

◆第1節◆　同　定

3　補論——試金石としての外国人法

　先に留保した「外国人法」の含意としては，次の2点をあげることができるだろう。第一に，国内法として民法典を持つことの意味はどこにあるか。内国人（および一定の要件を満たす外国人）に適用される法には，どのような意味があるのかという問いである。このことは「政治的＝公法的な politique」とは別に「市民的＝私法的な civil」社会を構想することの意味にも繋がる。第二に，その上で，個別の内国法が外国人には適用されないのはなぜか。あるいは，個別の内国法が外国人に適用される際に顕在化する固有の問題点はないか。外国人には適切な解決をもたらさない法規範にはそもそも問題があるのではないかという問いである。以上のように，外国人法は，二重の意味で内国法の意義を問う（このような観点に立った外国人法論は，大村『他者とともに生きる——民法から見た外国人法』〔東京大学出版会，2008〕において具体的に展開する）。

●コラム4● フランス家族法改革とド＝ゴール・カルボニエ

　フランス民法典の第3編（財産取得の諸方法）は，制定から近時に至るまでほとんど修正を被ることがなかった。これに対して，第1編（人）のうち家族にかかわる部分は，1960年代から70年代にかけて順次行われた改正によってその内容を一新した。

　このフランス家族法改革（カルボニエ改革）の政治的主導者は，ド＝ゴール（De Gaule）大統領，より具体的にはその信任を得た司法大臣，ジャン・フワイエ（Jean Foyer）であったといえる。法学教授でもあった彼は，共著者のコルニュ（Cornu）を通じて，ジャン・カルボニエ（Jean Carbonnier）に接触し，彼を改正草案の単独起草者に任命した。カルボニエが選ばれたのにはいくつかの理由があろうが，一人の起草者に草案作成を委ねるという方針は，民法典改正委員会の失敗をふまえてのことであろう。

　カルボニエは，一方で法社会学的な調査によって改正案の正当性を基礎づけるとともに，多元化した社会にふさわしい多様な選択肢を提示するように心がけた（その方法的特色につき，大村「フランス家族法改革と立法学」同『法源・解釈・民法学』〔有斐閣，1995〕，カルボニエ自身につき，北村一郎「追悼・カルボニエ学長（1908-2003）」日仏法学23号〔2004〕を参照）。それぞれの改正案に対しては様々な反対が寄せられたが，結果としては社会の変化に対応した立法がなされたと評することができるだろう。

　なお，本文でも述べたように，家族法改正は，カルボニエ改革の後も継続的に行われているが，最近の改革は，必要に応じて司法省の部内で改正案を用意する

49

第 2 章　人

という形で進められているが，部内では家族法全体につき問題点の洗い出し作業も行われているようである。いずれにしても，カルボニエ以後の家族法立法に関しては，本格的な検討作業がなされることが期待される。

◆ 第 2 節 ◆　法　人　【Leçon 05】

I　序

1　前　提

(1)　**フランス民法典**　　第 1 節でも触れたように，フランス民法典にはこの200 年を通じて，法人に関する規定が置かれたことがない。広く知られているように，大革命は，旧体制下の団体に対して敵対的な態度で臨み，ル゠シャプリエ法，さらには刑法典において，団体を禁圧する姿勢を見せた。それゆえ，民法典においても団体の存在を前提とする規定は置かれていない。その意味で，フランス民法典の「人」とは，文字通りの「人」，すなわち「自然人 personnes physiques」のことであって，「法人 personnes morales」を含むものではないことは，念頭においておかなければならない。このことは，法人の存在が承認されている今日においても，フランスの法人論に有形無形の影響を与えているからである。

なお，2 点を補足しておく。一つは，言葉の問題である。"physique"という形容詞 ── 「自然の・身体の・実在の」(naturel/corporel/réel) という意味を持つ ── に対置される"moral"は，「知的・観念的な intellectuel」を意味するが，対象が精神の産物であることを示している。「知的財産権 propriété intellectuelle」がまさにその典型例であるが，ここでも「法人」が精神の所産として生み出された「人 personnes」＝権利義務の帰属点としての法主体 (sujet de droit) であることを意味する。もう一つは，団体に関する立法史についてである。二つの点を指摘しておく必要がある。第一は，民法典・商法典には"société"に関する規定は置かれていたが，いずれも契約として理解されていたこと。第二に，19 世紀の後半から 20 世紀にかけて，営利団体・非営利団体に法人格を認める立法がなされること。前者は 1867 年の株式会社法，後者は 1901 年のアソシアシオン法によって代表される。

◆第2節◆法　人

（2）**フランス民法学**　ここまで簡単に見たように，フランス民法典には法人に関する規定は存在しない。しかし，このことはフランス民法学に法人理論が存在しないことを意味するものではない。今日，「人」に関しては，自然人と法人とに分けて説明を加えるのが一般的なやり方であるが，このようなとらえ方は，19世紀後半から20世紀前半にかけて確立されたものである。その過程において，法人をめぐる議論が活発に展開された（その一端につき，大村「ベルエポックの法人論争」藤田宙靖＝高橋和之編『樋口陽一先生古稀記念　憲法論集』〔創文社，2004〕を参照）。後で述べるように，とりわけサレイユやミシューの法人論は，日本でもよく知られている。もっとも，フランスの法人理論（さらには団体理論）は，20世紀中葉以降はさしたる発展を見せておらず，ごく最近まで理論的な停滞状況が見られたと言っても過言ではない。ただ，ごく最近になって法人論や財団論につき，未公刊ではあるが有力な学位論文が発表されるに至っている（Mathey, *Recherche sur la personnalité morale en droit privé*, th. Paris II, 2001, Guedj, *Essai sur le régime juridique des fondations*, th. Paris II, 1999）。

2　前　史

（1）**旧民法典から現行民法典へ**　現行の日本民法典は，周知のように，まとまった法人規定（第1編第2章）を有する（もっとも，2006年改正で多くの規定が削除され，民法典の外に一般法人法が設けられるに至った）。それゆえ，法人規定を持たないフランス民法典とは無縁の存在であり，ドイツ民法典との親近性が高いとひとまずは言える。しかし，フランス民法典の影響の強い旧民法典においてすでに，「法人ハ公私ヲ問ハス法律ノ認許スルニ非サレハ成立スルコトヲ得ス又法律ノ規定ニ従フニ非サレハ私権ヲ享有スルコトヲ得ス」（旧民人事編5条）という規定が置かれていたことを考えあわせるならば，法典編纂過程の背景に，当時のフランス法人論が影響を与えている可能性も考慮に入れられるべきである。こうした視点からは，たとえば，別のところで述べたように，民法43条が英米法に由来するという理解を再検討する途が開けるかもしれない。

（2）**学説継受**　より重要なのは，法人学説の継受のあり方についてである。長いこと日本の法人学説はドイツの影響下にあるとされてきたが，海老原明夫が明瞭に示したように，フランス法に由来するものであると見るべきである。一般的な民法教科書中の法人理論に関する叙述（法人擬制説→法人否認説→法人

実在説)は，富井政章によってその基礎が定められているが，富井はミシューによるところが大きいと見られるからである。これも別のところで述べたことだが，20世紀初頭の日本民法学における準拠国の転換の一因は，フランスにおけるドイツ法研究の隆盛に求められるのである。もちろん，準拠国転換にはより外在的な要因があることは序章でも触れた通りであるが，より内在的に見るならば，フランスからドイツへと向けられた視線（科学学派の視線）に，日本からフランスへの視線（富井の視線）が重ね合わされた結果として，ドイツの地位上昇が生じたという説明も可能なのである。

以上の説明を前提として，日本におけるフランス法人論研究を検討するが，やり方としては，まず，メイン・ストリーム（Ⅱ）を確認した上で，サブ・ストリーム（Ⅲ）にも光を当ててみたい。

Ⅱ　中心的な研究系譜

1　山本桂一『フランス企業法序説』

(1)　**紹　介**　山本桂一(1919-1971)は，フランス商事法および著作権法などの研究に業績を残している。長く，東京大学教養学部の法学担当教官として教えていたが，学生たちの面倒見がよく旧制高校の教授の面影を残す人であったようだ。野田良之の引退後，山口俊夫が着任するまでの間，東大法学部のフランス法教授をつとめた。

その山本の代表的研究が，『フランス企業法序説』（東京大学出版会，1969）である。そこには5編の論文が収められているが，中核となるのは，全体の半分を占める「フランスにおける営利組合と非営利社団」であり，時期的にもこれが最後のものである。また，著者自身が「それ以下の習作的論述の一つの発展であり，その成長である」とするものであり，本書の巻頭に置かれたものである。なお，「それ以下の習作的論述」とされる4編は，組合と法人に関するもの2編と合名会社・合資会社に関する2編である。

最初の論文の趣旨は著者自身によって次のように説明されている。「本稿は，Napoléon法典制定以後におけるフランスの共同事業形態ないしは各種の営利および非営利の目的の団体についてその法的規律の変遷発展の概述を行うものである。そして企業の語を広く解するならば，本稿の主題は，フランスにおけ

◆第 2 節◆ 法　人

る共同企業の活動遂行の基本形態を法的考察の対象とする点で，その企業法の序説であり，また複数人により行われる活動実現の法的態様の集団性・共同性に着目する点で，フランス団体法の一端であると言いうるだろう」と。

　その中身を見ると，同論文の構造は簡単明瞭である。すなわち，2 頁ほどの「序」に続いて，「第 1 章　総説」で法典の規定を概観した後，「第 2 章　営利組合」，「第 3 章　非営利社団」で，それぞれの歴史的展開が語られている。その内容は堅実であり，この分野の基礎をなす研究であると言うことができる。

　(2)　**発　想**　山本は，先に紹介した論文の「序」で，「フランスの企業法および団体法の研究には当然克服すべき多くの労苦障壁に遭遇逢着する」として，次のような基本認識を示している。「民法典は，19 世紀における個人主義の法律文化の最高峰として，過去の封建遺制の暗雲を破って上昇する開明の朝日の前に凝然として屹立するものであった。しかしながら以後フランスにおける経済的社会的文化的諸活動の展開発達に伴い，法学界の人々の任務は，立法・学説および判例の三つの途をたどってこの個人主義の高峰を登攀克服することに見出された。フランス企業法および団体法の成立は，これらの人々の努力熱意の総合集積にほかならぬが，この企業法および団体法の新たな二つの連峰の研究的攻略は，わが国においてもフランス法文化に関心をもつ人々に課せられた基本的課題の一を構成するものであることを疑わない」と。

　こうした山本の発想の背後には，その注にも窺われるように（Ripert, *Aspect juridique du capitalisme moderne* が引用されている），リペールの企業観・資本主義観があるように思われる。経済的な単位としての「企業 entreprise」を考察の対象に据えて，これを支えるものとして財産・契約に関する民法の制度を位置づけるという発想である。このことの意味については，後述する。

　(3)　**展　開**　山本論文（とりわけ組合と法人に関する第 2 論文・第 3 論文）を受けて，これを発展させたものとしては，後述の星野論文をあげることができる。しかし，ここでは，山本論文がその展開であるとも評しうる先行研究に一言しておく。杉山直治郎「有限会社に就いて」がそれであり，『法源と解釈』（有斐閣，1957）の最後に「附合契約の観念に就いて」とともに収録されている（初出は 1918 年）。杉山論文の関心は，会社法の発展を比較法的に理解する点にあるが，そのことを通じて，会社制度の本質に迫ろうとしている点に顕著な特色がある。そして，この発想は，山本論文のうちにも受け継がれている。その本

質論がどのようなものであるかについては，次の星野論文との関係で，改めて述べることにしよう。

2　星野英一「いわゆる『権利能力なき社団』について」

(1)　**紹　介**　星野英一（1926-）は，加藤一郎とともに高度成長期（昭和40年代・50年代）の民法学を牽引してきた。星野が，日本におけるフランス法学中興の祖であることは，序章で述べた通りであるが，その提唱にかかる利益考量論は，変貌著しい日本社会に民法典を適合させるための方策であったと言えるだろう。『借地借家法』（有斐閣，1969）は星野自身のそうした努力の成果であったと言える（加藤について言えば，『不法行為』〔有斐閣，1958，増補版，1974〕がこれにあたる）。

ここで取りあげる「いわゆる『権利能力なき社団』について」（初出は1967）は，星野の研究論文のうちでも最も著名なものの一つであり，初期の星野のスタンスをよく示すものであると言える。この論文は，1965年の「日本民法典に与えたフランス民法の影響」の各論部分（人から物までを対象とする），1966年の「編纂過程における民法拾遺」（法律行為を対象とする）に続くものであり，このあたりから，「民法全般にわたり，難解な問題を，初めの方から一つ一つつぶゆく」（星野『民法論集』〔有斐閣，1970〕「はしがき」）試みが意識されるようになったといえる（その後，時効や物権変動につき，同様の試みがなされる）。他方，「いったい，『権利能力なき社団』とはなんであろうか」という問いが示すように，星野の利益考量論の特色をなす制度理解指向が前面に出てきたものでもある。

星野論文の内容上のポイントは，判例分析により，実際に問題となっているのは何かを具体的にとらえた上で，従前の「社団と組合」の対比を批判し，「『法人』とはなにか」を「根本的に」問い直した点にある。この最後の点との関係で，「法人制度の要請された歴史」が参照され，フランス法（およびイギリス法）に対する言及がなされたのである。

(2)　**発　想**　星野のフランス法に関する叙述は2頁ほどであり，山本の研究に大きく依拠している。その上で，「端的に結論を言おう」と述べて，「法人とは……法人自体の債権者に対する排他的責任財産を作る法技術である」としている。確かに，星野はここで「端的に」結論を述べている。ある見通しを持って理論構成をしようという姿勢が明瞭であり，「法人」の意義を技術的に突き詰

◆第2節◆　法　人

めて分析して見せている。このことは，山本のなしえなかった点である。
　もっとも，星野自身も指摘するように，山本の研究が，すでにその直前にまで達していたことの意義は大きい。星野は山本を次のように評している（「山本桂一先生の学問」同『心の小琴に』〔有斐閣，1987〕）。「先生の学問は，フランス法を中心とする地味なデータの積み重ねから，一歩飛躍して，わが実定法学界にも新しい寄与をしようとする，まさにその半歩手前で急逝のために終わっていることが多い」と。具体的には，「組合と法人とは，いわば次元を異にする概念であって，これらを同次元のものと考え，組合＝法人という考えは矛盾するとしたことのほうに，それまでの『通説』の問題があった。先生は，そのことの指摘に至る直前で止まっている」と。
　星野は「新奇な着想を追わない慎重な先生の生き方」からしてこうなったとしているが，自身は大胆に「法人」の技術的な本質を提示している。これによって，70年代の法人論は大きく進展した（「新擬制説」が優勢になった）。しかし，山本の研究成果を受けて，星野がさらに飛躍をもたらしたという見方は，一つの見方である。山本と星野とでは，視線の向け方が異なっていたとも言えるからである。すなわち，山本が，組合が法人格を持つに至るプロセスをいわば内在的に（同時進行的に）理解しようとするのに対して，星野は，得られた法人格の機能を外在的に（回顧的に）把握しようとしている。このあたりに，フランス法学者と民法学者のスタンスの差があると言ってよいかもしれない。
　(3)　展　開　　星野の機能主義的な発想は独創的であるが，そうした発想は杉山や山本にも見られなかったわけではない。ただ，杉山や山本においては，それ以外の発想も含まれていた。星野は，いわば機能主義を純化させたと言える。星野論文によって，法人論は新擬制説的な方向へと転換され，それ以外の（実在説的な）発想に関心が向けられることがなくなった。このことは，すでに触れた山本評価のあり方にもかかわっている。星野が評価するのは山本の第2論文・第3論文であったが，山本自身が一定の自負を持って巻頭に置いたのは第1論文だった。しかし，この第1論文の意義については，今日，必ずしも十分な評価はされていない状況にある。
　さて，星野が確立した見方は，その後も大きな影響を及ぼした。例えば，山田誠一「フランスにおける法人格のない組合」日仏法学17号（1991）は，まさにその延長線上にあると言える。山田が関心を寄せたのもまた，法技術として

の法人であり，組合であったからである。

Ⅲ 周辺的な研究系譜

1 財産の分離

(1) 信託の方へ　　今日，「法人」が財産を分離する法技術であることは広く承認されている。しかし，財産の分離のために「法人格」が不可欠であるかどうかは，検討の余地のあるところである。法人格なき独立財産の存在を主張する学説として，日本において著名なのは，四宮和夫の信託理論である（『信託法』〔有斐閣，初版 1958，増補版 1979，新版 1989〕）。この理論は，法人格なき信託財産に独立法主体性を認めようとするものであり，信託法の権威の説いたものではあるが，現代日本においては特異な学説として受け止められている。だが，周知のように，この理論は四宮の独創にかかるものではなく，1930 年代に説かれたルポールの信託理論を下敷きにしたものである（Pierre Lepaulle, *Traité théorique et pratique des trusts en droit interne, en droit fiscal et en droit international*, 1932）。

ルポール理論は，一言でまとめるならば，「『独立した財産 patrimoine distinct』と（その財産がむけられる）『目的 affectation』の存在こそが信託の本質である」とするものであった（以下の引用も含めて，大村「フランス信託学説史一斑——ルポール理論の位置づけ」信託研究奨励金論集 22 号〔2001〕）。ルポールは，「信託においては，信託財産は設定者にも受託者にも帰属しない（この点で，信託は，委任者に財産が留まる委任とも，受遺者に財産が移転する負担付遺贈とも異なる），また，信託には，設定の意思が常に必要なわけではなく，裁判所や法律によって決定される目的があれば足りる（この目的が確定されており，可能かつ適法なことが必要であるが，破産財団や不在者財産などとは異なり，特定のものに限られない）とするのである。こうして彼は，次のように信託を定義する。『信託とは，すべての法主体から独立し，法令と公序の制限内において自由な目的によって構成された，財産である』」。また，「ルポールは，密接不可分の関係にある人格と財産とを分離することは可能かという，ありうる批判……に次のように答えている。彼は，この原則の非現実性につき批判がなされていることを指摘した上で，無能力者・法人・負担付贈与および遺贈などの例をあげて，権利を特徴づけるのは，『意思』ではなく『利益』である，その主体ではなく目的こそが，権利の

座であるとする。そして，このような権利観にもとづき，財産にも，個人のための財産のほか，集団や特定の目的のための財産がありうるとしている」。

　もっとも，こうした「財産」観・「権利」観が「信託」を広く認めることに必然的に繋がるか否かは一つの問題であり，このことは最近になって横山美夏によって指摘されたところである（横山美夏「財産——人と財産との関係から見た信託」NBL791号〔2004〕）。

　(2)　**夫婦財産制の方へ**　　横山は，財産が独立性を有するのであれば当該財産にはむしろ法人格を認めるべきではないかと論じた。こうした議論は，ルポールとほぼ同じ時期に展開されたカルボニエの夫婦財産制論にも見られたものである（Jean Carbonnier, *Le régime matrimonial. Sa nature juridique sous le rapport des notions de société et d'association*, th. Bordeaux, 1932）。なお，カルボニエのこの学位論文に関しては，高橋朋子『近代家族団体論の形成と展開』（有斐閣，1999/88-91）が検討を加えているが，法人論の文脈に対する関心は希薄である。

　法人や独立財産との関係に留意しつつ，この学位論文の特徴をまとめるならば，次のように言うことができる（大村・前掲論文）。「彼（カルボニエ）は統一的な枠組の提示を試みる。それは次のようなものである。婚姻によって，夫婦間には法人格を有する夫婦組合 société conjugale が成立する。すなわち，夫婦財産制は独立の法制度ではなく，より基本的な法制度である組合に還元される。もちろん，この単純明快なシェーマには，いくつかの重要な留保が付されている。一つは，別産制と共有制とでは，法人化の程度が異なる（夫婦それぞれから独立する共通財産の範囲が異なる）というものであり，もう一つは，嫁資は，共通財産から特別な目的のために分離された財団 fondation であるというものである。しかし，このような留保は，カルボニエの夫婦財産論の欠点になっているというよりも，むしろ，組合（契約）＋法人格（独立財産）というシェーマの説明力を高めていると見ることもできないではない」と。

　学位論文の発表から約30年後に，カルボニエは夫婦財産法改正の立役者となるが，その際にもはや，彼が法人論を主張することはない。夫婦財産に一定の独立性を認めるのに，もはや法人格は必須ではない。彼はそう考えたのかもしれない。そうだとすると，財産の独立と法人格の付与の間にある「何か」——山本はその前で立ち止まり，星野はそれを飛び越えた——が再検討に付されるべきなのかもしれない。

2　団体の組織

(1) 結社の方へ　　フランスでも日本でも，最近では，非営利団体の活動に対する関心が集まっている。このことを反映して，法人の法技術以外の側面に関する研究も進みつつある。フランス法研究という観点からは，1901年7月1日のアソシアシオン法の再検討が進められようとしている。特に，フランスでは同法100周年記念の際に様々な文献が現れたが，日本ではそのフォローも必ずしも十分ではない（その後，高村学人『アソシアシオンへの自由』〔勁草書房，2007〕が現れた）。今後は，これらを踏まえつつ，1901年法そのものへと向かう研究がなされるべきだろう。山本第1論文のアソシアシオン論は，その際の初めの一歩となろう。

(2) 会社・公益団体の方へ　　法人論・団体論の対象は，非営利のものに限られるわけではない。一方で，企業のあり方を再検討することは，様々な意味で急務である。戦後のフランスにおける「企業」研究（山口俊夫の紹介・検討がある。最近では，『概説フランス法（下）』〔東京大学出版会，2004〕を参照）を踏まえつつ，企業の社会的責任・ガバナンスのあり方など，英米とは異なるフランスの企業論をフォローすることが必要だろう。他方，公益団体論も大きな課題であろう。自治体のあり方をも含めて，誰が公益を担い，公益の名の下に何をすべきかということを，実例に即して見ていく必要がある。この点でも，山本第1論文の協同組合論が一つの手がかりとなろう。また，最近では，2002年2月にデクレが成立したという「社会的協同組合 société coopérative d'intérêt collectif」に関する立法も検討の対象となるだろう。

●コラム5●　EU統合とフランス民法典の改正

　家族法部分とは異なり，長く大改正を経験することがなかった財産法部分についても，近年は事情が変わってきており，前述のような大改正が進行中である。その発端となったのは，債務法改正案（代表者の名を冠して「カタラ草案 Project Catala と呼ばれることもある）の提示であった。

　フランスが債務法改正に乗り出した背景には，EU統合との関連で進行中のヨーロッパ契約法典の構想がある。EUの経済統合は構成国の取引法の調和を必要とするが，これまでその要請は主としてEU指令の国内法化によって実現されてきた。ところが，近年ではさらに進んでヨーロッパ契約法典を制定しようという機運が高まりつつある。

◆ 第 2 節 ◆ 法　人

　当初は，中小国の研究者主導で進められていたこの運動に，大国ドイツも関心を寄せるようになっている。そして，そのドイツでは，すでに国内の民法典の大改正が完了している。ほかにも，オランダ新民法典のような新しい法典も現れている。

　こうした状況にいかに対応すべきか。フランス国内には二つの考え方が分立している。一つはEU法に対してフランス法の独自性を堅持すべしという考え方，もう一つはEU法に対してフランス法の影響力を行使すべきという考え方である。守るにせよ攻めるにせよ，フランス民法典の現代化は不可避の状況にある。

　そこで債務法改正案の作成作業が始まったわけだが，上記のカタラ草案は多くの研究者を集めて短期間に作成されたものであり，内容面で十分な整合性が確保されていないところがある。そのため，（カタラ草案の起草メンバーに入っていない）テレ（Terré）教授による別案が提示されたり，さらに，司法省部内でも複数の案が作成されているが，なお，議会提出には至っていない。

　確かに債務法改正は必要には違いない。しかし，長い伝統を持つ債務法については判例・学説による補完がなされている一方で，取引実務は必要な契約条項を用いることによって当面の不都合を回避することができる。そのため，債務法改正には「当面の必要」という内発的な圧力が働きにくい。ヨーロッパからの「外圧」が高まるか，強力なリーダーシップが発動されるか，あるいは，優れた民法改正必要論が現れるか。そうしたプラス・アルファの有無が改正の成否を左右することになろう。

第2章　人

◆ 第3節 ◆ 人格権　　【Leçon 06】

Ⅰ　序

1　民法典の規定

(1) **原始規定**　　フランス民法典の「人の法」がどのように編成されているかについては，第1節にも述べた通りである。狭い意味での「人の法」を構成するのは第1編第1章～第4章であるが，そこには「人格権」に関する規定は置かれていない。人格権法の権威・五十嵐清が，最新の概説書『人格権法概説』（有斐閣，2003）で簡潔に説明するように（以下は，同書2-7頁による），「フランス民法典は，人格権について何も規定しなかった」。「世界の人格権法の発展にとって画期的な役割を果たしたのは，20世紀初頭のスイス民法典である」。

しかし，フランス法やドイツ法（一部，人格権に関する規定を有する）を参照し，スイス民法典を知ることがなかった日本民法典においては，やはり人格権に関する規定は置かれていない（ただし，民法710条が「他人の身体，自由又は名誉を害したる場合」と「財産権を害したる場合」と区別して掲げている点，同723条が名誉回復処分に関する定めを置いている点は注目に値する）。

ちなみに，20世紀後半のアジア諸国では，旧社会主義圏の中国・ベトナムの民法典において人格権に関する規定が置かれているほか，韓国民法典の改正試案では，1条の2に「人間は，人間としての尊厳と価値をもとに，自身の自由な意思に従い法律関係を形成する」「人間の人格権は保護される」という規定を置くことが提案されている。

(2) **20世紀後半の改正**　　しかし，ここでも，規定の不在は人格権保護の不在を意味するわけではない。これも五十嵐が確認しているように，フランスでは，「不法行為の規定（1382条）が弾力的であったため，判例は，19世紀後半以降，各種の人格的諸利益の侵害を不法行為として救済してきた」からである。さらに進んで，五十嵐は「フランス法は実質的な意味で人格権法の発展に大いに貢献してきたといえる」と評している。

このように，フランスの人格権法は判例によって主導されてきたわけだが，20世紀後半に至り，その成果は，民法典の規定に取り込まれることになる。1970年7月17日法（人権保障強化法）により，「私生活の尊重を求める権利

◆ 第3節 ◆ 人格権

droit au respect à la vie privée」を定める9条が挿入された。さらに，1994年7月29日法（生命倫理法）により，今度は「人体の尊重 respect du corps humains」に関する16条以下の諸規定（16-9条までの10ヶ条）が新たな節を設けて挿入されたのである（同法は，さらにもう一つの節を設けて，遺伝子検査などに関する規律を行っている。規定としては16-10条～16-13条）。ここでは，以下の議論の前提として，9条と16条～16-2条，を掲げておく。

9条①それぞれの者は自己の私生活の尊重を求める権利を有する。
②判事は，損害賠償は別段として，私生活の内輪に対する侵害を阻止しまたは差止めるのに適切な，係争物寄託，差押，その他の如きあらゆる措置を命ずることができる。これらの措置は，緊急の場合にはレフェレ手続によって命令されることができる。（北村訳）
16条①法律は，人の優越を保証し，人の尊厳に対するあらゆる侵害を禁止し，生命の開始の時から人間存在の尊厳の尊重を保障する。
16-1条①それぞれの者は自己の身体の尊重を求める権利を有する。
②人体は不可侵である。
③人体及びその構成要素・その生成物は財産権の目的となしえない。
16-2条　判事は，身体に対する違法な侵害またはその構成要素・その生成物に関する違法な行為を阻止しまたは差止めるのに適切なあらゆる措置を命ずることができる。（上記北村訳にあわせて翻訳）

なお，後述の北村論文が指摘するように，9条1項・2項と16-1条1項・16-2条とは，パラレルな表現が用いられていることに留意しておく必要がある。この点にも窺われるように，二つの規定群は対をなすものとして構想されているのである。

2　民法学の対応

(1) **教科書**　　以上のような実定法の状況をふまえて，今日では，民法教科書においても，いわゆる人格権に関するまとまった叙述が行われるようになっている。たとえば，何度も引き合いに出すカルボニエの教科書では，「人」にあてられた巻の副題は「人格，無能力，法人」とされており，全体の編成は次のようになっている。

―――― 第2章　人 ――――

第1編　自然人
　第1部　人　格
　　第1節　自然人の存在　第2節　自然人の個別化　第3節　自然人の属性
　第2部　無能力
第2編　法　人

　このうち，いわゆる人格権に関する説明は「自然人の属性」の部分で行われており，そこでは，①人格権，②個人の諸自由，③私生活の尊重，④無罪の推定（1993年改正で9-2条として挿入），⑤民事上の平等，が論じられている。なお，人身に関する問題は「自然人の存在」の部分で扱われている。

　前節で見た法人に関しては，教科書によって説明の仕方にそれほど大きな差異があるわけではないが，人格権の方はバラツキが大きい。そこで，もう一つ，コルニュの教科書を参照しておく。「入門・人・物」にあてられた巻のうち，人に関する部分の構成は次のようになっている。

第1章　自然人
　第1節　法的人格と民事上の平等
　　第1款　法的人格の承認
　　第2款　法的人格の属性
　第2節　人の区別と民事身分
第2章　法　人

　コルニュは，「法的人格の属性」を，法主体たる適性，人間の始原的権利の二つに分けて，後者において，①人体の尊重，②その他の権利の保護を論じている。

　以上の二つの説明の仕方につき，二つの指摘をしておく。

　第一は，「人格 personnalité」という言葉について。コルニュの法用語辞典の説明によれば，"personnalité" とは，「法主体性」を指したり，「自然人」であることを指したりすると説明されているが，この点に関しては，カルボニエもコルニュもともに，「自然人」を念頭に置いた用語法によっていると言えそうである。このことは必ずしも当然のことではない。

　たとえば，プラニオルの教科書においても「人格 personnalité」という節が立

62

◆ 第3節 ◆ 人格権

てられているが，そこでの「人格」とは「人 personne」であることという意味であり，「人格」の始期・終期が語られるとともに，その属性として氏名・法的身分・能力・財産・住所があげられるに過ぎない。ここでは，「人格」とは「法主体性」を指している。当時としては，自然人の属性は法主体性に求められたのだろうから，このようになるのは当然と言えば当然である。

しかし，今日では，「人」には，法主体性に加えて，人間（自然人）の始原的権利があることが認められるに至っている。コルニュの分類は，このことを端的に示していると言える。また，カルボニエも「人格の理論は人間に関する法理論であるべきである」とした上で，「民法は，古典的には，その断片（氏名・住所・身分証書・不在）を打ち立てたに過ぎなかった」が，「判例・学説は，理論の大きな飛躍をもたらし，今日では，非常に直接的に法は自然人に関心を寄せるようになっている」としている。

第二は，「人格権 droit de la personnalité」の範囲について。この点に関して，カルボニエとコルニュの用語法はやや異なっている。コルニュの言う「人間の始原的権利 droits primordiaux de la personnalité」という場合には，それは自然人の持つ基本的な権利を広くさしているのに対して，カルボニエは「人格権 droit de la personnalité」を狭くとらえ，肖像権・名誉権・尊厳権をあげている（人体の尊重はここでもとりあげられており，その位置づけはやや曖昧である）。もっとも，カルボニエの場合には，人格権の上位で「人格 personnalité」というとらえ方をしている点にも注意する必要がある。この点に関しては整序が必要だが，ここでは立ち入らない。

(2) モノグラフィー　いわゆる人格権に関する研究として先駆的なものとしては，Nerson, *Les droits extra-patrimoniaux*, th. Lyon, 1939 があげられることが多い。また，とりわけ，「私生活の尊重」に関しては，Kasyer, *La protection de la vie privée*, 1995, Rigaux, *La protection de la vie privée et des autres droits de la personnalité*, 1990 などがしばしば引用される。さらに，「人体の尊重」については，生命倫理法の立法をめぐり様々な文献が現れたが，初期の文献としては，たとえば，Labbée, *Conditions juridique du corps human avant la naissance et après la mort*, 1990 などがある。

その後も人格権（人身を含む）に関しては多数の研究が現れているが，主な学位論文については，大村「20世紀が民法に与えた影響（1-2）」法学協会雑誌

120巻1号，12号（2003）で紹介したところである。以下，そこでとりあげた論文のタイトルだけを掲げておく（Beignier, *L'honneur et le droit*, 1995, Agostinelli, *Le droit à l'information face à la protection de la vie privée*, 1994, Gutmann, *Le sentiment d'identité. Etude de droit des personnes et de la famille*, 2000, Serna, *L'image des personnes physiques et des biens*, 1997, Loiseau, *Le nom, objet d'un contrat*, 1997, Moine, *Les choses hors commerce. Une approche de la personne humaine juridique*, 1997, Prieur, *La disposition par l'individu de son corps*, 1999）。さらに，その後も文献は現れている。

Ⅱ 具体的な紹介・検討の存在

1 北村一郎「私生活の尊重を求める権利」

(1) **紹　介**　北村一郎（1948-）は，現在，東大のフランス法講座の担当者である。民法と民事手続法の交錯を描く「契約の解釈に対するフランス破毀院のコントロオル（1-10）」法学協会雑誌93巻12号〜95巻5号（1976-78）でデビューした北村は，その後も，この二つの領域を主たる研究対象としてきた。すなわち，一方で，意思自律の原則の意味や消費者保護の展開を示すとともに，他方，フランスの司法制度の特色をなす「検察 ministère public」を「公的輔佐」として提示している。

ここで紹介する「私生活の尊重を求める権利」も，実体基準と救済の双方にかかわるという点で，北村の得意とするアプローチに適したものであると言える（とはいえ，論文では，純粋に訴訟法的な問題は割愛されている）。しかし，他のテーマではなくこのテーマが選ばれたのは，同論文が山口俊夫の古稀を記念する論文集に寄稿されたものであることによる。というのは，山口には「反駁権」と題する論文があるからである。

北村論文は，「序説」と「結び」を除くと，「Ⅰ　私生活の概念」（私生活の秘密と私生活の自由に分かれる），「Ⅱ　私生活に対する侵害」（暴露と侵害に分かれる），「Ⅲ　私生活尊重の限界」（本人の同意または許可と情報提供の正当性に分かれる）の3部構成になっているが，その顕著な特徴は詳しい判例の紹介・検討がなされている点に求められる。実際，著者自身が「この分野の法形成を担ってきたのはとりわけ判例であり，立法後既に四半世紀を経て，民法典第9条の

◈ 第3節 ◈ 人格権

もとで一層膨大な判例が蓄積されている。本稿はこの判例の分析を通じて、『私生活尊重』のフランス的な観念の民法上の実体を具体的に解明することを意図する」としている。さらに、「今日その保護の原理に関してはおそらく異論のないこの問題に関して本当に重要なのは、その具体化の態様なのである」としている。

(2) **発 想**　さて、判例分析を主眼とする北村論文であるが、そこにはより大きな目論見が伴っていた。そのことは、同論文の副題にも現れている。同論文の副題は「フランスにおける《人の法＝権利》の復権」というものであるが、北村は本文中でも「財産法を中心として推移してきた近代民法に対する関係では、恰も現代における《人の法＝権利》の復権の観すらある」としている。北村には、生命倫理法の紹介論文もあるが、彼自身が注目した70年代の消費者保護の時代の後に来たのが、「人の法」の時代であったというのが、彼の基本的な認識であろう。さらに言えば、北村にとっては、消費者という人のあり方も含めて、「人の法」が観念されているようでもある。実際、彼は「……今世紀後半においては、消費者法にせよ人格権法にせよ生命倫理法にせよ、人間の一層具体的な存在態様の保護の強化へとその歩を進めてきた」とも述べている。

こうした歴史認識は了解できるが、「復権」とはいかなることを意味するのか。この点につき、北村論文は直接には何も語らない。しかし、北村はエピグラフにポルタリスの次の言葉を掲げる。「人は法の権限であり目的である。というのは、人が法から有用性を引き出せるのでなければ、立法者にとっては事はおよそ無意味になってしまうであろうからである」。そこにあるのは、フランス民法典を――最近のはやりとは異なり――ユマニスムの法典としてとらえ、19世紀から20世紀の後半に至る歴史をいわば物象化の歴史として理解するという見方である。これに対する反流を見出そうというのが「復権」の意味であろうか。

こうした発想は、次のような叙述からも読みとることができる。「この権利（私生活の尊重を求める権利――大村注）を物権、特に所有権をモデルとして理解する考え方は唐突なものではない。それは、フランスにおいては、オーブリおよびロー以来の人格と直結した《財産》（patrimoine）理論――人の有する現在および将来の財物全体を一つのpatrimoineとして集合財産的に理解しそれを人格の発露とする考え方――の一つの反映と考えられるからであり、立法（70年法――大

65

村注）直前の判決にはこの観点を簡潔に述べるものもある——《鑑みるに，私生活は，あらゆる自然人の精神的財産 patrimoine moral に属し，人の肖像と同様にその者の人格の延長を構成する》。」

（3）**展　開**　フランスにおける「私生活の尊重への権利」については，北村以前・以後に研究がないわけではない。たとえば，皆川治廣『プライバシー権の保護と限界論——フランス法研究』（北樹出版，2000）は，最近のまとまった研究である。しかし，この研究も含めて，先行の多くの研究は，「フランス型プライバシー保護制度」に関心を寄せてきた。このことは当然であると言えば当然であるが，北村がより高次の視点に立って対象を見ているのとは，似て非なるものであると言える。ここに，実定法解釈のための比較法ではなく，外国法理解（翻って日本法理解）のための比較法が示す可能性が伏在していることを知るべきだろう。

2　大村敦志「フランスにおける人工生殖論議」

（1）**紹　介**　北村の関心を寄せていた生命倫理法に関しては，日本でもいくつかの紹介がなされている。ここでは，以前にすでにとりあげた大村『法源・解釈・民法学』に収録された「フランスにおける人工生殖論議」（初出は 1992）に，改めて触れておきたい。

表題が示すように，この論文はフランスにおける「人工生殖」をめぐる「論議」を検討の対象としている。フランスで体外受精が成功したのは 1982 年であるが，その頃から「人工生殖」に関する立法をすべきか，すべきだとしてどのような立法を行うかという議論が活発になされるようになった。立法の過程は 1989 年頃を境に大きく前期と後期に分けられるが，大村論文は，当初の立法案が挫折する前期を対象としており，その後，仕切直しがなされてから 94 年に法律が成立するまでの後期には及んでいない。しかし，「人工生殖」をめぐる世論・法学界の動向はほぼ把握されていると言える。

大村論文は，四つの章からなるが，「第 1 章　議論の前提」では，人工生殖に関する基礎的な知識と 60〜70 年代の出来事（避妊・中絶・養子に関するもの）が示され，「第 2 章　議論の経過」では，人工生殖に関する出来事と論争の概要が示されている。そして，「第 3 章　議論の内容」では，様々な見解の内容が要約されるとともに，政府や関係機関による意見集約のための試みが紹介されてい

る。これらを受けて,「第4章　議論の評価」では,具体的な論点・意見分布が整理されるとともに,議論の経過・内容に見られる特色が指摘されている。

　(2)　**発　想**　フランスの人工生殖に関する論文は,大村論文の前後にもいくつか存在する(たとえば,野村豊弘・高橋朋子・松川正毅や本山敦など)。これらと比べて見ると,大村論文の特色は次の2点にある。第一に,これらの論文の多くが親子関係に関心を寄せているのに対して,大村論文の関心はより広くいわゆる生命倫理に及んでいる。そこでは「基本的な価値についての原理的な検討」の必要性が説かれ,「人格の尊厳とは何か。子どもの利益とは何か」を再考すべきであるとされている。こうした帰結は,大村論文が法的な言説以外の言説も対象として取り込んでいることに由来する。第二に,その他の論文が,いわば実体レベルの議論を紹介しているのに対して,大村論文は,メタレベルに立って論議のあり方に関心を寄せている。そして,「広く公論を促すという形でのコンセンサス形成の手法」がクローズアップされている。このような見方は,直接的には,60～70年代の家族法改革に関する検討との関連から,間接的には,80年代フランスにおける法理論のあり方の摂取(この点については以前に言及した)から,導かれている。

　大村論文は,現場での観察に基づいて書かれたものである。フランス社会・フランス法との関連でいえば,外的視点がとられているが,それはフランス社会・フランス法の理解を目的とする(理解を前提とした)外的視点であり,「内的視点を組み込んだ外的視点」であるといえる。この点で,日本法の側に視点をとった諸研究とは異なっており,むしろ北村論文に近いものを持っている。また,「人の法」(同時に「家族の法」)の生成過程に遭遇し,それを観察することによって,その重要性を示す結果になっており,北村論文と同じ認識に立つものであると言える。

　(3)　**展　開**　その後,生命倫理法の紹介もいくつか出たが,ここで注目したいのは,ある意味で大村論文よりもさらに外的な視点に立つ研究が現れたことである。社会学者・橳島次郎の一連の研究がそれであるが,これは完全に,生命倫理・科学政策の観点からの研究である(さらに,現在,科学史・科学哲学の若い学徒がこの問題に取り組んでいるようである)。

　なお,「人格の尊厳」「子どもの利益」にかかわる関連の問題として,最近では,障害児の出生に関するいわゆるペリュシュ事件がよく知られているが,こ

れについては，樋口陽一の論文（「人間の尊厳 vs 人権？——ペリュシュ判決をきっかけとして」民法研究第 4 号〔2004〕）が現れており，憲法学の観点からの原理的な検討がなされている（ペリュシュをめぐる「論議」については，別稿を予定している）。

Ⅲ より一般的な考察の不在

「私生活の尊重」にせよ「人身の尊重」にせよ，それぞれについては一定程度までの紹介がなされている。しかし，この領域では，なされるべきことがらはなお多い。

1 技術的な考察

第一に，法技術的な観点からは，さらに立ち入った検討が必要である。「私生活」についても「人身」についても，今日では，保護だけでなく処分をめぐる問題が重要になっている。いわゆる人格権の処分はどの範囲で可能なのか。また，処分がなされた場合には，どうような法律関係が生ずることになるのか（たとえば，生殖子の処分の要件，目的外利用の場合の差止の可否，など）。フランスではすでにこうした問題が論じられている。まず，日本でも，先に紹介した最近の学位論文から見ていくべきだろう。

2 価値的な考察

第二に，価値的・原理的な観点からも，より立ち入った検討が必要である。北村論文や大村論文に断片的に現れる「私生活」観や「人身」「人格」観についての検討が望まれるが，それは，フランスでは「人間」「社会」に対してどのような見方がなされているのか，という大きな問題に連なることになる。そうした問題をそのまま語ることは法学の領分を超えるので，法学的な観点で操作可能な問題設定をするための工夫が必要となる（私自身のもう一つの現場観察記録である『フランスの社交と法』〔有斐閣，2002〕はそのための一つの試みでもある）。

3 むすびに代えて ──「人の法」へ？

以上の2点ともかかわるが，最後に，日本でも「人の法」を構想する必要はないか，という大きな問題がある。この点は，広中俊雄，最近では山野目章夫（民法研究第4号〔2004〕）が説くところであるが，そのための準備作業として，「人の法」の諸側面（価値・体系・内容）につき，さらなる模索が必要となろう（私自身は，これまでに研究してきた消費者・家族・社交のすべてを取り込み，人権論と不法行為法を加味して，「人の法」を再編・提唱することを，将来の大きな課題の一つとして想定している。それは，北村に倣って言えば，「財産中心の近代民法」に対するオルターナティヴを提示する作業となるだろう）。

●コラム6● フランス法とアメリカ，イスラム

フランス民法典の現代化は，アメリカ（あるいは英米）に対する対抗戦略としても必要不可欠である。グローバリゼーションの潮流の中で各国法制の整備が投資の条件としてクローズアップされるに伴い，コモンロー（英米法）と民法典（大陸法）の競争が激化しているからである。

この競争は，旧社会主義諸国の体制移行に伴う法典整備への影響力の行使という形で具体化する。とりわけ，EU圏内では東欧諸国，旧植民地では東南アジア諸国などがフランスの関心地域となる。近年では，日本もまたベトナム，カンボジアなどに対して法整備支援を行っているが，これらの国々に対しては，アメリカやフランスも影響力を行使しようとしている。

現代化のための課題は，国外だけでなく国内にも存在する。それは多文化主義への対応である。異なる文化をどのように処遇するかは，移民の増えた先進諸国の共通の課題である。マグレブ出身の移民が多いフランスでは，この問題はイスラムとの共存という形で具体化する。カルボニエ（Carbonnier）は，民法典100周年における中心課題が階級問題であったのに対して，200周年における中心課題はイスラム問題であると指摘している。

同様の問題はほかにもある。たとえば，フェミニズムからの挑戦，あるいは，性的少数者の異議申し立て。マイノリティの差異を尊重しつつ，いかにして統合を実現するか。この問題は，程度の差はあれ，日本でも取り組まなければならない課題であるといえるだろう（大村「マイノリティと民法」同『学術としての民法Ⅱ 新しい日本の民法学へ』〔東京大学出版会，2009〕を参照）。

◇第3章◇　家　族

◆第1節◆　婚　姻　　【Leçon 07】

Ⅰ　序

1　検討の前提 ── 民法典の規定

　次節で述べるように，離婚法をはじめてとしてフランス家族法は，民法典制定以来 200 年，とりわけ最近の 4 〜 50 年（カルボニエ改革以前の夫婦財産制改革法案は 1959 年提出），時代の波に洗われて変化を遂げてきた。民法典は相次ぐ改正を受けたきたのである。このうち 1965 年以来のいわゆるカルボニエ改革に関しては，稲本洋之助『フランスの家族法』（東京大学出版会，1985）の第 1 部に行き届いた概観がある。しかし，婚姻法に関する限り事情はやや異なる。この点につき，稲本は次のように自問自答している。

　稲本の問いは次のようなものである。「第 5 共和制下の改革は，民法典の《家族法領域》に属する実体的諸制度のうち，第 1 編第 5 章『婚姻』を除いたすべてを全面的に更新し，実質的には新しい家族法典の編纂を 10 余年にわたって漸次実現したものと見ることができる。このような新家族法典の制定に等しい法律改正が進行した今日，全面改正の対象とはされなかった第 5 章『婚姻』の章についてはどのような評価を与えるべきだろうか」。彼は，これに答える。「大部分の規定は，20 世紀前半に頻繁に行われた改正によってその内容をすでに変えていた。したがって，『婚姻』の章については，……内容的にはすでに独自の全面的改正を必要としない状態にあると見るべきである」と。

　ただし，稲本がこの説明とあわせて「ナポレオン法典の原始規定は……若干の基本規定に残っているだけで」と付記するとともに，大きく変化した内容として，「婚姻の要件規定のうち最も大きな変化を遂げた婚姻同意権」と「後に『基

◆ 第1節 ◆ 婚　姻

礎財産制』と呼ぶ夫婦財産関係を中心とした夫婦相互の権利義務」の2点（のみ）をあげる点にも留意する必要がある。再び稲本によれば，「民法典第1編第5章『婚姻』は，このようにして1章単位の書き直しを必要とすることなく夫婦の権利義務に関する第6節の段階的改正を中心として現代的進化を着実に遂げ，民法典《家族法領域》の座標軸的位置にあって諸部門の要となる役割を果たしている」のであるが，実は「婚姻」の章の「要」の部分は200年を通じて不変であると見ることができるのである。

　もっとも，「婚姻」の章の内部に大きな変動がなかったことは，「婚姻」をめぐる変動が一切なかったことを意味するわけではない。「婚姻」そのものは変わらないとしても，それを取り囲む状況は大きく変わることはありうる。具体的には，民法典の「婚姻」の章（Ⅱ）のほかに，民法典の外で論じられた「自由結合」と民法典に新たに章が設けられた「パクス」を考慮に入れる必要がある（Ⅲ）。

2　検討の視点 ―― 公共性と私事性

　婚姻および自由結合・パクスについて考えていくにあたっては，それぞれの制度の具体的な内容に関心を寄せるのは当然のことであるが，それらを整序するための視点の設定をいかに行うかもまた重要である。考えられる視点はいくつかある。たとえば，制度か契約か。婚姻は制度か契約かという問題は古くから論じられてきたものであり，今日においても一定の意味を持っている（大村「フランス法における契約と制度」北村一郎編『山口俊夫先生古稀記念　現代ヨーロッパ法の展望』〔東京大学出版会，1998〕，同「『家族法における契約化』をめぐる一考察」水野紀子編『家族』〔東北大学出版会，2006〕）。しかし，以下においてはこれとは別に，公共性と私事性という軸に沿って考えていきたい。婚姻，そして自由結合・パクスを，それぞれにおける公共性と私事性の交錯という観点から見ていくとどうなるのか。以下の説明は，このような関心に立ってまとめられており，日本における各種の研究も，この観点からの位置づけがなされる。

――――― 第 3 章　家　族 ―――――

❚❚　婚姻による共同体

1　成　立

(1) 社会への公示　　稲本も上記著書の「はしがき」で述べるように，「家族……のあり方は，……民族的宗教的政治的風土によって決定され，……一国的さらには地域的特徴をよく残している」。この一般的な考察は，婚姻にとりわけよくあてはまる。フランスの婚姻と言えば，市庁舎での儀式において，三色の飾りを身にまとい共和国を体現した身分吏が，民法典の規定（仏民212条以下の4ヶ条など）が読み上げられる風景がよく知られている（根拠規定は仏民75条）。それは，まさに「民事婚 mariage civil」なのである（もっとも，教会での挙式を行うカップルやシャトー，公園で写真を撮るカップルも少なくない）。

以前にも述べたように，この「民事婚」の導入は，婚姻に関する権限を教会から奪取することを意味した。しかし，注意しなければならないのは，ナポレオン法典によって婚姻は世俗化されはしたが，それ以外の点では大きく性格を変えることはなかったという点である。上記の儀式はまさにそのことをよく表している。婚姻には以前として儀式が必要なのであり，ただ，それを主宰するのはもはや教会ではなく共和国であるというわけである。

このことは，婚姻が当事者の私事であるにとどまらず共和国（社会）の利害にかかわるものであることを意味する。婚姻は，夫婦の一方が住所・居所を有する「市町村 commune」の身分吏の面前で「公開で publiquement」行われることとされている（仏民165条）。余談ながら，学位論文の審査が公開で行われることも，学位が個人の栄達の手段にとどまるものではなく共和国の関心事であることを示していると言えるだろう（それとの関連で言えば，司法修習生たちにその職務の公共性を認識させるには，給与を支払うよりも司法試験の口述試験〔新試験では廃止〕を公開にした方がよいとも言える）。

公開されるのは挙式だけではない。婚姻に先立ち，婚姻の当事者・両親の氏名・職業・住所などが，それぞれの住所地において「公示 publication」される（これにつき，久貴忠彦「婚姻公告」ジュリスト514号〔1972〕）。これは，技術的には，婚姻に異議のある者の「故障申立て opposition」を保障するための措置であるが，価値的に見れば，婚姻が今日でもなお社会一般の関心事であることを示していると言える。個人的な体験を書き添えるならば，私が暮らしていた自治

◆ 第1節 ◆ 婚　姻

体では，毎月の広報において，結婚したカップルが報じられていた（出生・死亡についても同様）。

「婚姻 mariage」が「法律によって定められた条件の下での二人の人の正統な結合 union légitime」と定義される（*Petit Robert*）ときの「正統な légitime」にも，「社会的に承認された」という含意があるのだろう。この点についても，カルボニエの洞察は興味深い。ここでは次の3ヶ所を参照しておこう。一つは，まさに挙式に関する叙述である。「儀式 rite は二重の意味を持つ。新しい家庭の創設に社会が参加することを示すと同時に，より実利的には，夫婦自身に婚姻の証拠を与える」。もう一つは，婚約に関する叙述であるが，そこで彼は第三者の介在に触れ，家族のほか，友人・社会一般の存在に言及している。最後の一つは，婚姻に関する一般的叙述である。カルボニエは，婚姻とは「人類の身体的・精神的な必要に答えるもの」であるとしているが，そこでいう「身体的な必要」とは性的結合・再生産の必要ではなく，子どもの教育の必要を意味しているとする。そのために必要な「継続的な結合体 association durable」，それが婚姻であるというのである。こうした婚姻観が，今日でも，フランス婚姻法の根底に存在すること，これによって説明されるべき制度がなお存在することは，フランス婚姻法研究の原点としてふまえておくべきことがらであろう。

（2）**自己決定の周辺**　もちろん，「婚姻は当事者の意思 acte de volonté に依存する」。しかし，当事者の自己決定は，全く自由になされるわけではない。ここでは，立法史上の変遷があったとされる婚姻同意権と婚姻の前提となる当事者の健康状態につき，簡単に触れておきたい。

婚姻同意権に関しては，まず現行の規定を確認しておこう。現行法（1933年改正以降）においては，男女ともに成年（1974年改正以降は18歳）に達していれば，父母の意思に反しても婚姻することが可能である（仏民148条は「未成年者は父母の同意なしに婚姻することができない」と定めているので，その反対解釈から導かれるとされる）。助言を求める必要も通知をする必要もない（かつてはあった）。今日なお同意権が機能するのは，15歳以上18歳未満の女子が婚姻する場合に限られる。これは，日本法において，未成年の男女につき父母の同意が必要なのと同様である。ただ，日本では父母双方が死亡している場合には同意権は消滅すると解されるが，フランスにおいては尊属や親族会が父母に代わって同意権を行使することに留意する必要がある（規定は細かい。Carbonnier, *Droit*

73

civil, p.1147 に一覧表がある)。

　フランスにおける婚姻同意権に関しては，久貴忠彦「フランスにおける父母の婚姻同意権」同『現代家族法の研究』(一粒社，1990，初出，1976) があり，婚姻同意権の沿革・現状が示されている。とりわけ興味深いのは，「むすびにかえて —— フランス法における婚姻同意権の特質」の部分であり，そこで久貴は，フランス法の特質を次のように指摘している。「婚姻はそれを結ぶ者にとってのみならず彼らの家族にも大きな利害を及ぼすものである。婚姻は，配偶者の両親に，彼らの姓の後継者，将来の孫，婿や嫁といった扶養権利者，をもたらす。また，婚姻は，子自らが創ったのではなく親や祖先のお陰を受けているところの家族や社会に，子の選択によって選ばれた人を参加させるものである。したがって，未成年者自身をではなく，未成年者の家族を，好ましくない割込みから守ることが必要である。」

　久貴自身は，このような見方に対して批判的なスタンスをとっているのだが，婚姻同意権の意義は的確に捉えられている。フランス婚姻法が，このような形でなお「家族 famille」=「血統家族 famille lignagère」の利益を考慮に入れていることは，どのような価値判断を加えるにせよ，その前提としてきちんと認識されるべきことがらだろう。

　健康状態に関しては，規定の存在自体が日本ではあまり知られていないが，二つの規定が関連する。一つはフランス民法63条2項であり，もう一つは同169条2項である。これらの規定は，原則として，「健康診断書 certificat médical」の提出を経た後でなければ，婚姻の公示をなしえないことを定めている。このような形で，将来の夫婦が健康状態につき情報交換をするように促しているのである。日本民法には同様の規定は存在しない。しかし，母体保護法には「不妊手術を受けた者は，婚姻しようとするときは，その相手方に対して，不妊手術を受けた旨を通知しなければならない」(26条) という規定が置かれている (効果の定めはない。罰則もない。ただし，性病予防法〔1998年に廃止〕による診断書交換とは異なり，努力義務以上のものを定めている)。

　フランスにおける健康診断書についても，また，久貴による研究が先駆的なものである (同「結婚と健康診断書 —— フランス婚姻法の一断面」同・前掲書〔初出，1975〕)。そこでも久貴は，この制度が第2次大戦中にできたものであり，戦後には批判的な見解も強かったことを紹介している。しかし，同時に，今日でも

◆第1節◆ 婚　姻

この制度が存続し,「民法上の制度としてこれが定着した」という見方も成り立つと説いている。久貴は次のように述べている。「もともと,公告とか挙式とか,わが国からみれば複雑とみえる成立手続もキリスト教徒たる国民にとっては教会法に由来する至極当然の形式であって,それを回避しようという考えは決して強くないはずである」と。正当な認識であろう。

なお,健康診断書の提出と言っても,診断書に記載されるのは,健康診断を受けた事実だけであり,内容を知るのは受診した本人のみである。だから,病気であることを隠して結婚することは可能であるし,健康診断書の欠如が婚姻障害となるわけでもない。しかし,そこには,個人のプライバシーに配慮をした形をとりつつも,婚姻を単に意思によるものとしてとらえるのではなく,健康状態を基礎とするものであるという認識が見てとれるのである。このことも,やはり知っておいてよいことだろう。

2　効　果

(1)　公序としての同居　　効果に目を転じるならば,フランス婚姻法にはいくつかの特色がある。たとえば,(子の親に対するもの,義父母に対するものを含む)扶養に関する規定の存在(仏民205条・206条,207-1条～209条,210条・211条)や子どもの養育に関する規定の存在(仏民203条・213条。なお,挙式に際しては,親権に関する仏民371-1条も読みあげられる)などをあげることができるだろう。

これらと並んで,あるいはそれ以上に興味深いのは,夫婦の義務に関するフランス民法215条(これも読みあげの対象)の存在である。この規定は,次のように定めている(稲本監訳による)。

215条①夫婦は,相互に共同生活(communauté de vie)の義務を負う。
②家族の居所は,夫婦が共同の一致によって選ぶ地にある。
③夫婦は,その一方だけでは,家族の住宅(logement de la famille)を確保する権利も住宅に備え付けられた家具も,処分することができない。双方のうちその行為に同意を与えなかった者は,その無効を請求することができる。無効の訴えは,その者がその行為を知った日から1年間認められる。ただし,夫婦財産制が解消してから1年を超えた後は,提起することができない。

「共同生活」が婚姻の効果の中核をなすことは,たとえば,コルニュの法用語

辞典の「婚姻」の定義にも明確に現れている。彼によれば，婚姻とは，「一人の男と一人の女が，共同で生活し，「家族 famille」・「家庭 foyer」を創設するための正当な結合」である。このように，「共同生活」は婚姻の目的とされているのである。婚姻に関する様々な制度（その他の義務や離婚原因）は，この義務を中心に構造化されている。また，当然のことながら，この義務を免除された婚姻はありえない。

(2) **婚姻住宅の保護**　「共同生活」が婚姻の核心にあること，そして，婚姻は社会的に承認を受けた制度であること。フランスにおける婚姻住宅の保護は，この二つの前提から導かれる。規定上もこのことは明らかである（仏民215条3項）。

フランスにおける婚姻住宅の保護に関しては，高橋朋子「夫婦の居住用不動産の処分制限に関する一考察」（『星野英一先生古稀祝賀 日本民法学の形成と課題（下）』〔有斐閣，1996〕）が詳しい紹介をしているが，最も重要な点は，この基礎づけの部分にある。当然ながら，婚姻住宅の処分制限は取引の安全を損なう。日本においては，1996年の婚姻法改正要綱の作成へ向けての中間試案段階で，同様の制度の導入につき検討がなされたものの，見送らざるを得なかったのは，まさにこの点に鑑みてのことだった。

しかし，フランス法においては，取引の安全は婚姻の前に道を譲る。その理由は，婚姻はそのような負担を引き受けても保護されるべき制度として社会的に承認されている点に求められる。この点を理解してはじめて，制度の趣旨がわかったということになる。

III　婚姻外の共同体

次に，婚姻外の生活共同体について見ていくことにしよう。一言で言えば，1970年代には，「寛容な社会・自由放任社会 société permissive」を求めて，法規範からの回避を指向した人々も，今日では，むしろ社会的な承認を求める傾向にあるように思われる。順に見ていこう。

1　回避から

(1) **同棲か自由結合か**　「同棲 concubinage」とは，「夫婦のように共同生活を営む男女の状態」（*Petit Robert*），「一般には共同生活を伴う形で，男女の間

で成立している事実上の結合」(*Vocabulaire juridique*)であるとされる。同棲には，その継続性・安定性を考慮に入れて，一定の法的保護は与えられるものの，それは婚姻ではなく，あくまでも「状態 état」であり「事実上の de fait」の結合にすぎない。ここでは，「婚姻」こそが正統な法的地位であり，「同棲」はそれとの偏差によって評価を下される（concubinatus はローマ法では下位の婚姻であったという。「内縁」はまさにこれに対応するニュアンスを持つ）。

これに対して，「自由結合 union libre」にはより積極的な含意がある。それは，一方では，制度的でない・公式の関与がないという意味を持つ（自由聴講生 auditeur libre と同じニュアンス）。また，「婚姻」が「正統結合 union légitime」と呼ばれて「自由結合 union libre」に対置されることもある（日本語で言えば「野合」に近いか）。しかし，他方，そこには，「自由な」「(教会の) 権威に服さない」という積極的な意味合いも含まれている（自由思想家 libre penseur という場合と同じニュアンスか。Université catholique de Louvain v. Université libre de Bruxelles）。

(2) **非法としての自由結合**　このように，「自由結合」は，「自由」なものではあるが，それは「結合」には違いない。そこで，「事実」としての結合が重視される社会保障法などの局面では，一定の継続性を持つ「自由結合」は「婚姻」に準ずる結合として扱われる。しかし，民法の局面では，それは「婚姻」からの自由を目指すものである。それゆえ，これに「婚姻」の規定を適用することは適当ではない。そもそも，民法上の「婚姻」は単なる「結合」ではなく「正統な」結合であるのだから，その要件を欠くものに「婚姻」の規定を適用する余地は乏しい。

もちろん，「自由結合」が婚姻法の及ばない領域――非法の領域――に属するとしても，それはあくまでも婚姻法との関係においてである。契約法の論理にしたがって，あるいは，親子法・相続法の論理にしたがって可能なことが不可能になるわけではない。

以上の諸点は，日本においても十分に理解されているところである。たとえば，事実婚保護の必要性を説く二宮周平も，認識のレベルでは，「フランス法が当事者の法的地位，例えば準婚関係等を決定して，これに全面的・包括的保護を与えるという手法をとらず，一般的規定の適用による解決をとらざるをえないのは，婚姻による法的拘束を望んでいない当事者に婚姻法の効果を与えるこ

とは，当事者の意思に反する，あるいは法律婚と事実婚は全く違った関係であり，婚姻効果を事実婚に認めることは，婚姻制度の存在理由を失わせることになるといった原則論があるからである」としている（二宮「フランスにおける事実婚(2)」阪大法学107号〔1978年〕110頁以下。直接の引用は，同「自己決定権と事実婚保護の中立性」同『事実婚の現代的課題』〔日本評論社，1990，初出，1989〕299頁）。

こうした法認識が，日本法にも同様にあてはまるのではないか。これが水野紀子や私の説くところであるが（ごく最近，最高裁も同様の立場を示した），二宮はこのようには考えない。では，二宮の考え方はどのように位置づけられるべきか。この問題については，項を改めて考えてみることにしよう。

2 承認へ

(1) 婚姻か契約か　1999年11月15日法は，民法典第1編の末尾に新たな章を付加した。こうして導入されたのが，「パクス」（PACS = pacte civil de solidarité ＝民事連帯規約）である。フランス民法515-1条は，パクスを次のように定義している。

515-1条　民事連帯規約は，性が異なるあるいは性を同じくする成年に達した二人の自然人によって，その共同生活を組織するために締結される契約である。

以下に続く6ヶ条（および同棲に関する1ヶ条）をめぐっては，立法の前後を通じて激しい争いがあった（大村「同性愛・性転換と民法」，「パクスの教訓」を参照）。法的な議論としては，パクスが創設するのは，第二の婚姻かそれとも新種の契約かが争われた。確かに，文言上はパクスは「契約」であるとされているが，これだけでは決め手にはならない（contracter mariageという表現を参照）。規定が置かれた位置から「人の法」には属するものの，「家族の法」とは別のものであるとも言える。しかし，婚姻障害に類する規定が置かれていることからすると（仏民515-2条），婚姻とは別物だとも言いにくい。

しかし，婚姻か契約かはさほど重要な問題ではない。大事なのは，非常にゆるいものではあるが，法的な効力が認められる新たな共同生活類型が承認されたということだろう。

(2) 多元主義へ？　パクスは，婚姻制度を利用できない同性カップルには

◆ 第 1 節 ◆ 婚　姻

一定の意味を持っている。「自由結合」の場合とは異なり，彼らは法律婚を意識的に拒絶しているわけではない。むしろ，婚姻が可能ならば婚姻をしたいというのが，彼らのスタンスだろう。その意味では，同性婚を望む人々は保守的なのである。

しかし，パクスは，異性カップルにも開かれている（ただし，性関係を前提とする）。この場合には，異性カップルが求めているのは，婚姻からの逃避ではなく，婚姻とは異なるタイプの法的保護（および社会的承認）である。

このことと先ほどの二宮の見方とを対比してみると，次のように言うことができるだろう。日本で求められている「事実婚」とは，在来の婚姻とは異なるものとして社会的承認を求めつつ，法的な保護として婚姻同様のものを求めようとするものである。それはまさに「第二の婚姻」を求める試みだろう。ここでも，事実婚を求める人々は意外に保守的である。

注目すべきは，婚姻ではなくパクスとしての保護を受けようとする異性（あるいは同性）カップルの存在である。婚姻ではなくパクス，しかし，自由結合ではない，という結合体に法的保護を付与すべきだという社会的要求は，フランス社会やフランス婚姻法をどこに導くことになるのだろうか。

● コラム 7 ● ボワソナードと旧民法典

　ボワソナード（Gustave Émile Boissonade）は，日本政府に招聘され，いわゆるお雇い外国人の一人として1873年に来日した。当初は，刑法典や治罪法典の立法に携わるとともに，明治政府の外交政策などについても求められて意見を述べていた。また，司法省法学校において法律家の育成にもあたった。

　しかし，彼の主要な任務は民法典の制定にあった。近代日本の最初の民法典（旧民法典）は，財産法部分（財産編・財産取得編の大部分・担保編・証拠編）をボワソナード自身が，家族法部分（人事編と財産取得編の残りの部分）を彼の日本人弟子たちが起草したものであった。

　ボワソナードが日本語を解したかどうかは明らかではないが，少なくとも民法典の編纂に関する限りでは，報告委員が置かれて，ボワソナードの意見を草案審議にあたる法律取調委員会に取り次いでいた。

　同委員会の審議を経て，旧民法典は1890年に成立した。しかし，この法典の是非につき，いわゆる法典論争がまきおこる。断行論・延期論のそれぞれが論陣を張ったが，1892年に施行延期法が可決され，「既成法典」の改正のために法典調査会が設けられることとなった。

第3章　家　族

　法典調査会では，3名の帝大教授（穂積陳重・富井政章・梅謙次郎）が起草委員となって審議が行われた。審議の結果，現行民法典の前3編は1896年に，後2編は1898年に成立し，同年からあわせて施行された。
　今日では，現行民法典と旧民法典とは別の法典であると認識されているが，上記のように，少なくとも審議の段階では「改正」という意識が持たれていたことには注意を要する。以上のような意味において，現行民法典は，旧民法典を経てフランス民法典に連なるものであるとも言えるのである。
　もっとも，比較法に詳しかったボワソナードは，当時最新であったイタリア民法典やベルギー民法草案などを参照し，フランス民法典にはなかった規定を設けていることもある。現行民法典は「比較法の賜」と評されることもあるが，旧民法典もまた「比較法の賜」であったと言えるだろう。

◆ 第2節 ◆　離　婚　【Leçon 08】

I　序——離婚法改革の歴史

　フランス離婚法は大革命以来，歴史の流れの中で幾たびかの変遷を経て，今日に至っている。現行法の基礎をなすのは1975年の離婚法改革であるので，本節では，同改革（カルボニエ改革）以降の状況に焦点をあわせるが，その前史をごく簡単にまとめると次のようになる。「民法典制定以前，ごく短期間ではあるが，1792年の法律によって離婚が承認されていた時期があった……（革命前は教会法の下で離婚禁止）。これに対して，1804年のナポレオン法典は，第一に有責離婚事由として，姦通，暴行・虐待・重大な侮辱，名誉刑のみを挙げた（229条～232条）。第二に協議離婚については，要件・効果・手続の各面で詳細な制限を設けた（275条以下）。このような離婚に対する制限的態度は1816年に至り極限に達する。この年，離婚制度は全面的に廃止され，別居（séparation de corps）だけが存続させられたのである。その後，1884年には，いわゆるナケ法によってナポレオン法典のうち有責主義の裁判離婚だけが復活させられた。この状況が，基本的には1975年まで続くことになる。」（大村「フランス家族法改革と立法学」（同『法源・解釈・民法学』〔有斐閣，1995，初出，1993〕））
　こうした離婚法の変遷を知ることは，19世紀のフランス社会を理解する上でも重要である。たとえば，最近出版された松澤和宏『「ボヴァリー夫人」を読む

80

◆第2節◆ 離　婚

── 恋愛・金銭・デモクラシー』（岩波書店，2004）は，ヒロインのエマ，「夢のような憧憬に胸を囁かれながら，少しも面白くない日常という事実を身をかむような孤独と引き換えに受け取る」この女の「自分を現にあるものとは別のもののように思い描く能力」が「ボヴァリズム」と呼ばれていることを紹介しつつ，その背景につき次のように述べている。「『ボヴァリー夫人』の歴史的な背景となっている 7 月王政期には離婚は法的には不可能であったことも考慮に入れておくべきであろう。離婚はフランス革命下の 1792 年に個人の自由の原理に則って認められたものの，王政復古とともに禁じられ，その後，第 3 共和政下の 1884 年にようやく認められた。もっとも，離婚の自由が王政復古期に禁じられたのは，たんにカトリックの国教化によるだけでなく，離婚によって路頭に迷う多くの女性や子供を保護するという人道的な措置でもあったことを見落としてはならないだろう。離婚の自由は女性の置かれている社会的諸条件と切り離しては論じられない。」（同書 74 頁注 4 。今日でも，破綻離婚や単純な協議離婚は「追出し répudiation」を認めることになると言われることがある）

　こうした状況が，その後，どのように変化し，1884 年のナケ法に繋がるのかは，それ自体として興味深い問題であり，研究の対象となってもよいことがらである（当時の「フェミニズム」との関係も問題になろう。なお，フランスにおいて，技術的にはすでに 19 世紀の初頭に可能であった人工生殖が実際に行われて，社会問題になったのも 19 世紀末のことであった。大村『法源・解釈・民法学』〔有斐閣，1995〕239 頁）。文献としては，最近のものでは，Ronsin, *Du Divorce et la séparation de corps en France au 19e siècle*, th. Paris 7, 1988，古いものでは，Blanc de Collet, *Contribution à l'histoire du rétablissement du divorce en France en 1884*, th. Paris, 1940, Le Goasguen, *Le divorce devant l'opinion, les chambres et les tribunaux*, th. Rennes, 1913 などが面白そうである。余談ながら，明治期の文学作品を読む上でも，民法典の存在は意外に大きな意味を持つのであり，研究の望まれるところである。

❷　カルボニエ改革

　1975 年の離婚法改革は，いわゆるカルボニエ改革の締め括りとして行われた。この改革によって，離婚の要件・効果の双方について大幅な改正が行われ，離

婚法は一新された。その内容は，日本でも紹介されているが，要点に触れながら，主な研究文献を紹介していこう。

1　離婚原因

(1)　改革の内容　1975年のフランス離婚法改革は，当初，破綻主義の導入に注目して紹介された（久貴忠彦＝小幡由子「フランスにおける破綻主義離婚法の誕生」，野村豊弘「欧米諸国における破綻主義立法の新展開について──フランス法を中心に」など〔いずれも1980〕。その他の文献も含めて，大村・前掲論文187-189頁注16) を参照）。確かに，75年法は破綻主義的な離婚原因を導入したものであり，その意味では，1960～70年代の破綻主義立法の一つとしてとらえることが可能である。しかし，「有責主義から破綻主義へ」という単純な図式（これに対する卓抜した警告として星野英一「最近の西欧における家族法改正の動向」同『民法論集第6巻』〔有斐閣，1986，初出，1979〕がある）によっては把握しそこなうものがそこには含まれている。この図式によるならば，75年法は，他の国に比べて相対的に長い別居期間を要求した上ではあるが，（カトリックの影響の残る）フランス法ですら，破綻主義を認めたという位置づけになるだろうが，それではフランス離婚法を十分に理解したことにはならない。

具体的に離婚原因がどうなったのかを簡単に説明しておこう。1975年の改正後の仏民229条は，次のように三つの離婚原因（cas）をあげている。

第229条　離婚は〔以下の〕場合において言い渡すことができる。
　あるいは相互の同意(consentement mutuel)
　あるいは共同生活の破綻(rupture de la vie commune)
　あるいは有責事由(faute)

このうち，最初の同意離婚は，夫婦共同での請求による「協議離婚 divorce sur demande conjointe des époux」と一方の請求を他方が受け入れる「認諾離婚 divorce demandé par un époux et accepté par l'autre」に分けられているので，都合，4種の離婚原因（離婚類型）が定められたと言ってよい。ここで注目すべき点は，次の2点である。一つは，協議離婚といっても，日本のように当事者の合意だけで離婚は成立せず，裁判所の関与が必要とされているということである。それにしても，相手方の責任を追及する形をとらず（なれ合い訴訟──司

◆第2節◆ 離　婚

法喜劇・裁判上の茶番劇 comédie judiciaire と呼ばれた──を起こす必要をなくす），離婚ができるようになったことの意味がとりわけ大きい。この点こそが 75 年改正の眼目であった。もう一つは，有責離婚がなお存置されているということである。それこそカトリックの影響の強いフランスでは，相手方の責任で離婚せざるを得なかったことを明らかにしたいという人々が，すぐ後の数字が示すように，多数残存するのである（離婚原因ごとに効果が異なることも関係するかもしれないが，カルボニエは「破綻離婚はラテン的無理解に直面した」と評している。さらに，それでも「1,500 人が解放される」とも言えるが，「1,500 人が追い出される」という人もある，とコメントしている）。

　ここで離婚に関する統計を掲げておく（Carbonnier, *Droit civil*, P. 1282 から引用）。ちなみに，最近の日本では，婚姻は 70 万件強，離婚は 30 万件弱というところだろう（割合で対比してみると，フランスとほぼ同様の状況であると言える）。

	1999 年	1998 年	1978 年	1974 年	1963 年
婚姻	285,400		355,000	394,000	
離婚	116,349	116,831	74,000	60,694	32,862

有責　49,382（45％）
同意　48,775（40％）
破綻　 1,855（1.6％）

＊　破綻離婚の割合は，1990 年には 1.5％，1977 年には 3.0％

(2)　**改革の含意**　カルボニエ改革，とりわけ離婚法改革は，いくつかの点で興味を引く。一つは，法社会学的なデータによる法案の正当化がなされたということ。もう一つは，「アラカルト離婚 divorce à la carte」や「各人にその家族を，その法を à chacun sa famille, son droit」という表現が示すように異なる社会層・法意識を考慮した立法がなされたこと。これらは，一言で言えば，科学主義と多元主義と呼ぶことができる。

　このうちの科学主義の面は，その後の立法では徐々に後退していく。そして，1980 年代以降は公論重視の民主主義が優越するようになる。「（科学という）神の声は（世論という）民の声」にとって代わられたと言えるだろう。もっとも，早くから指摘されているように，75 年の離婚法改革もまた，74 年の大統領選を

めぐる世論の動向と無縁ではなかったことにも留意しなければならない。

　ここでの関心は，とりわけ多元主義に向けられる。大村「フランス家族法改革と立法学」は，この点に注目し，カルボニエの家族法立法学の特徴を摘出することを目的としている（なお，同論文を収める前掲書第2部の中扉にカルボニエの著書を飾った似顔絵が，ご本人の承諾を得た上で掲げてある）。この論文では，カルボニエ立法学の特徴を，立法に対する消極主義・積極主義の複合体として提示している。

　すなわち，カルボニエは，一方で，法外の自生的規範を尊重すべきこと，多すぎる法律は法を損なうことを強調して，謙抑主義の立場に立つ。また，立法をする場合にも，分裂する社会意識を取り込むことが望ましいとする。すなわち，社会に存在する異なる法意識は立法にも反映させられるべきであるという立法的多元主義がとられている。比較法的な趨勢が指し示すかに見えた破綻主義一元論をとらず，このような多元主義の立法を行ったという点に，フランス離婚法改革の最大の特徴がある。この点を看過すると，前述のように，フランス離婚法は不徹底な立法であったということになる。

　他方，カルボニエは，世論調査から離れていくつかの決断・実験を行った。たとえば，世論は必ずしもはっきりしなかったが，合意離婚の導入は当初からの方針であった。「世論は立法せず」と彼は言うが，彼は必要なのは合意離婚であるという離婚立法観を持っていたのであり，この点に関しては，世論に依存していない。また，カルボニエ自身は75年法を「妥協の法律 loi de compromis」と呼んだが，実はそれは，意図的に選び取られた立場であった。彼は，多元的な社会には多元的な立法こそがふさわしいと考えていたと思われる。離婚の多様性は，法意識の多様性に由来するとは限らない。当事者のそれぞれの「離婚」のあり方がとるべき手続を左右する。そうだとすると，社会の要請に応ずるには，多元主義の離婚法をもうけることが望ましいというわけである。さらに，認諾離婚のように，彼が実験的に導入した離婚類型があることも興味深い。

2　離婚給付

(1) **改革の内容**　　75年離婚法改革の効果の部分は，いかなるものだったろうか。効果に関しては，一方で，夫婦財産関係の清算がなされるとともに，婚姻中の贈与などの効力の存否や損害賠償の有無が問題になる。他方，将来に向

けて、「補償給付 prestation compensatoire」の付与（仏民 270 条以下）と「扶助義務 devoir de secours」の存続（仏民 280 条以下）が問題になる。

このうち、前者に関しては、誰のための離婚か（誰の責任による離婚か）によって異なる結果が生ずる。後者に関しては、原則としては、責任の所在にかかわらず補償給付による処理がなされるが、例外的に、破綻離婚の場合には、（無責とみなされる）被告に対して原告は扶助義務を負い続ける。その意味では、離婚原因と効果の切断は完全であるとはいえない。それでも、補償給付という考え方が打ち出された意味は小さくない。

(2) **改革の含意**　75 年法による補償給付に関する研究はいくつかあるが、その代表格は水野紀子「離婚給付の系譜的考察 (1-2)」法学協会雑誌 100 巻 9 号、12 号 (1983) であろう。水野論文の特徴は、制度のあれこれを紹介するのではなく、補償給付を支える思想を摘出しようとする点にある。この点は、日本は「フランスと比較すると、『制裁』的給付要件に比較的早くから執着しなくなったという点では先行性を示すが、そもそも離婚給付を与えることの根拠が薄弱であるために、離婚給付に十分な『補償』的内容を確保して、それを権利として構成する点では遠く及ばない」という認識のうちに現れていると言える。

この点につき、水野論文は、カルボニエの次の説明を援用する。「共同生活によって不均衡が隠されていた二つの経済状態の間の均衡を回復するという根拠に基いて、離婚配偶者間に経済的権利を認めることが可能であろう」。そして、フランス離婚法がこのような解決に至り得たのは、水野によれば「フランスの伝統的な『制裁』色の強い離婚給付は、キリスト教的離婚観（婚姻観・婚姻家族観）に基づくものではあっても、同時に婚姻共同体の崩壊から経済的弱者を救済する必要性の認識がこれを支えていた。そしてこの伝統が、給付要件・給付内容ともに『補償』型の手厚い離婚給付を成立させたと思われる」ということになる。水野が括弧書きで示しているように、このような帰結が社会的に承認される根底には、フランス的な「婚姻」観（これについては前節で述べた）があるということだろう。

Ⅲ　その後の改革

第 2 次大戦後のフランス家族法改革は、ジュリオ・ド・ラ・モランディエール

―――― 第3章　家　族 ――――

委員会の民法典改正草案を下敷きとした夫婦財産制改正案の失敗を前史とし，1975年離婚法改革に至るカルボニエ改革を改革の第1期と考えるならば，その後の時期（ポスト・カルボニエ期）は，三つに区分できるように思われる。すなわち，1985年から10年ほどの間の「改革の改革」期 ―― 85年夫婦財産法・87年親権法・93年親権法・96年養子法の改正 ―― を第2期，98年・99年の包括的立法のための報告書作成期を第3期，そして，その後，相次ぐ立法（多くは議員立法）がなされた時期を第4期と見ることができる。以下においては，離婚法と関連の深い第3期・第4期の改革を中心に，その特徴およびこれに対する研究状況につき，一言したい。

1　改革の過程

(1) **ギグー改革の試み**　1997年，社会保障改革の失敗によりアラン・ジュペが首相の座を去り，リオネル・ジョスパンを首班とする社会党政権が誕生する。2002年に大統領選第1回投票で敗れてジョスパンが引退するまでの5年間，この政権は様々な試みを展開した。エリザベート・ギグー司法相はその中心的な担い手の一人であったが，彼女は家族法の全面的な見直しを構想し，その準備のための報告書作成を専門家に委ねた。まず，白羽の矢が立てられたのが，パリ第5大学の社会学者イレーヌ・テリー教授であった。彼女を中心とする委員会は1998年に報告書を提出した。しかし，この報告書に基づいて立法の準備がなされることはなく，翌1999年には，リール第2大学のフランソワーズ・ドゥケヴェ・デフォセ教授による報告書が改めて公表された。だが，この報告書も直接には立法に結びつかなかった（新聞では「家族法改革始まる」といった報道がなされはした）。

なぜこのような事態になったのかは不明であるが，ギグー司法相が裁判所の関与しない協議離婚の創設を望んだのに対して，二つの報告書はいずれもこれに慎重な態度をとったことが原因だという声もあった。あるいは，ともかくパクスをということだった，という見方もある。いずれにせよ立法はなされなかったのだが，二つの報告書は，この時点でどのような改革が必要であるかをまとめたものとして，今日でも資料的な価値を有していると言える（日本では，まだ十分には検討されていない）。

(2) **議員立法による対応**　パクス法の通過の後，すなわち，2000年以降，

◆第2節◆離　婚

議会には次々と様々な改正法案が提出されている。2001年4月段階での司法省の内部文書 *Document d'orientation relatif à la réforme du droit de la famille* によれば，親子関係と親権・氏・離婚・生残配偶者の4項目が課題とされていた。このそれぞれについて法改正が行われているが，ここでの課題である離婚に即して言えば，まず，離婚給付に関する2000年6月30日法が，そして，離婚原因に関する2004年5月26日法が成立している。

　それは一言で言えば，離婚給付については，従来は原則とされた一括払を見直すものであり（定期金給付ではなく元本の支払であるとの従来の性格づけを維持しつつ分割払を導入），離婚原因については，①合意離婚の手続の簡略化（仏民新230条・232条），②認諾離婚から同意離婚への移行（同新233条・234条），③破綻離婚の要件緩和（同新237条・238条。別居期間を6年から2年に短縮）をはかるとともに，④有責離婚の単純化の上での維持（同新242-246条）を内容とする。そこでは，多元主義を維持しつつ，現実に対応して，手続の実効性を確保することが目指された。

2　改革への視線

(1)　**紹介された部分**　　最近の離婚法改正に関しては，すでに紹介が試みられている。すなわち，水野貴浩「フランス離婚給付法の再出発（1-2）」民商法雑誌129巻1号，2号（2003）と同「フランス新離婚法」同志社法学56巻3号（2004）がそれである。水野（貴）第一論文は素材（特に議会審議）を丁寧に追うもので，好感がもてる（第2論文は未見）。ただ，離婚給付の効果に着目していることの結果であるが，要件に関する理解に必ずしも十分とはいえないところがある。たとえば，鈴木信次の議論と水野紀子の議論の間には無視しがたい相違がある（それはアメリカ法とフランス法の違いでもある）が，両者を一括して論じてしまっている。

(2)　**残された部分**　　このことは，「補償給付」の「補償」の意味を問うことを意味するが，それはまた婚姻とは何かという議論を再検討すべきことを意味する。先ほどの司法省文書は，「家族は子どもにとって建設・参照の場であり，社会統合の要素であり，連帯の空間であり，社会の構成単位である」とし，「法は，習俗の変化，個人の自由，社会の必要な組織化の均衡を保証しなければならない」としているが，カルボニエ改革の完成から30年を経たいま，婚姻や家

族，社会統合や法につき，どのようなスタンスがとられているのか・とられるべきなのか，一方で個々の立法における議論をフォローしつつ，他方，家族論の現状を探究する必要があるものと思われる。2003年秋，カルボニエは95歳で長逝した。ポスト・カルボニエの家族法研究がなされるべき時期だろう。

Ⅳ 小括──子ども中心主義とポストモダン家族法

では，今日，家族法のあり方はどのように捉えられるべきか。この点につき，二つの点を指摘して，小括に代えよう。

第一は，実質にかかわる。20世紀後半の家族法を方向づけた重要な要素の一つは，個人化の流れだろう。それを端的に示すのが「子どもの権利」である。「子どもの権利」が高唱されることによって，伝統的な婚姻観を大きな揺さぶりをかけられていると言える。すなわち，「はじめに夫婦ありき」ではなく「はじめに子どもありき」という傾向が顕著になっているからである。ある著者は，この傾向を「子ども中心主義 pédocentrisme」と呼んでいる。

この点で，カルボニエの「最後の言葉 ultima verba」は極めて興味深い。彼は，死の直前に出版した家族法教科書の最終版（21e éd., 2002）において，「全体の構成 summa divisio」を大きく変更した。すなわち，従前の「婚姻」「親子」に代えて，「子ども」「カップル」という編成をとるに至った。しかし，これは彼がある種の「子ども中心主義」に服したことを意味するわけではない。彼自身も「子どものみ，その利己的な利益 de l'enfant tout seul, de son intérêt égoïste」に向かうものではないとしている。彼らしい最後の言葉は，「生む procréer とは将来に向けて創り出す créer plus loin ということだ」というものであった。このことの意味を考えることが，21世紀のフランス家族法の将来を占うことに通じるだろう。

第二は，手続にかかわる。カルボニエは，前述の第2期の改革を「改革の改革」と呼び，間接的な不満を表明していた。基本法である民法の家族法部分を頻繁に改正すべきではないというのが，その理由であった。しかし，今日，カルボニエのような権威を身にまとった立法者・バランスを確保した立法者（ポストモダンを組み込んだモダン）が現れる可能性はほとんどない。現に行われているように，様々な主張がせめぎ合い，右往左往しながらの議員立法が続く，

というのが，これからの家族法立法の姿であろう（この点は日本でも同じであろう。我妻＝中川による改革のような家族法改革はもちろん，法制審議会が主導する家族法改革も困難だろう）。

　こうした中でどのように立法を行っていくべきか。この問題を考えていく上では，第3期・第4期の経験を家族法立法学の観点から検討することが必要になるだろう。めまぐるしく変わる立法をフォローすることは第一に行われるべき作業だが，そのほかにもなすべきことは多い。

●コラム 8 ● 富井政章と梅謙次郎

　富井政章（1858-1935），梅謙次郎（1860-1910）は，ともに東京帝国大学教授として民法を講じた。二人はともにリヨン大学に学び博士号を取得しているが，富井がエミール・ギメ（Émile Guimet）を頼ってリヨンに渡り，現地で大学を卒業し博士課程に進んだのに対して，梅は司法省法学校を終えた後に渡仏している。

　また，二人は穂積陳重とともに，起草委員として現行民法典の制定に尽力した。穂積重遠の「民法典と法学部」は，富井が学理的であるのに対して，梅は立法者的と評しているが，富井の主著『民法原論』，梅の主著『民法要義』は二人の学風をよく現している（富井につき大村「富井政章」法学教室 186 号〔1996〕，同『法源・解釈・民法学』〔有斐閣，1995〕にも所収，梅につき森田宏樹「梅謙次郎」法学教室 185 号〔1996〕を参照）。

　「立法者的」の評の通り，梅は，晩年，朝鮮における立法事業に従事し，京城で客死した。この事業に対して様々な評価がありうるが，梅を軸に，フランス・日本・韓国に関する比較を行うことは，今後の魅力ある課題の一つと言えよう。では，「学理的」とされる富井はその後の立法と無縁であったかと言えば，そうではない。富井は，大正期に設置された臨時法制審議会の第 1 部会の委員長として，その死に至るまで民法改正事業に従事することとなったのである。

　もっとも，富井の著作が「学理的」であることは確かである。富井は 19 世紀末から 20 世紀初めのフランス民法学の変化に関心を寄せていたが，彼の「学理」への関心，さらにはドイツへの傾斜は，いずれもフランス民法学を経由してもたらされたものであると言うべきだろう。この点についても，今後の研究が待たれるところである。

　富井の関心を受け継ぐ形で，フランス民法学の研究に専心したのが，杉山直治郎である。

—————— 第3章　家　族 ——————

◆第3節◆　親　子　　【Leçon 09】

Ⅰ　序

1　親子法の構成

　フランスの親子法は，民法典第1編「人」のうち，第7章親子関係，第8章養親子関係，第9章親権，第10章未成年，後見および親権解放（émancipation）の4つの章からなる（以前に述べたように，第1章～第4章が狭義の「人の法」，第5章・第6章が婚姻・離婚）。親子法に関しては，日本と同様に，親子関係の成立（この部分が狭義の親子法）と親権・後見に分けて検討するのが一般的であるので，本節ではまず親子関係の成立をとりあげ，親権・後見（未成年・成年の双方）に関しては次節に譲ることにしたい。

　ところで，こうした法典の構成は，日本においても踏襲されている。この点は，基本的には旧民法典（さらにそれ以前の皇国民法仮規則）以来，変わっていない。その意味で，日本民法の親子法の母法はフランス法だと言える。ただし，次の4点を指摘しておく。

　第一に，明治民法制定の時点では，起草者たちは子どもの保護を重視していたということ。たとえば，梅は次のように述べている（『民法要義巻之四』253頁以下）。「外国に於ては乱倫の子，姦通の子等は一般の私生子と其待遇を異にする例少からすと雖も是れ父母の罪に因りて罪なき子を罰するに均しく真に謂はれなき所にして殊に従来の慣習に於ても名義上の区別を為したる例なきか故に我民法に於ては之を区別せす。庶子，私生子に付いても外国に於ては我民法よりも其待遇薄きを常とすと雖も是れ亦同一の理由に因りて我民法に於ては之を取らす。唯婚姻外に生まれたる庶子，私生子の権利に因りて婚姻より正当に生まれたる子其他の第三者の権利を著しく損害するが如きは法律か婚姻に重きを置きたる精神に反し又従来の慣習にも違ふか故に之を同一視することを得さるなり」。もっとも，婚姻尊重に関しては，「我国の『私生子優遇』は，一夫一婦制度に充分の重きを措かぬことから出て居る」との指摘もされている（穂積重遠『親族法』〔岩波書店，1933〕437-438頁）。

　第二に，この点にもかかわるが，「従来の慣習」の内容は次のようなものであったこと。穂積重遠によれば，「我国では，男系による家の継続を重んずる家族制

◆ 第3節 ◆ 親　子

度の沿革上，妻に男子がなければ妾腹の男子に家督相続をさせるのは当然の事とされ，私生子にも相当な法律上の地位が認められて来たのである」。すなわち，明治6年1月18日太政官布告第21号は，当時の仏民340条と同様に，「父の探索は之を禁ず」と定めているようにも読めるが，「しかしそれは妻妾でない女が生んだ子の話で，当時親族法上の地位として認められて居た妾の生んだ子に至つては，認知を待たずして当然其父の子として通用し，扶養を受け得るは勿論，其父を相続することが出来たのである」（同425-436頁）という。

　第三に，やはり以上の2点とかかわるのだが，皇国民法仮規則において次の2点が特徴的だったこと。一つは，親子法の編成が「父子」「嫡出の子」「庶出の子」「私生の子」「親子の義務」「養子」「親の権」「幼年」「後見」「幼者の後見を免るる事」となっており，親子関係のうち父子関係が重視されていること。もう一つは，「親子の義務」という項が設けられており，そこには扶養義務に関する規定が置かれていたが，とりわけ「夫婦たる者は相互に其子を養育すへき義務あり」（同95条）と定められていたこと。当時での慣習への配慮が見られるようにも思われるが，同時に，フランス的な「婚姻親子」観も垣間見られ興味深い。皇国民法仮規則の性格づけにもかかわる問題であるが，さらなる検討が必要だろう。

　第四に，明治民法（と現行民法）とフランス民法の親子法の異同につき，次の3点を指摘しておく。その一は，旧民法まではフランス法と同様に，親子法は証拠法的な色彩を強く帯びていたが，明治民法ではその点がかなり後退していること。このことは民法全体にも及ぶ問題であり，包括的な検討を要するところである。その二は，日本法は養子を広く認めるようになっていること。皇国民法仮規則では，「実子ナキ者ハ年齢ニ拘ラス養子ヲナスコトヲ得ヘシ」（同103条。当時の仏民343条ではさらに養親が50歳以上という年齢制限もあった）となっていたのが，旧民法では「法定ノ推定家督相続人タル男子アル者ハ男子ヲ養子トナルコトヲ得ス」（旧民人839条本文）とされ，明治民法ではこのような制約がなくなっている。その三は，認知されない私生子の処遇についてであるが，援助金・扶養料（subside）に関する規定（「父子関係が適法に立証されない自然子はすべて，懐胎の法定期間中にその母と関係していた者に対して，援助金を主張することができる」〔仏民342条〕。モーパッサンの小説に出てくる）があることである。これらの2点についても，その原因を探る必要があるだろう。

以上のような異同を支える明治日本の法意識が，その後の学説における母法であるフランス民法の理解にも影響を与えざるを得ない。この点は，後述の水野紀子論文が強調する点でもある。

2　親子法の展開

すでに触れたところにも窺われるように，フランス親子法は，実親子法にせよ養親子法にせよ，ナポレオン法典の原始規定以来，かなり大きな変化を被って今日に至っている。この点を簡単に振り返っておこう。実親子法・養親子法に分けて，立法上の大きな変化を指摘しておこう（稲本洋之助『フランスの家族法』〔東京大学出版会，1986〕による）。

	I期	
	1793年デクレ	嫡出子と自然子の相続分平等
		姦生子・乱倫子の相続権否定
		父の探索の禁止
	1804年原始規定	姦生子・乱倫子の認知禁止　扶養料のみ
		自然子は相続分（少ない）に相当する権利
	II期	
実親子法	1896年法	自然子を相続人とする（相続分は少ない）
	1912年法	一定の場合にのみ認知の訴えを承認
	III期	
	1970年法	嫡出子・自然子の原則平等（仏民334条）
	（カルボニエ）	姦生子の相続分は制限
		嫡出否認の訴えの拡張（大論争）
		認知の訴えの一般化　未認知子に扶養料
	1982年法	身分占有による自然親子関係を認める
	2001年法	姦生子の相続分を平等化

◆第3節◆ 親　子

	Ⅰ期		
養親子法	1804年原始規定	身分契約法として構成　離縁は禁止 普通養子（親は50歳以上，子は成年） 報恩養子（年長者も可） 非公式後見（未成年者が対象） 血族間の関係なし　親は子を相続しない	
	Ⅱ期		
	1923年法	孤児救済（1900年頃に養子少ない。100件） 報恩養子・非公式後見を廃止 未成年者も普通養子で　離縁可能	
	1939年法	断絶養子・養子準正の導入	
	Ⅲ期		
	1966年法 （ヴェイユ）	完全養子の原則化 子の奪い合いへの対処（ノヴァック事件）	
	1996年法	子どもの権利の強化（同意：15歳→13歳）	

3　親子法の研究

　以上のようなフランス親子法の変遷は，日本においても古くから研究の対象とされてきた。親子法は，フランス家族法の中では研究の蓄積の多い領域であると言える。主な研究には，以下のようなものがある。

　古くは，穂積重遠「父の捜索」法学協会雑誌29巻2号（1911），同「同題」（杉山直次郎編『法律論文集 富井先生還暦祝賀』〔有斐閣書房，1918〕）や中川善之助「フランスに於ける養子法の變遷」法学新報40巻1号（1930），同「フランス新養子法の近代色」法学新報40巻4号（1930），戦後では，谷口知平『親子法の研究』（有斐閣，1956，増補版，1991）に収録されたの一連の研究がある（「嫡出親子關係と身分占有──比較法的一考察」初出：『末川博先生還暦記念 民事法の諸問題』〔有斐閣，1953年〕，「非嫡出子親子関係について──比較法的一考察」初出：民商法雑誌30巻3号〔1955〕，「フランス血縁断絶養子・準正養子──そのわが親子法への示唆」）。また，養子法改正については，加藤高・山本正憲の研究のほか，後に言及する中川高男『第二の自然』（一粒社，1986）があり，実親子法改正については，有地

93

亨「フランスにおける親子法の近時の展開」ジュリスト604号 (1976), 田中通裕「フランスにおける自然親子関係成立に関する一考察」法と政治28巻3=4号 (1978) があるほか, 久貴・稲本の紹介などもある。さらに, 最近では, 実親子法に関する二宮・松川の研究なども目立つ。

しかし, 諸研究の中で中心的な位置を占めるのは, 水野紀子の一連の研究であることには異論がなかろう。以下においては, 同教授の研究の紹介・検討を行うとともに (Ⅱ1), これと興味ある交錯を見せる伊藤昌司の身分占有論研究 (Ⅱ2) に触れることにしたい。なお, これらは実親子法を中心とするものであるが, その他の親子関係については, 養親子法に関する中川高男の研究を中心に, 一言するにとどめざるを得ない (Ⅲ)。

Ⅱ　実親子

1　水野紀子「実親子関係と血縁主義に関する一考察」

(1)　**紹　介**　　戦後日本の家族法研究者は四つの系統に分類できる。第一は中川善之助から始まる東北学派であり, 島津一郎・泉久雄・深谷松男などが教科書を書いている。第二は青山道夫から始まる九州学派であり, 有地亨・中川高男・伊藤昌司などがこれに属する。この二つの「学派」は有力であったが, 目立った後継者がいない。第三に, 関西には谷口・太田・久貴を中心としたインターカレッジの家族法グループが存在する。現在では, 二宮周平・松川正毅・犬伏由子などがこの系統に属する。第四に, 関東にははっきりとした学派は存在しない。穂積から来栖への学統が絶えたことが原因の一つであるが, 法制審議会の身分法小委員長を長くつとめた加藤一郎の門下に, 米倉明・水野紀子の二人がいる。フランス家族法研究という観点から見ると, 現在では, 水野のほか, 二宮・松川などが活発に論文を発表している (ドイツ家族法研究で期待されるのは窪田充見だろう)。

以上のような概観をするまでもなく, 水野紀子 (1955-) が現役世代を代表する家族法学者であることに異論はなかろう。水野の離婚給付に関する研究に関してはすでに紹介したが, その後の水野の主たる関心は親子法に向けられている。「実親子関係と血縁主義に関する一考察」の前後に, 次のような一連の論文が発表されている (「親子関係存否確認訴訟の生成と戸籍訂正 (1-2)」名大法政論集

◆第3節◆ 親　子

134号，136号〔1990-91〕，「フランス法における親子関係の決定と民事身分の保護（1-3）」民商法雑誌104巻1号，3号，105巻1号〔1991〕，「比較婚外子法」『講座・現代家族法3』〔日本評論社，1992〕，「子どもの平等権——非嫡出子問題を中心に」家族社会と法10号（1994），「嫡出推定・否認制度の将来」ジュリスト1059号〔1995〕，「認知無効について（1-2））——血縁上の親子関係と法律上の親子関係の不一致」東北大学法学64巻1号，2号〔2000〕，「人工生殖における民法と子どもの権利」湯沢雍彦＝宇都木伸編『人の法と医の倫理』〔信山社，2004〕）。

　一連の論文の中でその主張が簡潔・明瞭に示されているのが，「実親子関係と血縁主義に関する一考察」（星野古稀論文と略称）である。民商論文や法学論文も重要であるが，後者が実親子のうちの母子関係と養子を扱うのに対して，前者（星野古稀論文）は中心問題である父子関係に焦点をあわせるものである。さて，離婚給付の場合にもそうであったが，水野論文のポイントはその発想にある。そこで，項を改めて（内容を含めて）その発想を明らかにしてみよう。

　(2)　**発　想**　水野の星野古稀論文は，「本稿の視角——血縁主義への疑問」「遺伝子鑑定と親子法——科学者の態度と法律家の態度」「フランス法における意思主義の伝統と1972年法が採用した真実」「法律上の親子関係と血縁上の親子関係の峻別の必要性」の四つの項目に分けられている。その問題意識と主張内容は，この項目立てからも明らかである。すなわち，この論文において水野は，「血縁主義」への疑問を提起し，科学と法律との緊張関係を説き，フランス法の伝統とその変容をたどり，そして，改めて「法律上の親子関係」を屹立させようとしたのである。

　水野は，日本法において，民法に根拠がないのにもかかわらず認められたきた親子関係不存在確認訴訟の存在（推定の及ばない嫡出子につき認められる）が，嫡出推定制度を空洞化していることに対して厳しい批判を投げかけているが，このような事態にいたった原因として，「民法に設けられた認知や嫡出推定という制度に対する理解が十分でなかった」ことを挙げる。「血縁上の親子関係が法律上の親子関係とは異なることの母法における意味が，日本では消化されていなかったということであろう。親子関係とりわけ父子関係の立証が非常に難しいという条件下で，一定の推定によって父子関係を設定する必要があることはたやすく理解できる。しかし，嫡出推定制度にしろ，認知制度にしろ，立証困難という理由では到底説明できないほど，血縁上の親子関係と異なる虚構

の親子関係になる場合が多くなる厳格な設定方法をとっていることの意味が，わが国における議論の前提として周知されていたとは思われない」というのである。そして，水野は，このような理解の不十分さとして「意思主義の内容の紹介の不十分さ」と「血縁主義といわれるものがあくまでも親子関係を設定する法技術の制度設計内部の議論にすぎないという制度的大前提への理解の不十分さ」をあげるのである。

(3) **展　開**　水野のフランス法理解は，おそらく正当なものであると思われる。離婚法における「有責主義から破綻主義へ」と同様に，親子法における「意思主義から事実主義へ」といった図式を立ててしまうことなく，虚心にフランス親子法を見れば，それがなお婚姻との間に密接な関係を保っていること，生物学的真実を重視する方向に傾斜しつつも他の要素とのバランスをとっていることに気づく。

こうした見方は，大村「『家族』と《famille》」（同『消費者・家族と法』〔東京大学出版会，1999〕）の後半においても共通の認識として示されている。そこでは，「嫡出親子関係に関するかぎり，フランス法の出発点は『人為』にあり，『自然』は『人為』の枠の中で一定の役割を占めるに過ぎない」「自然親子関係は，『自然』という性格づけがされているはいるものの，あくまでも法規範によって成立する法的な関係である。……生物学的な親子関係の存在はその主要な要素であり，法制度もこの点を基礎として組み立てられている。しかし，この『自然』は，いわば『人為』によって制御された自然であり，むき出しの『自然』ではない」とされている。

なお，大村論文は「一方で『血縁』は『婚姻』と無縁ではありえず（嫡出子の場合），他方，『血縁』は『血縁』以外の要素を含んでいるからである（自然子の場合）」としているが，実親子関係とは「血縁」にもとづくとされる親子関係であり，この「血縁」は生物学的真実だけから構成されるわけではないと言った方が適切なのかもしれない。

2　伊藤昌司「フランス親子法における身分占有」

(1) **紹　介**　伊藤昌司（1939-）は，フランス法研究を基礎に，相続法の領域で独特の見解を提示する異色の研究者として知られている。その独自性は，伊藤の『相続法』（有斐閣，2002）に遺憾なく現れている。なかでも「相続させ

◆第3節◆親　子

る」遺言に対する「呪詛」はこの種の概説書には異例の情熱に支えられたものとして，読者に強い印象を与えないではいない。その伊藤には，家族法の領域の研究もあり，なかでも，「身分占有 possession d'état」をめぐる研究はよく知られている。

　(2)　**発　想**　　伊藤論文の特色は，フランス親子法の大きな特色をなす「身分占有」（特に仏民322条）の効力を明らかにすることにあった。たとえば，いわゆる「わらの上からの養子」について，身分占有を根拠とする議論を退けようというわけである。伊藤は，「身分占有は……生物学的親子関係の無いところでは，ほとんど無力である」として，身分占有の「抜け穴」を紹介している。他方，伊藤は，その後の論文「実親子法解釈学への疑問」（同『法と政治（下）』〔九州大学出版会，1995〕では，日本民法上の「承認」に身分占有の考え方を盛り込むという「目的的解釈」を提唱している。伊藤のフランス法理解・日本法解釈論には異論も呈されているが（たとえば水野），身分占有の研究を刺激する議論であることには間違いない。

　(3)　**展　開**　　その後，身分占有に対する言及は増えている。たとえば，中堅の研究者（松川）の論文中で触れられたり若い研究者（山田梨花）の論文が現れている。しかし，身分占有を含めた本格的なフランス実親子法研究は，なお未開の領域として残されている（次に述べる生殖補助医療をも考慮に入れる必要がある）。さしあたり，フランスで公刊された paternité に関する最近の学位論文が参考になるだろう。

Ⅲ　その他の親子

1　養親子 ── 民法典の規定

　養親子関係については，フランス法と日本法とは特別な関係にある。というのは，1966年の完全養子法が，1987年の特別養子法の重要なモデルの一つとされたからである。フランス法の制度は，戦前から中川・谷口らによって紹介されてきたが，立法にあたって貢献したのは中川高男であった。もっとも，その著書『第二の自然 ── 特別養子の光芒』（一粒社，1986）は，それ自体が立法に影響を与えた研究であるというより，時々の諸研究を集めたものである。

　中川高男の研究は有益であったし，1966年法に至るフランス法の状況を全体

としてはよく伝えていた。しかし，当時の日本においては特別養子立法の実現そのものが課題であり（菊田医師事件はあったものの，それほどの社会的需要があったわけではない。現在でもあまり使われてはいない），制度の細部にまで立ち入った検討がなされたとは言えない面もある。たとえば，66 年法の眼目であった子の奪い合いに対する関心は，日本ではあまり高くなかった（同様の問題は，1995 年になって最高裁で争われることとなった。大村「フランス家族法改革と立法学」同『法源・解釈・民法学』〔有斐閣，2006〕で紹介したところである。なお，ノヴァック事件自体は日本でもすでに紹介されていたが，その含意は十分には理解されていなかった）。

なお，中川高男の著書でも一言されているが，今日においては，養子縁組の効果を強めることばかりが望ましいとは言えない。再構成家族（再編家族）においては，新しい家族に子どもを取り込んでしまわずに，非監護親の関与を残すことも考えられなければならないからである。この点は問題点を指摘するにとどめ，次節で改めて触れよう。

2　生殖補助医療による親子

生殖補助医療による親子関係に関する研究は，フランスでは数多く現れている。日本でも，これをフォローする研究は少なくない。ここで重要なのは，単に法技術を紹介するのではなく，それが従来の親子法にどのような影響を与えるかである。

この点に関して，水野や大村が嫡出推定制度を固持しようとして，ＡＩＤにおいて血縁主義の例外としての意思主義を採らないのは，日本の家族法学における嫡出推定制度の無理解を繰り返すのを避けるためである。もちろん，フランス法とは異なる解決をとることは不可能ではない。しかし，仮に，現行の法制度とは異なる法制度を導入しようというのならば，いかなる理由で何を変えるのかにつき十分に検討する必要があるだろう。軽率な立法により，従前の無理解を固定させるようなことになってはならないというわけである（行為規範と評価規範は異なるので，立法がされてしまえば，別途解釈論を構築する必要がある）。

◆第3節◆ 親　子

● コラム 9 ●　星野英一とフランス民法研究

　日本民法学におけるフランス法研究は，その後しばらくは退潮する。まず一方で，鳩山秀夫（1884-1946）や石坂音四郎（1877-1917）に代表される次の世代はドイツ法研究に傾斜した。他方，末弘厳太郎（1887-1951）や川島武宜（1909-1992）の中にはフランス法への関心も散見されたが，それは必ずしもフランス法に依拠しようというものではなかった。

　戦後日本に，フランス法研究のルネサンスをもたらしたのは，星野英一（1926-）である。法学分野における戦後初のフランス政府給費留学生として1956年から58年までの2年間をパリで過ごした星野は，帰国後の1965年に発表した「日本民法典に与えたフランス民法」において，日本民法典へのフランス民法の影響を具体的に指摘して見せた。

　これによって，日本民法典はドイツ民法の強い影響下にあるという神話に大きな疑問が投じられることになった。以後，多くの若手研究者たちが，ドイツ学説の影響を除去し，日本民法典の本来の姿を復元するという作業に取り組んだ。星野論文は新たな研究プログラムとして大きな影響力を持ったのである。

　この傾向は1980年代の終わりころまで続くが，90年代に入ると，この研究プログラムを相対化する動きが現れるとともに，別の観点からフランス民法研究に取り組む動きも現れてくる（その現状および展望については，結章を参照）。

　今日，フランス民法の研究は様々な領域で展開されている。しかし，視線をフランス民法学に転じてみると，その理解が十分なものであるかどうかには疑問がないわけではない。たとえば，星野は，教科書の書き方を例に引きつつ，フランス民法学と日本民法学の関心のズレを指摘している。今後，なお検討されるべき問題であると言えよう。

◆ 第4節 ◆ 未成年者・被保護成年者　【Leçon 10】

I 序

　まず，民法典の編成を確認しておこう。フランス民法典の「第1編　人」のうち第9章〜第11章は，「親権」，「未成年・未成年後見」および「解放」，「成年および被保護成年者」と題されており，「第7章　親子」，「第8章　養親子」の後に置かれている（なお，第9章は1970年，第10章は1964年，第11章は1968年にそれぞれカルボニエ草案に基づく大改正を受けている）。この編成は，未成年・成年をまとめて後見の章を立てている点を除けば，おおむね日本民法典においても同様である（日本法では能力に関する規定が分離されていること，解放が廃止されていること，などの相違はある）。実際のところ，日本法はこの点についてもフランス法の影響を受けている。たとえば，「禁治産」の語がinterdictionの翻訳であることはよく知られている。しかし，細部に立ち入ってみると，ここでもいくつかの重要な違いに気づかされることになる。

　ところで，前節でも見たように，親権・（未成年）後見は，（広義の）親子法の効果の部分として家族法の一部を形成する。また，（成年）後見も，後見が家族によって担われる点に着目して，フランスでも日本でもこれまで家族法の一部として取り扱われることが多かった。それゆえ，本書においても，親権・後見を「家族の法」の中にさしあたり位置づけている。

　しかし，今日では，二重の意味で，このような取り扱いは不十分になりつつある。それは次のような事情があるからである。一方で，親権にせよ後見にせよ，その対象となる者に焦点があてられ，その権利保障が重視されるようになっている（子どもの権利・障害者の権利）。そのため，民法の内部においても，これを「家族の法」ではなく（狭義の）「人の法」で扱う必要が増大している（たとえば，カルボニエの教科書はそのような編成になっている）。他方，親権の対象となる子どもにせよ，（成年）後見の対象となることが多くなった（精神障害を持つ）高齢者にせよ，これらの人々の処遇は，今日では大きな社会問題となっており，対応策も民法の枠には収まらなくなっている。当初は「親権・後見」であった本節の表題を「未成年者・被保護成年者」に改めたのは，これらの点を重視する必要があると感じたからでもある。

◆ 第4節 ◆ 未成年者・被保護成年者

　以上の2点——日仏両法の相違点・民法と諸法の関連——に留意しつつ、以下では、まず、これまでの研究状況を概観した上で（Ⅱ）、残された研究課題を提示する（Ⅲ）。そして、最後に、日本民法典では「後見」の後に現れる「扶養」の問題に触れておきたい（Ⅳ）。

　なお、本節での検討は、本書の中でもとりわけ手薄な部分であることを予め述べておく。従来の研究が特定の領域に偏っていることがその主たる原因であるが、筆者自身も十分な知見を持っていないことがこれに加わる。

　客観的にも主観的にも、未成年・成年保護法（とここでは呼んでおく）は、開拓が望まれながら、まだわずかしか手が付けられていない原生林（研究者にとっては沃野）でもあるように思われる。

Ⅱ　これまでの研究状況

1　未成年者

（1）**主要業績**　未成年者に関しては、親権・後見のうち、親権については、田中通裕（1949-）の一連の研究がある（同『親権法の歴史と課題』にまとめられている）。他方、後見に関しては、独立の研究としてまとまったものは見当たらない。もっとも、親権のうちの財産管理権と関連する形での言及は見られる（この点につき、田中・前掲書のほか、仁平先麿「フランス法における親権者の法定収益権」大阪学院大学法学研究5巻2号〔1980〕も参照）。

　ここでは、田中の研究の内容を簡単に紹介しておく。田中は、一貫してフランス親子法を素材とする研究を続ける貴重な研究者である。その中心的な業績が前掲書であるが、その第1部には、フランスにおける親権法の展開をたどった「フランス親権法の発展」（1987-91）（および1987年改正を扱う「補論」）が収められ、続く第2部にはこれを踏まえた日本における立法論を扱う2論文が収録されている。

　田中は、第1部の原論文の問題意識を次のようにまとめている（はしがき）。「フランス法をその対象としたのは、親権の源流ともいうべき、ローマの家父権とゲルマンの父権の二つの流れを汲むナポレオン法典父（親）権原始規定（1804年）が、その後の社会発展に伴い多くの改正を余儀なくされたため、親権関係の当事者たる子、親さらには国家も含めて、それぞれの利害対立が時代背景と

結びついて顕著に現れる，と考えたからである」。

(2) **意　義**　フランス親権法の展開に関しては，稲本が1970年法との関係で触れているほか，まとまった研究は存在しなかったと言ってよい。こうした研究の欠落を埋めたという意味で，田中の貢献は大きい。今後の研究に際して，どのような立場・観点を採用するとしても，出発点として利用可能なものである（フランス法に関しては，こうした基礎研究がなお欠けている分野はなお少なくない。前節で扱った親子法はその典型例）。

田中自身は，本論部分の結論では，1970年改正法に現れた「子の利益」の重視，その反面としての親権制限，特に「育成扶助 assistance éducative」に着目している（最後の点については，山脇貞司「フランスの育成扶助（assistance éducative）制度」ケース研究203号〔1985〕も参照）。他方，補論の結論部分では，1987年改正法による共同親権の導入との関連で，親権の「自然権」性に改めて着目している。この二つの観点が提示されていることは貴重なことであるが，そのそれぞれにつき，また相互の関係につき，田中論文を踏まえつつ，さらなる検討が必要であろう（Ⅲで改めて触れる）。

2　被保護成年者

(1) **主要業績**　被保護成年者に関する研究は，親権以上に少ない。日本においては，1999年の成年後見法の立法にあたって諸外国の立法例が参照され，結果として，しばしば参照・言及されたドイツ法ではなくフランス法に近い解決が採られた（たとえば，要件につき一元論ではなく多元論が採用された）。この立法の前後に，フランス法の内容が紹介されたこともあるが（水野。ほかに道垣内・大村も），本格的な研究は現れていない（一部を扱うものとして，寺沢知子の研究などがある）。そうした中で，比較的まとまったものとして，須永醇（1930-）が自らの編著（『被保護成年者制度の研究』〔勁草書房，1996〕）に収めたフランス法の紹介・検討をあげることができる。

須永は，若い頃から，行為能力・責任能力に関心を寄せてきた研究者であり，成年後見立法に際しては積極的に発言した（日本法の状況につき，*Mélanges Ghestin* に紹介論文を寄せている）。行為能力に関する記述を含む民法総則の教科書を執筆しているほか，法と精神医療学会の理事として活動していることも知っておいてよいだろう。

◆ 第4節 ◆ 未成年者・被保護成年者

　須永の編著は，その表題からしてフランス法への傾斜を窺わせるが，共同研究の成果である同書のうち，須永自身は，序論・結論部分に加えて，フランス法・ルクセンブルグ法・ベルギー法などフランス法系の立法の紹介を担当している。フランス法の部分（ルクセンブルグ法を含む）は40頁ほどであるが，本文では，日本との関係から説き起こし，旧法（64年法以前）の難点，新法の特色（総論・各論）を要領よく示しているのに加えて，この問題を対象とする標準的な概説書（Massip, *La réforme du droit des incapables majeurs*, 2 vol.）を初めとする諸文献による詳細な注が付されている。フランスの制度を概観するためには最適の文献と言えるだろう。

　(2) 意　義　須永の研究のメリットは，フランス法（特に68年法）から一つの立法モデルを取り出そうとした点にある。須永は次のように述べている。「1980年代になってから相次いで実現されたヨーロッパ大陸等での法改正に対して，1968年に実現されたフランスの法改正が時期的に一つだけ突出しつつそれらに対する先駆的改正としての位置づけを与えられるに足る内容をもっていた……」。「というのも，フランス改正法は，たとえば『無能力』とか『禁治産』のような穏当でない用語法を廃止していること，精神的能力の減退している者のみならず身体的能力の減退している者をも継続的保護制度の下に置きうることにしていること，要保護者の具体的・個別的事情にきめ細かく対応できる弾力的な制度を用意しつつ本人保護と本人の能力の剥奪・制限との不即・不離の関係さえも時に切断していること，制度発動の実体面での必要性・補充性の原則および手続開始の局面での適正さに留意しつつも保護制度の発動・運用の全般に及ぶ国家裁判機関の積極的関与の姿勢を明記したこと，高齢者問題に対する十分な配慮をしていること等々，の特徴を持っているからである」。

　以上のことを一つの用語に託したのが，「被保護成年者（majeurs protégés）」である。「個別行為に際して精神が健全でなかった者」をも含みつつ，「研究の視点・アプローチの方向性もまた主体的本人そのものを出発点とすることが望ましい」というのである。ここに示された基本的な観点は今後の研究においても継承されるべきだろう（具体的な含意についてはⅢで触れる）。

Ⅲ 残された研究課題

　以上のようにいくつかの研究は見られるものの，フランスの未成年・成年保護法には，なお，多くの研究課題が残されている。以下，便宜上，歴史・実態・観念の三つの軸を設定して，今後の研究の方向づけをしておきたい。

1　歴史の研究

　(1)　**前提の理解**　　まず，フランス法のいくつかの前提を明らかにしておく必要がある。そのためには，日本法には見られない（目立たない）制度・規定に着目するのがよいだろう。さしあたり5点をあげておこう。最初の2点は，子の財産管理にかかわる（仏民382条。「父母は子の財産の管理権・収益権を有する」）。

　第一に，財産収益権について。順序が逆になるが，まず，財産収益権が興味を引く。実は，現行の日本民法にも，「その子の養育及び財産の管理の費用は，その子の財産の収益とこれを相殺したものとみなす」（日民828条ただし書）という形で，同じ規律が行われているのだが，親権は財産収益権を含むと論じられることは少ない。「子の利益」の観点を重視する立場からは，この規定の正当化は困難であるが，日仏両国でこの規定がなお残存していることの意味は真剣に考えられてよい（フランス法における経緯については田中が論じている）。

　第二に，法定管理権について。フランスにおける未成年者の財産管理は，未成年後見から親権へと重心を移している。ナポレオン法典の原始規定では，後見によって一律に処理されていたのが，その後，夫婦の一方の死亡により後見が始まる（親権者と後見人の地位が併存する）という規律になっている。ここで注意すべきは，「法定管理者 administrateur légal」という概念についてである。一見すると，「法定代理人」と同じように見えるが（沿源において繋がりがあると思われる），後者の「法定」が法律によって代理人が定められる点にウエイトを置くのに対して，前者の「法定」は法律の枠内・制限下において管理がなされる点にウエイトがある。このことの意味ももっと真剣に考えられてよい。

　第三に，療養看護について。日本の成年後見立法の際に問題になった「療養看護」（日民旧858条）の意義については，別に触れたことがあるので詳しくはそちらに譲る。未成年者に関しては将来を見越した節約が重要だが，成年者の場合には療養看護に支出すべきだというのが，本来の趣旨であったと思われる

◆ 第4節 ◆ 未成年者・被保護成年者

(「資力に応じ」はそのことを示す)。

　第四に，親族会について。フランス民法典には，今日でも「親族会 conseil de famille」が存在する（仏民407条以下）。このことは，「親族会」が「家」制度の専売特許ではないこと，より普遍的に「親族会」が機能する局面があることを意味している。なお，フランスの親族会には，父系・母系の双方から構成員を選ぶことが望ましいとされている一方で，「友人 ami」・「隣人 voisin」の出席要請も可能であるとされているのが興味深い（仏民408条2項，410条）。

　第五に，親権解放について。親権解放には婚姻によるものとそれ以外のものとがあり，日本民法は前者のみを残しているが，これを成年擬制と呼んでいるため，問題意識自体が希薄である。親権解放については，なぜこれを認めるのか，どのような機能を果たすのか（成年年齢の引き下げとの関係も），また，このような中間的カテゴリー（戦前の日本では妻の無能力も問題になる）の意義をどう考えるか，などの問題がある。この点も検討を要するところだろう。

　(2)　変遷の理解　　制度の変遷に関しては，親権法については田中による研究があるものの，後見法（とりわけ被保護成年者）に関しては，十分な検討がなされているとは言えない。特に，親権・後見（未成年者・成年者）の双方を含めて，時代思潮の変化に関しては，なお一層の検討を要する。特に，19世紀後半から20世紀に向けて，「子ども」「精神障害者」に対して，どのような視線が向けられてきたかは，法改正とからめて詳しく検討される必要がある。また，田中も述べていたように，自然権としての「父権 pouvoir paternel」がいったん後退した後に，いわば「親を持つ権利 droit à parent」としての親権が復権しつつあるように思われるが，この点に関する検討も必要である。

2　実態の研究

　(1)　家族の再編　　未成年者の保護は，今日，どのような局面で問題になっているのだろうか。新たな問題として重要性を帯びているものの一つは，離婚・再婚による家族の「再編 recomposition」にかかわる問題であろう。一方で，離婚後（さらに非婚の場合）の親権行使を誰に委ねるのか（フランス法では，親権は父母に属するという前提で，行使者が問題とされる――日本で，解釈論として同じ考え方をとるのは大村『家族法』〔有斐閣，2002，第2版補訂版，2004〕）は，最近のフランス親権法の重要問題であったが，他方で，再婚後の継親子関係をどう規律

105

すべきかも問題となっている。

　共同親権や再編家族は、子どもを一つの家族に押し込まない、家族を実体化するのではなく関係化しよう、という見方を前提としている。しかし、兄弟姉妹の生活を分離させない（子ども議会提案にもとづく1996年改正。仏民371-5条）という考え方も強まっている。家族は個人化しつつあるのだが、その反面で、友人・隣人・兄弟姉妹などが有力なパーソナル・ネットワークとして家族法に現れているのは興味深い現象である（兄弟姉妹につき大村『家族法』を参照）。

　(2)　**障害者の処遇**　被保護成年者の問題は、精神障害者の問題と連続する。この点は、すでに一言したところでもあり、また、須永が関心を寄せているところでもあった。現代日本においては、この問題は犯罪との関係で関心を持たれているが、それにとどまらず、より広い視野に立った検討が求められている。たとえば、介護保険制度の改革に際して、加齢による要介護者と障害による要介護者の仕分けをどうするかが論じられている。

　高齢者をも含む障害者法を構想すると、その先には、外国人の問題の問題も出てくるだろう。フランスでは、これらを含めた社会政策（公衆衛生法典や家族・社会福祉法典もある）が盛んに展開されているが、日本でも同様の発想が必要だろう（私自身は、高齢者・障害者・性的少数者・外国人・未成年者を「広義のマイノリティ mineur au sens large」――「壮丁」（帝国臣民たる健康な男子）ではない――としてとらえた「小人（小さき者）の民法学」を構想している）。

3　観念の研究

　(1)　**諸概念の関連**　「小人」に対する「大人」とは、「人」として十全な扱いを受ける者、自分自身で行動できる者を指すが、何かが「できる capable」とは、「できない incapable」とはいかなることか。また、できない者に対して、いかなる援助をするのか。たとえば、「権限 pouvoir」とは、「許可 autorisation」とは何か、あるいは、「保存・管理・処分 conservation/ administration/ disposition」という分類はいかなる意味を持つのか。カルボニエの教科書には、「無能力の一般理論 théorie générale des incapacités」と題して、これらの問題が提起されている。民法学の観点からは、こうした理論的な検討も必要だろう。

　(2)　**国家・社会の役割**　さらに進んで、社会・国家がはたす役割をどう考えるかという根本問題が重要であろう。未成年者に対する「育成扶助」や「司

法上の救助 sauvegarde de justice」といった特徴的な制度はもちろんだが，それ以外の制度を見ても，フランスの未成年・成年保護法は，これらの者の保護を家族にまかせきりにするのではなく，国家・社会が責任を持つというスタンスが明瞭である。最近の例でいえば，「子ども保護官 défenseur des enfants」の創設やペリュシュ後の立法などがそのよい例である。こうした社会構成のあり方も参照に値するが，その際には，フランスの家族政策・社会保障政策を広く視野に入れる必要がある。

Ⅳ　おわりに ── 親族扶養をめぐって

　フランス民法典には，扶養に関する独立の章は存在せず，各所に規定が存在している。しかし，講学上は，「血族 parents」・「姻族 alliés」という項目を設けて，「扶養 aliments」について説明するのが一般的である。たとえば，カルボニエの教科書を見ると，「序論 introduction au droit de la famille」において，本来の序論（l'institution juridique de la famille の部分）のほかに，「血族関係・姻族関係・他人の負担」「血族関係・姻族関係に直接に依存する諸制度」という項目が設けられており，「諸制度」として，扶養義務と相続とがとりあげられている。
　親族の概念に関しては，相続のところで必要に応じて触れることにして，ここでは，耳慣れない「他人の負担 charge d'autrui」とは何かについて一言しておく。カルボニエの説明によれば，これは事実としての扶養関係を指すようである。たとえば，労災事故に関して被害者によって扶養を受けていた者に給付がなされるといった場合に現れる（日本でも内縁の妻はこのようにして法の世界に現れた）。この概念は，一方で，親族のうちのある者を絞り出す（限定する）とともに，親族以外の者を取り込む（拡張する）という役割をはたす。ここにもまた，新しい「家族」の萌芽が見てとれる。

──────────────────────────────
●コラム *10* ● 日仏会館と日仏法学会
　日本におけるフランス民法研究の第一の拠点は，日仏会館と日仏法学会であると言えるだろう。
　日仏会館は，若き日にフランスに滞在した渋沢栄一と駐日大使であった詩人・外交官のポール・クローデル（Paul Claudel）によって1924年に設立されたが，富井政章や杉山直治郎が深く関与し，早くから法学分野の活動に力を注いできた。

──── 第3章 家　族 ────

　たとえば，戦前には，二人のレオン（マゾー Léon Mazeaud とジュリオ・ド・ラ・モランディエール Léon Julliot de la Morandière）が相次いで日仏会館フランス学長（フランス側責任者）を務め，フランス民法学の泰斗，アンリ・カピタン（Henri Capitant）の招聘を実現するなど，日仏法学交流の促進に貢献してきた。

　日仏法学会は，日仏会館フランス学長であったルネ・カピタン（René Capitant アンリ・カピタンの子息）が野田良之とともに1959年に設立した学会である。同学会は年次総会を開催しているほか（講演記録は『日仏法学』に掲載される），フランスの比較立法協会と共催で「日仏法学共同研究集会」を定期的に開催している。

　また，フランス語系の国際学会であるアンリ・カピタン協会とも密接な関係を保っている（1994年には同協会の日本大会を開催した）。さらに，日仏会館との連携により，1987年にはジャン・カルボニエ（Jean Carbonnier）も招聘している。

　日仏法学会の会長を長く務めた野田良之・山口俊夫はフランス法学の専門家であり，それぞれ『フランス法概論(上)』（有斐閣，1954/55，再版，1970），『概説フランス法』（東京大学出版会，1978/2004）を公刊しているほか，山口は『フランス法辞典』（東京大学出版会，2002）も編纂している。これらはフランス法学習の基本的なツールであると言える。

　なお，ルネ・カピタンの後に，ジャック・ロベール（Jacques Robert 現・憲法院判事）がフランス学長を務めたことがあるが，その後，このポストに法学者が就いた例はない。若い世代の着任が期待される。

◇補章◇ 家産

◆第1節◆ 夫婦財産制　【Leçon 11】

I　序

1　概観

　補章では,「夫婦財産制」と「相続」についてごく簡単に触れる。次節でも触れるように,これらの部分は,「家族財産法 droit patrimonial de la famille」とか「広義の家族法 droit de la famille au sens large」などと呼ばれるように,狭義の「家族法」からは区別され,その外郭に位置づけられている。フランスでは,「家族法」と「夫婦財産法」「相続法」をあわせて説くタイプの教科書はほとんど見かけない（カリキュラム上もこれらは別科目とされている）。このことは,フランス民法典の編別からも正当化される。すなわち,「家族の法」が「第1編　人」の後半に配置されているのに対して,（恵与 libéralité を含む）「相続の法」は「第3編　財産取得方法」中の冒頭に（契約一般・不法行為の前）,「夫婦財産関係の法」は同じく「第3編　財産取得方法」中の中程に（契約一般・不法行為の後,各種契約・担保・時効の前）,それぞれ配置されている。

　このように,相続・夫婦財産制はいずれも,財産を取得する方法として位置づけられているのである。もちろん,財産取得原因としての相続・夫婦財産制は,家族関係があることを前提としているので,そこには他の財産取得原因とは異なる独自の配慮が持ち込まれている。「独自の配慮」という表現は,財産法＝取引法の論理を中心に据えた表現であるが,このことの当否については次節に譲り,ここでは相続・夫婦財産制の規定の位置を確認するにとどめて,ひとまず先に進もう。

　さて,本節では「夫婦財産制」を取りあげるわけだが,この制度は日本では

109

なじみのないものである。日本民法典は「夫婦財産制」を婚姻の効果の一環として位置づけているが，その基本的な仕組みは，法定夫婦財産制＋夫婦財産契約であり，この点ではフランス法を踏襲している。しかし，法定財産制は別産制であり，規定は「わずか3ヶ条！」(コルニュの表現)に過ぎない。また，夫婦財産契約に関しても，その内容に関する任意規定は置かれていない。もちろん，夫婦財産法の未発達の原因は，民法典の規定にのみ求められるわけではない。登記に関する制度や戦前戦後の夫婦の財産状況なども考慮に入れて，その原因を検討する必要がある。いずれにせよ，日本の法律家にとっては，それだけで1冊の教科書(たとえば，手元のコルニュの教科書は900頁に近い)を要するようなフランス夫婦財産法は極めて奇異な存在であることは確かである。そこで用いられる諸概念・諸制度はいずれも理解が容易ではない。

　そこで，はじめに，フランス夫婦財産法の大まかな構成を民法典・教科書(コルニュ〔巻末「参考文献」参照〕)の編成に従って示しておくことにする。

◇民法典
　第3編第5章　夫婦財産契約及び夫婦財産制
　　第1節　一般規定(1387-1399条)
　　第2節　共通財産制
　　　第1部　法定共通財産制(1400-1496条)
　　　第2部　約定共通財産制(1497-1526条)
　　　第2節の二つの部に共通する規定(1527-1535条)
　　第3節　別産制(1536-1568条)
　　第4節　後得財産参加制(1569-1581条)

◇教科書
　概観(体系的な位置・歴史・比較法)
　　第1部　一般規定
　　　序　章　第一次財産制
　　　第1章　夫婦財産制の成立
　　　第2章　夫婦財産制の解消
　　第2部　法定財産制
　　　第1章　共通財産の構成
　　　第2章　共通財産・固有財産の管理
　　　第3章　共通財産の解消

◆ 第1節 ◆ 夫婦財産制

　第3部　約定財産制
　　第1章　約定共通制(共通財産の構成・共同管理・共通財産の分割)
　　第2章　別産制
　　第3章　後得財産参加制

　以上を眺めつつ，簡単な考察・補足説明をいくつか加えておく。第一に，条文の数は総数では200ヶ条近く，法定財産制に限っても100ヶ条近くに達するということ。第二に，法定財産制は「共通制 communauté」である一方で，約定（夫婦財産契約）による修正を自由に行うことができるが，典型的な契約内容が約定財産制として提示されており，具体的には，共通制のバリエーションのほかに，別産制と後得財産共通制に関する規定が置かれていること。第三に，どのような夫婦財産制を選択しても共通に適用される規定群が婚姻のところに置かれていること（コルニュの教科書の「第一次財産制」はこれを指す）。第四に，法定財産制とされている共通制は，「後得財産 acquêt」を対象とし，法定共通制に服する夫婦は，「共通財産 communauté」のほかに各自が「固有財産 biens propres」を有すること。また，共通財産の管理方法としては，「共同管理 co-gestion」のほか，「競合管理 gestion concurrentielle」・「専属管理 gestion exclusive」が想定されていること。第五に，約定共通制においては，管理方法・分割方法を定めるほか，共通財産の構成を拡大（包括共有制 communauté universelles/ 動産・後得財産共通制 communauté de meubles et d'acquêts）することが可能であること。逆に，共通制から遠ざかることも可能であり，完全な「別産制 séparation des biens」のほか，ドイツ法に範をとった後得財産共通制（後得財産分配参加制 participation aux acquêts）── 婚姻継続中は別産だが，解消時には夫婦各自の後得財産に対して各1/2の持分が認められる ── が定められていること。

2　改正の経緯

　ところで，このような夫婦財産制はナポレオン法典原始規定のそれとは異なるものである。以前にも触れたように，夫婦財産法は1965年・85年に大改正を受けている。次に，民法典成立からこれらの改正までの経緯について簡単に触れておく。

―――― 補章――家　産 ――――

　古法時代，フランス北部では共通財産制，南部では「嫁資制 régime dotal」――妻が実家から持参した嫁資を別扱いにする一種の別産制――が行われていたが，中間法時代の曲折を経て，ナポレオン法典原始規定は，前者を法定財産制――現在の共通制ではなく動産・後得財産共通制――としつつ後者を約定財産制に組み込むことによって，両者の統合・調整をはかった。以後，19世紀を通じて，目立った改革はなかった。コルニュの表現を借りるならば，「19世紀は安定の世紀であった」のであり，改革の波はより遅くなって，「社会的にはフェミニズム運動から，経済的には動産の価値の増加から」生ずることになる。

　既婚女性の解放の流れは19世紀末にスタートする。まず，1881年には夫の許可を条件に預金口座を開設することが可能とされ，1907年には夫の反対がない限り職業を営み給与を得てこれを自由に処分することが可能とされた。さらに，1938年には既婚婦人の無能力の規定が廃止されるに至った。なお，この時期の学説には興味深いものが少なくないが，ここでは65年改革の立役者であるカルボニエの恩師にあたるボヌカーズの研究のみを掲げておく（Bonnecase, *Le féminisme et le régime dotal*, 1905）。

　そして，第2次大戦後には，民法典改正委員会の草案を経て，1965年7月13日法による大改正が実現する。さらに，その後20年後には，1985年12月23日法が，この大改正で残された問題点を改め，男女平等を徹底させている。65年法が何をどう変えたかは，後に掲げる稲本論文のテーマであったので，この点はそちらに譲ることにして，ここでは65年改正直前の夫婦財産制の実情について一言しておこう（コルニュ72頁による）。

夫婦財産契約の数 (1962年)	
総数　55,000	共通制33,500 (60%)
	うち後得財産共通制31,000・包括共通制 (2,500)
	別産制21,500 (40%)
	嫁資制58
初婚のうち	共通制20,000　別産8,000　不明16,000
再婚のうち	共通制2,000　別産5,000　不明4,000
夫婦財産契約締結の割合	24% (後得財産共通制12%・別産制7%)

◆ 第1節 ◆ 夫婦財産制

　このデータとの関係で2点のみを指摘しておく。第一に，この時点では，嫁資制は過去のものとなり，後得財産共通制の採用のために夫婦財産契約が締結されることが多かったこと。別産制については再婚を中心に一定の需要があること。第二に，最近では夫婦財産契約を締結する夫婦の割合は10％弱に減っていると言われているが，それでもなお多くの夫婦が契約をしていること（別のところでも触れたように，ジェラール・ドゥパルデュー主演の『ふたりDeux』という映画で，主人公のカップルが結婚を決めた際に同時に財産関係について話し合っているのが印象的である。また，バルザックに「夫婦財産契約」という小説があるほか，シムノンの推理小説に夫婦財産制を動機にかかわらせたものがある）である。

Ⅱ　これまでの主要な研究

1　稲本洋之助『フランスの家族法』〔第2部〕

　(1)　内　容　日本におけるこの領域での代表的研究は，稲本洋之助『フランスの家族法』（東京大学出版会，1985）の第2部に「民法典第3編《夫婦財産制》の改正」と解題されて収められた同「フランスにおける夫婦財産関係法の現代的展開（1-2）」社会科学研究28巻1号，29巻1号（1976）である。

　著者の稲本洋之助（1935-）は，長年にわたり東京大学社会科学研究所（社研）の教授を務め，相続法・所有権法・家族法・土地法などにつき個人研究を発表するとともに，様々な共同研究を企画してきた。東大社研には，渡辺洋三・潮見俊隆ら，いわゆる川島シューレに始まり今日では原田純孝によって継承されている社会経済史的な民法研究の潮流が存在するが，稲本は渡辺らの後継者としてこの流れの中心にあった研究者である。稲本は，法学に関しては野田良之，経済史に関しては高橋幸八郎の薫陶を受けたが，これにさらにカルボニエの教えが加わり，そこには独自のフランス法研究のスタイルが確立された。その影響は，前述の原田純孝のほか，吉田克己など社研出身者はもちろん，稲本主催の共同研究に参加した鎌田薫などにも及んでいる（ちなみに私自身も，助教授になった直後に，稲本から共同研究の誘いを受けたことがある）。

　稲本論文の構成は次のような構成をとっている。「第1章《夫婦財産制》改革の歴史的前提」「第2章 1955年政府法案」「第3章 議会における政府法案——その挫折への道」「第4章 政府法案撤回後の問題状況」「第5章 夫婦財産

制をめぐる慣行と意識」「第6章 1965年法における法定財産制」「第7章 総括」。この構成が示すように，稲本論文は前史含む65年法の立法史研究であったといえる。その際の視点として，稲本は三つの点をあげている（法定財産制の選択・約定財産制における自由と類型・公序的な基礎財産制＝第一次財産制の導入）。

(2) **発 想** 稲本が最初にフランスに滞在したのは1960年代の初めのことだと思われる（近代相続法の研究の「はしがき」には「滞仏中の諸先輩」として二宮宏之の名があげられているが，その二宮と同時期にフランスにいた樋口陽一の留学時期は1960～62年である）。稲本が最初の研究テーマである相続法に関心を持った理由については次節で検討したいが，相続と密接に関連する夫婦財産制が稲本の関心事となるのは，それ自体として自然なことであったと思われる。また，留学当時に改正作業が進行中であった——しかも親しくしていたカルボニエが関与していた——ことや論文執筆時には日本においても夫婦財産法の改正が話題になっていたことも，考慮に入れる必要があるだろう。

こうした関心に支えられた稲本論文は，その内容に即して言えば，次のような関心が示されている点が興味深い。「『婚姻は契約なり』といっても，財産関係について夫婦財産契約を締結しない者には法定財産制を与えなければならず，他方，『婚姻は制度なり』といっても，財産関係については夫婦財産契約の自由を認めなければならない。その結果，法定財産制と約定財産制（夫婦財産契約モデル）がこの領域では併存することとなる……（このような）夫婦財産関係法は，もはや『契約か制度か』の抽象的な争いの次元ではなく，創設・指導的発想と補完的・調整的発想がないまぜに絡み合う現実的な妥協の次元においてよく考察されなければならない問題領域である」。

こう述べた稲本は直ちに続ける。「立法過程の詳細な検討がしばしば必要とされるのも，そのためである。立法過程を通じて見出されることは，単なる『理念』の確認ではなく具体的な『獲得物』をめぐっての——しかし単なる『獲得物』ではなくその解釈を通じて『理念』への接近を引き出し得るような『獲得物』をめぐっての——攻防戦に多大な力が注がれたということである。……ここで例示的に示すならば，妻の解放（ひいては女性の解放）の規範的な表現である別産制の理念は，それ自体としてよりも後得財産参加制の法定財産制化要求として表明され，ついで法定共通財産制下の共通財産の共同管理要求として表明され，さらに下って妻の固有財産権の管理・処分権の要求として『獲得物』を求め，それ

を満たされることによって上向し別産制への道の第一歩が記されたという評価を生み出す，という具合である。そのため，立法過程の個別の局面において，なにが，いかなる獲得物をめぐって，どのような法律的構成を介して争われているかを次元系列的に捉えることが夫婦財産関係法の領域においては興味ある問題となるのである」（コルニュが，夫婦財産法の講義において，理念と技術とが交錯する点にこの法領域の魅力があると語っていたのも，同じ認識に立ってのことだろう）。

(3) 展　開　夫婦財産制に関する法改正をたどる研究は，85年法に関しても行われている。犬伏由子「フランスにおける夫婦財産関係法と夫婦の平等(1-5)」山形大学紀要18巻1号，19巻1号，20巻2号，21巻2号，22巻2号（1987-1992）がそれである。その意味では，稲本の研究は継承されていると言うことができる。もっとも，上記のような稲本の発想は少なくともこの研究においては必ずしも十分には意識されていない（犬伏の他の論文については別途検討が必要）。同様の発想は他の改正の立法過程をたどる研究においても継承されうるが，上記のような夫婦財産制の特質からすると，今後も考慮に入れられてよいだろう（次の高橋論文は，別の意味においてではあるが，類似の発想に立つとも言える）。

2　高橋朋子『近代家族団体論の形成と展開』

(1) 内　容　高橋朋子（1954-）の『近代家族団体論の形成と展開』（有斐閣，1999）は，副題が示すように「家族の団体性と個人性」という関心に立って，二つの家族団体論の系譜をたどる研究である。同書の本論部分「フランスにおける家族団体論の形成と展開」は，「第1部　家族団体論の生成——19世紀から20世紀初頭にかけて」，「第2部　立法研究会草案（1942年）」，「第3部　家族団体論のその後の展開」という具合に，時系列にそって構成されているが，そのうちの第1部・第3部は「伝統的家観念をめぐる家族団体論」「夫婦共通財産をめぐる家族団体論」の二本建てになっている。これが二つの系譜に対応するわけである（ここでいう「伝統的家観念をめぐる家族団体論」については，「家族の思い出の品」「家族の墓」「帰属の商号・紋章・家族の氏」などがとりあげられている）。

夫婦財産制に関連するのはこのうちの第二の系譜であるが，高橋は，この点につき，「19世紀前半には，夫の管理権から団体代表権としての側面を捨象し，また，共通財産の共同性を消し，夫個人に権利を集中させたところの，共通財

産は夫の所有物であるとの説が主張された。これに対して，19世紀後半から20世紀前半にかけて，夫婦の共同体的性格に比重を置くところの諸説が主張された（具体的には，不分割説・合手説や法人説）」「20世紀後半，法人説は未だ一部の論者に共感を持たれながらも，既にその立法化の契機は失われ，夫婦共通財産の性質をめぐる議論は沈静化した」として，「これらの議論には，その当時の家族状況が反映され，そこからナポレオン民法典における家族理念の変容，それに対する批判などを読みとることができる」としている。

　(2)　発　想　　高橋の問題関心は，「家父長的な近代西欧家族が実態上は団体的であったにもかかわらず，民法典上は個人の関係として規律されていた」とすると，「実態上の家族の団体的性格が法典上の個人的家族構成に，法解釈を通じて，どのような影響を与えていたのか」という点にある。その際，高橋は，上記のような二つの系譜を分けて，それぞれを「伝統的貴族の家を基礎とする家族団体論」「近代家族を基礎とする家族団体論」と結びつけている。

　後者の系譜に限って言えば，高橋は上記のような推移を次のように説明する。「共通財産とは，愛情により家族の基礎を築き，これを維持する目的を有するところの夫婦間の組合であるとする法人説」は「近代家族の親密圏としての側面を重視したものであると理解される」（107頁）。「しかし，真に現代家族が誕生するや，法自体が現代家族に適合的なものに変革され，もはや法人説の存在意義は薄くなった。……19世紀後半以降，20世紀前半まで家族団体論が担ってきた役割は，現代の立法によって大方消滅したといえるかもしれない」と。

　(3)　展　開　　では，現代家族のあり方をめぐる論争は，今後は夫婦財産法の外で行われるということなのか。筆者には必ずしもそうは思われないが，法人論とは別の次元で争われるというのは，その通りであろう。また，法人説の盛衰を高橋のような夫婦財産法に内在した論理だけで説明しきれるのだろうか。この点も別途検討を要するところであろうが，これはもはや高橋の問題圏の外に属する問題であろう。こうして高橋の立てた問題は解体するが，問題意識そのものは別の仕方で継承されていくことになろう。

⬢ Ⅲ　これからの研究

1　実定法の中で

　最後に，これからの研究の方向につき，一言しておこう。

　まず，実定法の中での研究としては，二つの方向が考えられる。一つは，夫婦の財産関係をコントロールするための法技術に沈潜しつつ，そこから理念へと向かう研究である。大村「夫婦連名預金の法的性質」（同『消費者法・家族と法』〔東京大学出版会，1999/96〕）はそのような試みの端緒であったが，その後が続いていない。最近，民商法雑誌に発表された夫婦財産制の変更に関する研究なども，このような方向への発展可能性を秘めているが，現段階ではどこに向かうのか予想しがたい。もう一つは，相続との関係へと展開する研究である。すでに一言した通り，日本では，1970 年代に夫婦財産制ではなく相続につき改正を行うことによって，フェミニストの要請に応えた。以後，両者の関係については必ずしも十分に検討がなされていない。非婚のパートナーの相続権・財産分与請求権の取り扱いという実践的な課題から見ても，研究の必要なところであろう。

2　実定法の外で

　次に，実定法の外での研究としても，二つの方向をあげておく。一つは，夫婦の財産関係の実態に関する研究である。自分で実態調査をすることは困難ではあるが，かなり以前になされた実態調査についてもまとまった紹介がなされていないので，そのあたりから着手してもよいだろう。もう一つも実態にかかわるのだが，19 世紀や 20 世紀前半の夫婦の財産関係が実際にはどのようなものであったのか。特に，19 世紀には関しては，社会史的なデータがないわけではないようなので，歴史的な研究のフォローが望まれる（最近では，赤司道和『19 世紀パリ社会史——労働・家族・文化』〔北海道大学図書刊行会，2004〕の第 2 章で簡単に触れられている）。

補章——家　産

●コラム 11 ● 全国の大学におけるフランス法教育

　フランス民法の研究者の数は次第に増えており，全国各地の大学で研究活動が展開されている。複数の有力研究者を擁する北海道大学・東京大学・慶應義塾大学・早稲田大学・立教大学・大阪大学・九州大学など各地に研究拠点が形成されつつあると言える。とりわけ，北海道大学はポワチエ大学と，大阪大学はパリ第一大学と協定を結んで国際交流を進めてきたが，最近では，他の大学もさまざまな試みを始めている。

　これに対して，法学部におけるフランス法専任教員はごく限られており，教育の面では必ずしも十分とは言えない状況にある。もっとも，状況は好転しつつある。

　戦前からフランス法講座が設けられていたのは東京大学のみであったが，しばらく前に京都大学がフランス法担当者として横山美夏を迎えたのは，画期的な出来事であった。また，ドイツ民法研究の第一人者である磯村保がフランスにも長期滞在していわば「両法博士」となったことは，ドイツ法優位の関西におけるフランス法研究への関心を高めた。

　私立大学に目を転じると，上智大学では以前から滝沢正がフランス法を講じており，『フランス法』（三省堂，1997，第 2 版，2002，第 3 版，2008）という著書も公刊している。慶應義塾大学でも金山直樹がフランス法講義を始めたと聞く。地方の国立大学でも，若い世代の専門家たちがフランス法を講じており，そのなかには民法を中心に研究をしている人たちも含まれている。

　さらに，各大学の演習などを含めて考えるならば，フランス民法は様々な形で教えられていると言うことができる。

　しかし，今後にむけて重要なのは，法学教育の本丸となった観のある法科大学院で，しかも（フランス法ではなく）「民法」の（演習ではなく）「講義」においてフランス民法を教えることであろう。そのための方法の開発は，これからの大きな課題の一つである。

◆第2節◆ 相　続　【Leçon 12】

Ⅰ　序

　一般論として見る限り，日本民法典の相続法がフランス法を念頭に置きつつ立法されたものであることは確かである。しかし，日本法の解釈・適用のためにフランス相続法が参照されることは，それほど多かったわけではない（後述の諸研究のほかには，千藤洋三『フランス相続法の研究──特別受益・遺贈』〔関西大学出版部，1983〕などがある）。それゆえ，フランス相続法（恵与法を含む）の具体的な内容は，日本にはあまり知られていない。そこで，ここでも簡単に民法典および教科書（マゾー＝ルヴヌール）の編成を示すことから始めよう。

◇民法典
　第3編第1章　相続
　　第1節　相続の開始・包括承継・相続人の占有権
　　第2節　相続のために要求される資格
　　第3節　相続人
　　第4節　国の権利
　　第5節　相続の承認及び放棄
　　第6節　分割及び持戻し
　同第2章　生存者間の贈与及び遺言
　　第1節　一般規定
　　第2節　生存者間の贈与・遺言により処分・受領する能力
　　第3節　処分可能な財産の割合及び減殺
　　第4節　生存者間の贈与
　　第5節　遺言による処分
　　第6節　贈与者・遺言者の孫又は兄弟姉妹の子のための処分
　　第7節　尊属分割
　　第8節　夫婦財産契約により夫婦・婚内子に対しなされる贈与
　　第9節　夫婦財産契約または婚姻中の夫婦間における処分

◇教科書
　第2部　家産の移転
　　序　論

第1章　相続による財産移転の諸方法
　　　　第1節　契約による相続の実現
　　　　第2節　法律による相続の実現(無遺言相続)
　　　　第3節　遺言による相続の実現
　　　第2章　相続による財産移転の効果
　　　　第1節　推定相続人の選択権
　　　　第2節　相続人の法的状況
　　　第3章　恵与による財産移転に対する家産保護
　　　　第1節　各恵与に共通の原則
　　　　第2節　贈与に関する原則
　　第3部　家産の分割
　　　序　論
　　　　第1節　相続による不分割
　　　　第2節　分割対象財産の形成
　　　　第3節　分割の形式
　　　　第4節　分割の効果
　　　　第5節　分割の無効・取消し
　　　　第6節　尊属分割

　民法典の編成はあまり体系的ではないが，教科書の編成を見ると，一定の構造を見て取ることができる。民法典に即して言えば第2章第6節以下，教科書で言えば第2部第3章の存在が興味を引くが，これらの点については改めて後に触れることにしよう。

　なお，相続法に関しても改正の歴史を語ることができる。とりわけ，第2次大戦後は，長期間にわたって改正が試みられつつ最近まで実現を見なかったが，ようやく2001年12月3日法により大改正が実現している（妻の相続分が強化され，非嫡出子の相続分の完全平等化が図られている。この改正に関しては，原田純孝・幡野弘樹などの紹介がある）。その内容についても，必要に応じて後に触れることにしよう。

II　従来の研究

1　稲本洋之助『近代相続法の研究』

(1)　内　容　　相続法の領域における代表的な研究は，稲本洋之助『近代相

◆第2節◆ 相 続

続法の研究』（岩波書店，1968）である。この研究は，古法からナポレオン法典に至る相続法立法の歴史をたどることを通じて，「近代相続法」の成立とその構造を明らかにしようとするものである。具体的には，「第1部　旧制末期におけるフランス相続法の諸特徴」「第2部　フランス革命期における相続法改革」「第3部　ナポレオン法典相続法の成立とそのブルジョア法的成熟」の3部から編成されている。

　この研究の内容を簡単にまとめると次のようになる。まず第一に，「旧制末期の各地方の相続法に……共通にあらわれる一定の基本的特徴」として「価値抽象的帰属決定の確立への方向」が摘出され，「市民革命期の相続法改革の基本路線」が「パリ地方相続慣行→革命共和歴2年立法→民法典相続法の系列」に認められることが指摘される。続いて，この「価値抽象的把握の論理的帰結」として，「相続人の平等の実現，遺言による無償処分の自由の否定，被相続人の分割の自由の承認，抽象的相続分の決定と具体的相続分の形成の分離」が生じたとする。そして，「1860～70年代を頂点とするブルジョワ法的成熟」の過程で「物的均分主義を放棄して価値的平等主義への大転換」が生ずることが指摘され，「市民革命の所産である同法典相続法の過渡期（原始的蓄積の最終的過程）的性格」が明らかにされるというのである。

　(2) 発想　稲本の研究の発想は次のようにまとめられている。「19世紀初頭の法典は，資本主義的発展を促進するために，資本制的商品交換の法原理とは一面において矛盾する要素を内包していた」とする見方からすれば，「民法典上の農業社会的特徴を帯びた諸規範は，その一見前近代的な外観にもかかわらず，当時の段階において資本主義的発展に対応する不可欠の法規範であり，他の社会的諸規範ないし規制とも相対的に異なった法現象である」。こう考えるためには「ナポレオン法典を生みだしたフランス革命が産業革命に先行する市民革命としてフランスの資本主義的発端にどのような意味で積極的かつ必然的な役割を果たしたかという点に遡り，いわゆる資本の原始的蓄積の全般的な過程のうち，市民革命を画期としてその後産業革命期に至るまでの過渡的時期を原始的蓄積の最終的かつ本格的過程としてとくに重視し，その時期において資本蓄積を促進させた経済外的強制のさまざまな手段のうち，とりわけ国家制定法が演ずる重要な役割を認めることが必要である」。

　こうした発想は，稲本自身が説くように，川島テーゼの乗り越えを目指すも

のであった。川島テーゼに依拠する歴史研究は近代市民法典の典型としてナポレオン法典に着目したが、それは「法的人格の抽象的定立、私的所有権の絶対的規定、契約の自由ないし私的自治の原則の確立、過失責任主義の宣明およびこれらの基本原則の間の相互連関の存在などを同法典において確認することが容易であったからにほかならない」のであり、そこにあるのは「封建制の最終的廃棄による法原理上の封建的諸拘束の除去の論理的反映として出現した私法の抽象的な体系」を「直ちに実定私法における近代市民法の成立のメルクマール」に直結させる考え方であり、「ナポレオン法典を原始的蓄積の本格的過程における国家制定法の基底として評価する」という考え方は見られなかったというのである。

(3) **展開** 稲本による「近代資本主義法の歴史的分析」=「市民革命から産業資本主義の確立に至る過渡期」を重視し「この時期における解体と蓄積の諸相において法がいかなる役割」をはたすかを明らかにするという方法は、確かに、近代資本主義法研究を新たな段階に導いた。たとえば、この枠組みを踏まえて、フランス法に即して言えば原田純孝の所有権論が展開されることになるのだが、この研究が何をもたらし、どこに行き着くのかについてはまた別の機会に検討しよう。ただここでは、その原田が、現代におけるフランス相続法に関心を寄せつつも、そのスタンスは稲本とは同じではないことだけを付記しておこう（そもそも、稲本自身の夫婦財産制論と相続論との間にある連続性と不連続性にも留意する必要がある）。他方、稲本のアプローチには批判も現れているが、これについては項を改めて紹介することとしたい。

2 伊藤昌司『相続法の基礎的諸問題』

(1) **内容** 稲本の研究から10年余を経て、もう一つの研究がまとめられる。伊藤昌司『相続法の基礎的諸問題』（有斐閣、2002）がそれである。この論文集は五つの章と補論（外国書の紹介）に分けられているが、各章が一つの論文に対応するわけではなく、講座ものや記念論文集への寄稿を中心に、いくつかをまとめて一つの章が構成されている。具体的には、「第1章 序説——相続法の迷路」（磯村哲先生還暦記念論文集）、「第2章 相続権の根拠」（青山道夫博士追悼論集）、「第3章 相続回復請求権」（現代家族法大系＋法学雑誌小室・山崎名誉教授退任惜別記念号など）、「第4章 遺言相続と遺贈」（講座家族5など）、「第5章

◆第2節◆ 相　続

遺言執行者」（民法の争点など）という構成がとられている。

　著者自身による解説は，伊藤「相続法学への問いかけ」法律時報52巻7号(1980)にまとめられているというが，この論文集の特徴は，「核家族論に依拠し遺言自由主義を基調として築かれた過去30年間のわが相続法学に対するアンチテーゼ」として，「また多分にドイツ法的な今日の支配的諸見解にたいして，つねにフランス法的な概念を用いて議論を進めた」点にある。第1章ではこのような問題意識が宣言された上で，たとえば，遺贈と相続人指定とは異なることを説く。また，第2章では，川島・沼の近代的家族観を，遺言自由を否定したフランス法の立場から批判して，「親族制度に基づく社会的親子関係ないしはその連鎖」という観点から相続を説明しようとしている。

　(2)　発　想　　伊藤は，以前に述べたように，フランス法的な発想の強い著書『相続法』（有斐閣，2002）を公刊している。ここでも一貫して，伊藤のターゲットは「ドイツ的解釈や遺言自由主義の解釈」である。「民法条文の規定する相続人間の平等は，いまや瀕死の状態にある」「現行相続法の内容である平等主義の原則は，この50年間の解釈・適用において真に活かされることがないまま，徒死しつつある」という状況を何とかしたい。これが伊藤の願いである。伊藤は，「曖昧な基本概念」と「立法論的提言」に満ちた中川相続法学を，そして，「都合のよい家族や相続のイメージ」に依拠した現代の諸学説を否定する。それよりも「文明の何世紀かの発展のなかで人々の智恵の結実として整理され文言化されてきた諸規範」を重視するのである。

　(3)　展　開　　以上のように，伊藤の立脚点は「フランス法」の「法定相続主義」にある。後者の点では，稲本の指摘と通底するものがあり，興味深い（第4章で稲本論文の紹介および批判がなされている）。しかし，伊藤の研究は後継者を産みにくい。というのは，解釈論的に見た場合には，その主張は徹底的であり，支配的な見解との妥協・接合の余地が乏しいからである。また，基礎理論的に見た場合には，各部分で展開される議論の前提となっている伊藤のフランス法理解が，必ずしも明確な形で，かつ，体系的に提示されていないからである。伊藤と切り結ぼうと考える者は，伊藤の考え方をより接近可能な形で定式化した上で，これに批判的な検討を加える（批判の立脚点を固めるには，フランス法に立脚しつつ，伊藤理論とは別の理論を構成することが，おそらくは必要になろう）ことが望まれるが，それは容易なことではない。しかし，伊藤の『相続法』が，

そのような困難な作業に値する問題提起を含んでいることは確かである。

◆III 最近の研究

1 実 作

2003年に現れた伊丹一浩『民法典相続法と農民の戦略』（御茶の水書房）は、副題が示すように「19世紀フランスを対象に」して、既存の相続法を前提とした農民たちが示す相続戦略を明らかにし、この戦略が相続法自体に影響を与える過程を描き出している。

農学部出身の著者が歴史人類学の文脈において展開した議論は、二つないし三つの方向への広がりを持っているように思われる。一つは、フランスやヨーロッパの相続地図を書き直すという方向である。ラスレットやトッドなどによって、一口にヨーロッパと言ってもそこで見られる家族（相続）は一様ではないことが指摘されているが、伊丹の研究は、こうした動向に棹さす実証的な地域研究として興味深い。もう一つは、稲本テーゼに対するアンチテーゼを展開するという方向である。稲本のように、資本主義の展開のみに関心を寄せるのではなく、現に存在する農民を見よというわけである。こうした主張によってマクロの歴史理解の意義が直ちに失われるわけではないが、もう一つの歴史世界が新たに開かれようとしているのは確かであろう。

2 方法論

伊丹論文の広がりの最後の一つは、その方法論にかかわっている。同論文は、ブルデューの諸概念（とりわけハビトゥス）に着目し、その有用性を示したものとなっている。ブルデューの相続戦略論については、すでに丸山茂によって日本にも紹介されているが、それが具体的な実証を持ったことの意味は大きい。なお、この点は、稲本の夫婦財産法研究がそうであったように、一定の普遍性を持つ。今後の応用の試み（特に現代の家族財産に関する試み）が期待されるところである。

◆第2節◆ 相　続

Ⅳ　今後の研究

1　遺言へ

　稲本にせよ伊藤にせよ，法定相続主義を重視した相続法論を展開してきたが，今日，フランス法における遺言の意義をどのようにとらえるべきだろうか。日本でもすでに，フランス遺言法に関しては，高木多喜男の『遺留分制度の研究』（成文堂，1981）や松川正毅の『遺言意思の研究』（成文堂，1983）がある。今日では，これらを出発点としつつ，さらに進んだ検討が必要とされている。

　というのは，現代日本においては，賛否はともかくとして，1991年に現れた「相続させる」遺言に関する最高裁判決に象徴されるように，遺言相続のウエイトが高まりつつあることは確かである。とりわけ近年では，遺留分に関する判例法の展開がめざましい。その中には，伊藤に言わせれば，フランス法に対する無理解の結果としか言いようのないものも含まれるだろう。しかし，われわれの社会に，遺留分法の展開が必要な社会的事情が存在していることは確かである。では，フランスでは実情はどうなのか。どのような法的対応がなされているのか。

　このように見るならば，フランス相続法の再検討への最短ルートは遺留分法の再検討であると言えるだろう。

2　家族財産法へ

　今日，フランスの農村は19世紀のそれとは同じではありえない。そこでは，いったいどのような相続がなされているのか。また，都市に住む人々はどうか。夫婦のそれぞれはどのような資産を持ち寄って結婚し，離婚し，再び結婚するのか。前者に関しては，稲本論文の系譜に連なる共同研究が企画され，その成果も公表されている（稲本＝原田＝鎌田「フランスにおける家族農業経営資産の相続──1978～81年実態調査中間報告」社会科学研究33巻5号〔1981〕，稲本「農家相続調査の前提状況──フランスの農家相続・その1」同36巻3号〔1984〕，同「農家相続の観念と類型──フランスの農家相続・その2」同36巻4号〔1984〕，鎌田「農家相続における自立と引退──フランスの農家相続・その3」同37巻1号〔1985〕，原田「農家相続における所有と経営──フランスの農家相続（1-4）」同37巻6号，38巻3号，5号，39巻5号〔1986～88〕）。しかし，この注目すべき成果は，率直に言って，稲

本論文ほどの関心を集めていない。都市部における夫婦の財産関係に関する調査の企画を合わせて，相続調査の結果に改めて光を当てることが必要ではないか。

　その際には，相続法・夫婦財産法の双方からなる家族財産法に関する一般理論を構築することが試みられなければならない。その際の視点は，一方では，フランス法の諸制度に沈潜することを通じて求められなければならない。まずは民法典や教科書において特徴的な部分が手がかりとなろうが，それ以外の部分についても慎重な検討が必要とされる。他方，外在的な枠組みも無用なわけではない。稲本や原田の理論的な前提が，当初の研究から今日に至る間に辿った軌跡をどのように理解するのか。こうした学説史的研究もなされるべきだろう。さらには，現代において「家族財産」を規律する原理をどう考えるべきかという大上段の議論もあってよい。家族の氏や子育て・介護といった人格的な問題だけが，家族にかかわる問題であるわけではない。あわせて，前節でも触れたところだが，日本ではなぜ，戦後60年を通じて（夫婦財産法を含む）家族財産法に関心が寄せられてこなかったかも検討してみる必要がある。

◇ 第1編の結語に代えて

　フランス民法は，どのような「人の法」「家族の法」を持っているのか。外国人であるわたしたちにとって，その内実を知ることは容易なことではない。しかし，「民法典」が存在しており，そこには重要なルールが集約されている。また，フランスだけではなく日本においても，そのあり方に関する「研究論文」が存在しており，断片的にではあるとしても，民法典の変遷が，そして，民法典を舞台として展開されてきた「法と社会の歴史」が語られている。これらのことは，法を理解しようとする者にとっては大きな助けとなる。現に，本書もまた，法典と法学とに助けられて，ともかくも中間点にたどりついた。フランス民法典の存在そのものへ，そして，これを対象とする研究を積み重ね来た先人たちの努力に対して，改めて感謝の念を表明して，フランス民法典200周年の年に企てられた第1編を，ひとまずは閉じることにする。

◆第2節◆相　続

● コラム 12 ● 日本におけるフランス法学文献の翻訳

　司法卿江藤新平に「誤訳も妨げず，ただ速約せよ」と命じられたという箕作麟祥訳の『仏蘭西法律書』(1870〔明3〕～1874〔明7〕)をはじめとして，明治初期にはフランス法学文献が大量に翻訳されているが，この作業に投じられた労力には想像を超えるものがある。

　『仏蘭西民法詳説身分証書之部』(デモロンブ著，箕作麟祥訳，1877〔明10〕)，『仏蘭西民法覆義』(ムールロン著，谷井元次郎等訳，1878-1881〔明11-14〕)，『仏国民法釈要』(ピコウ著，加太邦憲訳，1879〔明12〕)，『仏国民法解釈第3編第1, 2, 10-19巻』(デルソル著，栗本貞次郎・箕作麟祥訳，1880〔明13〕)，『仏国民法提要』(アコラス著，小島竜太郎訳，1880-1884〔明13-17〕)，『伊仏民法比較論評』(ユック編，光妙寺三郎訳，1882〔明15〕)，『仏国民法解説担保編』(パウル・ポン著，森順正等訳，1888-1889〔明21-22〕)，『仏国民法正解』(ラカンチヌリ著，松室致等訳，1888-1890〔明21-23〕)，『仏国民法時効詳説大全』(マルカデー著，一瀬勇三郎訳，1889〔明22〕)。

　これらはその一部であり（いずれも司法省が刊行したもので，国立国会図書館の近代デジタルライブラリーに収録されているもの），ほかにボワソナードの講義も多数翻訳されている。

　こうした翻訳書は，法典編纂の準備を進める司法省のみの関心事だったわけではない。裁判官たちも関心も持ったであろうし，さらには注目すべきことは，一般の好学の士によって好んで読まれたらしいということである。たとえば，民権運動に関心を持っていた三多摩地方の豪農たちの蔵を開くと，これらの文献が出現することが稀でなかったという。

　これらの翻訳書の内容および大量翻訳の背景・影響に関しては，今後の検討が待たれる。明治初期におけるフランス法継受の状況が解明されることを期待したい。

第2編
物と債権債務の法

◇第1章◇ 財　産

◆第1節◆ 分　類　【Leçon 13】

　第1部の「人と家族の法」に続き，第2部では「物と債権債務の法」を扱う。すでに示唆したように，フランス民法典はドイツ民法典や日本民法典とは異なり，物権編・債権編という編成をとらない。ここでは，フランス民法典の第2編「財産」の部分を指して，「物（財産）の法 Droit des biens」と呼んでいる（「物」「財産」という訳語については後述する）。

　この部分（および関連法令）のうち，日本民法学がこれまで関心を寄せてきたのは所有権と登記制度についてであった。本書でも，これらの点に重点を置くが（第2節・第3節），それに先立ち，あまり注目されていないその他の部分も含めて，「物の法」の全体像を概観しておきたい（Ⅰ）。この概観にあえて表題を付すと「分類」とするのがよいように思われるが，その理由は後に述べる通りである（Ⅱ）。

Ⅰ　概　観

1　民法典の編成
　まず，民法典第2編「財産」の編成を見てみよう。

第2編　財産および所有権の諸変容〔について──以下，略〕	516条～710条
第1章　財産の区別	516条～543条
第2章　所有権	544条～577条
第3章　用益権・使用権・居住権	492条～507条
第4章　地役権	637条～710条

以上から直ちにわかるのは，次の４点である。第一に，担保物権が含まれていないこと（本書でも担保は別に扱う）。第二に，（それにもかかわらず）200ヶ条にわたる条文が配置されていること，とりわけ地役権に関する規定が多いこと（それゆえ地役権規定の研究は興味ある課題となる），第三に「用益権・使用権・居住権」という耳慣れない権利が規定されていること（とりわけ日本法では廃止された用益権usufruitが関心を引く），第四に「財産の区別」という章が含まれていること，である。

2　講学上の編成

次に，講学上の編成（具体的には，最近の主要な教科書 ── カルボニエ・マロリー・コルニュ ── の目次）を見てみよう。

◇カルボニエの場合……まず，「物の法」を「財産法入門 introduction au droit du patrimoine」と「物の法 droit des biens」とに二分し，その上で，前者を「財産の理論」「金銭の理論」「物権と人権の区別」に，後者を「物の概念」「物一般」「不動産」「動産」に分けている。

◇マロリーの場合……冒頭の「概観」で「財産 patrimoine」について触れた上で，全体を「富」「富に対する権利」「土地の公示」に三分する。そのうちの「富」は「動産と不動産及び二次的区別」「有体物と無体《財産権》」に，「富に対する権利」は「物権と人権の区別」に続き，「所有権」「用益権・使用権」「上土権」「相隣関係」に分けられている。

◇コルニュの場合……冒頭の序章「財産法の基本概念」で「財産 patrimoine」「物の分類」「物権と人権」が説明され，続いて本論は第１部の「私的所有権の一般理論」と第２部の「所有権の諸形態」に二分される。さらに第１部は「人と物の基本的な関係」「複雑な関係」に，第２部は「不動産に関する権利」「有体財の制度」「無体財産権」に細分されている。

以上からわかるのは次の４点である。第一に，「財産 patrimoine」に関する言及が必ず含まれること，第二に，「土地の公示 publicité foncière」は常に「物の法」に含まれるわけではないこと，第三に，「物」自体の区別・分類と物に対する権利の二つが主要な要素であること，第四に，「物」には無体物が含まれること，である。

◆第1節◆ 分　類

Ⅱ　対　比

　以上をふまえると，日本法の観点から見て，どのような特色を抽出できるだろうか。

1　分類への執着

　次節以降で扱う二つの問題領域——所有権やこれにかかわる諸権利（用益権・地役権），土地の公示——を別にすると，特に目立つのは「財産 patrimoine」と物の区別・分類（無体財産権も含む）であると言えるだろう。
　物の区別・分類に大きな関心が寄せられているのは，この部分が「物の法」の重要な構成部分だからである。すなわち，フランスでは「物の法」は，対象である「物」と物に対する「権利」とから構成されているからである。このことは当然と言えば当然であるが，日本法では必ずしもこのような議論をしない。その理由はおそらく次の2点に求められよう。一つは，「物」に関する規定の数が少なく，しかも，物権編ではなく総則編に置かれているため，もう一つは，日本の民法典・民法学が分類をあまり好まなかったため，ではないか（旧民法典とは異なり，現行民法典は分類規定を排除している。また，特に実益指向の強かった戦後民法学は分類への熱意を欠いていた。たとえば，法律行為の分類を見よ）。
　ところが，フランスにおいては大きく事情は異なる。一般的に言って，フランス的（ヨーロッパ的）知性は分類を好む。この点は，辞書の定義を見ても明らかである。子どもの頃から，彼らは「類の中で種を特定する」定義をたたき込まれる。たとえば，「人間は政治を行う動物である」というのは，「人間」とは「動物」のうちで「政治を行うもの」であるという発想によるものである。
　このような発想は法学においても根強く存在する。物の分類には，そのことがよく現れているが，それだけには限られない。小粥太郎の最近の論文「法的カテゴリの機能に関する覚書——現代フランス契約法学にみる民法的な思考形式の一断面」東北大学法学 69 巻号 (2005) はこのことを適切に指摘している（ある高名な民法学者に「研究上最も重要なことは何か」と尋ねたら「分類 classification」という返事があったというエピソードも紹介されていたかと思う。私自身も同じ質問をして同じ返事を得たことがある）。
　なお，日本でも，分類の意義を説くものはないわけではない。たとえば，大

133

村『典型契約と性質決定』(有斐閣, 1997) に引用されているもののほかに, 青井秀夫『法思考とパタン――法における類型へのアプローチ』(創文社, 2000), 久我勝利『知の分類史――常識としての博物学』(中公新書ラクレ, 2007) などがある。

2 分類に見る特色

(1) **財産(資産)の理論**　日本の民法学界でも最近では, フランス法の patrimoine に対する関心が次第に高まっている。この語をどう訳すかは一つの問題だが, 旧民法の「資産」(旧民財1条) がこれに対応するため,「資産」の訳語を用いるものが多い。他方,「財産(体)」という訳語が用いられることもあるが, 現行民法との関係では「総財産」という用語を利用することも考えられる (日民306条。ただし, 資産と総財産とは完全にはイコールではない)。

patrimoine の理論がフランス民法学の思考様式を示すものであることは以前から指摘されていた。後で述べるように, 個別具体的な財産である動産・不動産や権利は, ある場合 (特に相続の場合) には一括して移転する。この移転の対象＝総体をどのように位置づけるのか。patrimoine の概念はこのような発想に由来する。すでに示唆したように, フランス民法典そのものは明示的に patrimoine による体系化をはかっているわけではない。この概念は, 19世紀の後半になって学説によって発見されたもの, さらに言えば, まさに「理論」として措定されたものなのである。

最近の日本では, さらに, 信託法立法に反対の立場からこの理論が援用されることがある (横山美夏「財産――人と財産との関係から見た信託」NBL791号〔2004〕など)。こうした状況を受けて, 若い世代の研究者の中には, patrimoine に正面から取り込む者も出てきている。たとえば, 原恵美は patrimoine には広狭二義があることを指摘しており,「総財産 universalité」/「資産 patrimoine」という図式を, この理論の提唱者オーブリおよびローから導いている (この考え方に従うならば,「総財産」は universalité の訳語であるとも言えそうだが, universalité は一身専属権なども含むとすると, 総財産はそれよりは狭い)。また, 片山直也は「財産」に関するレビュー論文 (同「財産」200年 A) の中で, 原論文にも触れつつ, その後の議論の推移や現状についても概説している。片山論文がこの点に紙幅を割いたことによって, 問題の所在は広く知られることになったと言うことができるだろう。

◆第1節◆ 分　類

　今後は，フランスにおける信託理論の展開，法人理論の展開などとの関係で，patrimoineの理論がどのような意味を持ったのかを具体的に探っていくことが必要になるだろう（大村「フランス信託学説史一班」信託研究奨励金論集22号〔2001〕を参照。あわせて，同『基本民法Ⅰ』の「UNIT13」や同『消費者・家族と法』所収の「住所」，あるいは，同『もうひとつの基本民法Ⅰ』の「法人」も参照）。

　(2)　物（財産）の種別　　最後に，bienの種別に関する議論を紹介しておこう。前掲の片山論文はこの点にも紙幅を割いているが，日本では，この点に焦点をあわせた研究は十分に行われていない。ここでもbienの訳語が問題になる。「すべてのbiensは動産または不動産である」（仏民516条）からすれば，biensを「物」と訳しても差し支えはない（日民86条参照）。ただし，この場合の「物」は無体物を含む広義の「物」である点に注意を要する（旧民6条1項と同じ。「物ニハ有体ナル有リ無体ナル有リ」）。逆に，「物」を有体物に限る（日民85条）ならば，bienを「物」と訳すのはミスリーディングであることになり，「財産」という訳語が要請されることになる。また，より積極的に，「物に対する権利」という側面を強調するという観点から「財産」という訳語が用いられることもある。もっとも，このことは法概念としての「物」には内包されていると見ることもできる。

　訳語の問題はひとまず措くとして，フランス民法典の物の種別に関する議論は，日本法にとって何をもたらすだろうか。言い換えれば，日本民法学はこの議論から何を引き出すことができるだろうか。実はこの点は，前述のbienの観念ともかかわる。訳語をどうするかとは別に，bienはすぐれてユマニストな概念である。ここでユマニストとは「人間中心主義的」という意味である。人は物をいかに支配するか，そこから効用（富）をいかに生み出すか，bienはこのような視点を内包している。

　そこから，一方で人の支配が及ばない（あるいは及ぼすべきではない）物が存在するのではないかという観点が出てくる。他方，支配可能性があるならば，有体物以外であっても物として扱えるという観点が出てくる。また，一人の人が支配するpatrimoineが分割されうるかとか，人は人格と密接に関連する「物」をいかに支配しうるかといった問題も出てくる。

　やや抽象的な議論になったので，具体例を一つあげてさしあたりの結びに代えよう。日本では，著作権と特許などの工業所有権とは一括して知的財産権と

されている。フランスでも同様の考え方は存在するが，日本に比べると，著作権の独立性・特殊性が強いように思われる。著作権は propriété littéraire et artistique と呼ばれ，（人格の反映した）propriété の新たな形態として，民法学の関心が強く及んでいるのである。そのため，著作者人格権の制限に対しては，強い抵抗が示されることになる。信託に対する抵抗とあわせて，フランス的な特徴の現れであると言えるだろう。

● コラム 13 ● フランスにおける博士学位論文と教授資格試験

　テーズ thèse と呼ばれる博士学位論文は，現代フランス法学の活力・底力を示すものであると言える。ドイツの博士学位論文が短期間に準備されるのに対して，フランスのテーズには長い時間をかけて書かれた重厚なものが多い。

　テーズは公開審査において審査され，よい評価が得たものには賞が与えられたり，出版の機会が与えられたりする。民法関係のテーズを収録した叢書としてはLGDJ 社の『私法叢書 Bibliothèque de droit privé』が有名であるが，その後に同様の叢書がいくつか現れているほか，大学ごとの叢書も設けられており，出版されるテーズの点数は増えている。テーズには指導教授などの「序文 préface」が付されるが，そこでは論文の位置づけが図られ，その著者の潜在的な力が抽出されており，テーズを読み進む上での参考となる。第三者の評価ということになれば，『民法季刊雑誌 Revue trimestrielle de droit civil』には主要なテーズの書評が掲載されるので，これもまた参考になる。

　フランスで大学教授になるのには，博士論文を提出した上で「アグレガシオン agrégation」と呼ばれる教授資格試験に合格することが必要である。この試験は国家試験であり，全国の大学に生ずる空ポストを補充するために行われるものである。法律系は私法及び刑事学，公法，法制史の 3 分野に分けられ，それぞれ 2 年ごとに試験が行われる。試験にあたっては審査委員会が設けられ，この委員会が 1 年がかりで業績審査から口述試験までを行う。口述試験は，「授業 leçon」の形式で行われる。具体的には，くじ引きで与えられた主題につき 8 時間ないし 24 時間で準備をして，審査委員会の前で（やはり公開で――したがって傍聴も可能）実際に授業を行うというものである。

　教授資格試験の席次は一生つきまとうものであり，官報にも掲載され法学教授の誰もが関心を寄せている。そのため席次争いは熾烈なものとなるが，他方で，同じ年に教授資格試験に合格した者たちの間には，一種の連帯感も芽生えるようである。たとえば，マロリー（Malaurie）教授の記念論文集は，彼が審査委員会の委員長を務めた年（1993 年）の合格者たちによって編集されている。

◆第2節◆ 所 有 権　【Leçon 14】

I　序──フランス民法544条

　家族・財産・契約──カルボニエは，この3つを「フランス民法の柱」と呼んだ。フランス民法典200周年を記念してパリ第二大学（旧法学部）が刊行した論文集の赤い表紙に，民法典の3つの規定が赤いレリーフ文字で巧みに書き込まれているのも，これをふまえてのことだろう。3つの規定とは212条・544条・1134条であるが，中でも名高い規定が544条である。上記書物の表紙にはその中心部分（前段）が次のように書き込まれたのである。

> 544条　所有権は，最も絶対的な仕方で de la manière la plus absolue 物を使用し収益する権利である。…

　これが，いわゆる「所有権絶対の原則」である。もっとも，上記論文集中で「不動産（所有権）」の項目を担当したある著者は次のように述べている。「確かに，民法544条は所有者に絶対的な権利を付与している。しかし，今日では，いかなる法律家も，この規定が民法典の精神を反映したものではないと考えている。というのは，民法典は隣人間の調和の法たろうとしていたからである」（Périnet-Marquet, p. 402）。
　実際のところ，544条（後段）には，「法律又は規則が禁じる使用を行わない限り」という制限が続く。その意味では，仏民544条は日民206条と同じ趣旨の規定であるとも言える。しかし，フランス民法と日本民法の所有権には，微妙な違いが存在する。以下，既存の研究の評価を行いつつ，この違いを浮き彫りにすることを試みたい。
　予め結論を先取りするならば，フランス民法の所有権の特色は，一旦は絶対性が宣言された上で，法令による制限が課されている点にあると言えるだろう。逆に言えば，日本民法の所有権は，もともと法令の制限内にあるにもかかわらず，制限が十分に機能しない点に特徴がある。ここには，樋口陽一の説く個人主義をめぐる経緯が明瞭な形で現れているとも言える。いったん「個人」が析出したがゆえに「共同性」への指向が改めて肯定されるという経緯である。

以下具体的には，まず，所有権の実質に関する二つの主要な研究をフォローした上で（Ⅱ），所有権論とは言いにくいいくつかの研究の中から所有権論の理解に資する要素を引き出してみたい（Ⅲ）。

Ⅱ　所有権の実質

1　利用の優越 —— 原田純孝『近代土地賃貸借法の研究』

　(1)　文脈と内容　日本におけるフランス所有権法研究の背後には，「近代的所有権論」と呼ばれる研究プログラムが存在する。この研究プログラムは，戦後の早い時期（1960年代）に成立するが，その背後には，一方で，日本の資本主義の後進性を寄生地主制と結びつける講座派マルクス主義的な発想（日本のマルクス主義法学の先駆者である平野義太郎は講座派の論客だった —— 講座に寄稿された論文等をまとめた『日本資本主義社会の機構』〔岩波書店，1934〕のほか，『民法に於けるローマ思想とゲルマン思想』〔有斐閣，1924〕，『法律における階級闘争』〔改造社，1925〕など。1897年生まれで我妻栄と同年。1923年東京帝国大学法学部助教授，1930年に共産党シンパ事件で辞職），他方，大塚久雄などに代表される戦後の西欧経済史学的な発想（近代的所有権論の代表的な論者であった水本浩『借地借家法の基礎理論』〔一粒社，1966〕，甲斐道太郎『土地所有権の近代化』〔有斐閣，1967〕はいずれもイギリス法をモデルとして，現実の土地利用のための利用権の強化が近代法のあり方に適うと主張した）が存在する。

　これに対して，野田良之のフランス法学と高橋幸八郎のフランス経済史学を知的背景としつつ渡辺洋三（『土地・建物の法律制度』〔東京大学出版会，1960〕の著者。水本・甲斐と並ぶ近代的所有権論の中心人物）の不動産法研究を承継した稲本洋之助は，フランス法を対象としてより実証的な所有権研究へと向かった。はじめ稲本自身の研究は相続に焦点を置いたものとして結実したが（同『近代相続法の研究』〔岩波書店，1968〕），いうまでもなく相続は所有権と家族の交点に位置する問題領域であり，そこには，将来の二つの方向が内包されていたと言える（その後，同ほか編『ヨーロッパの土地法制』〔東京大学出版会，1983〕，同『フランスの家族法』〔東京大学出版会，1985〕などに結実）。

　原田純孝は，やや年長の戒能通厚とともに，この研究プログラムの第3世代に属する。戒能がイギリス法のより内在的な理解によって従来の研究プログラ

◆第 2 節 ◆ 所　有　権

ムを批判したのに対して（同『イギリス土地所有権法研究』〔岩波書店，1980〕），原田は，アンシャン・レジーム末期から革命・ナポレオン法典を経て 19 世紀前半に至るフランス法に取り組むことによって，ヨーロッパ各国の所有権のあり方には，それぞれの歴史的事情があることを示し，やはり従来の研究プログラムを批判した。また，従来の議論が，対抗要件・譲渡転貸・存続期間などの「外的構造」に関心を寄せて賃借権の物権化を語ってきたのに対して，改良施行権・改良費用請求権などの「内的構造」に着目すべきことも指摘した。

　(2)　検討と展望　　以上のように，原田の研究は，一方で「近代的所有権論」の系譜の中に位置づけることができる。この点に関しては，原田はいわば一つの研究プログラムの幕引きの役を務めたとも言える（この点につき，森田修「戦後民法学における『近代』──『近代的土地所有権』論史斜断」社会科学研究 48 巻 4 号〔1997〕も参照）。

　他方で，原田の賃貸借法研究は，稲本の相続法研究とともに，フランスにおける所有権のあり方につき，一つのモデルを想定しつつも極めて実証的な検討を行うという方向を切り開いたと言える。とりわけ，アンシャン・レジームから革命期にかけての資料（北部慣習法・裁判例・公証人証書・革命期立法資料）の操作により，精緻な実証研究を実現したことは高く評価される。原田はそこから，革命前後を通じて農民の階層化の進行と法典編纂をめぐる諸力のせめぎあいを経て，「所有権の自由＋賃借権の債権的構成」が成立する事情を示したのである。原田の研究においては，まさに「所有権の自由（絶対）」の確立がフランスにおいてはたした役割──封建秩序の解体を宣言しつつ従来の法的関係を再編する──が摘出されている。

　近代的所有権論の退潮には，理論内在的な事情のほかに，社会的な事情も作用している。すなわち，戦後の農地改革を経て小作問題が重要性を失ったのに続き，あまりにも強くなった不動産賃借権に対する反流が生じたことにより，賃借権物権化へのインセンティブは衰弱せざるをえなかったという事情がある。

　そうした中で，原田は，都市化社会に関心を向けつつも（原田純孝＝広渡清吾編『現代の都市法』〔東京大学出版会，1993〕），従来の研究対象であった農地に執着し続ける（原田純孝『農地制度を考える』〔全国農業会議所，1997〕）。確かに，農地や農業が持つ重要性はかつてとは比べるべくもない。しかし，それでも農家の経営や承継に関する法律問題はなお多い。また，環境の保全や食の安全の観点か

ら農業に寄せられる関心は再び高まっているとも言える。現在の原田は，フランスの農業法から多くの示唆を引き出しているが，農業国フランスでは，農業法（農村法典 Code rural）は私たちの想像を超える重みを持ち続けている。原田を通じて，農業に対するこのような執着のあり様をさらに問うことは，フランス法のある重要な側面を理解し，かつ，日本社会のあり方を批判的に解明することに繋がるのかもしれない。

2　住居の確保──吉田克己『フランス住宅法の形成』

(1)　**文脈と内容**　原田が農事賃貸借を研究の中心に据えたのに対して，少し遅れて研究生活を始めた吉田克己は，商事賃貸借の研究へと向かった。その後，吉田は，賃貸借からさらに視野を広げて，広く住宅をとらえる方向に転じた。吉田は，19世紀から20世紀初めまでの「住宅」に三つの方向から光をあてる。第一は，19世紀前半の非衛生住宅問題であり，公衆衛生の観点からの所有権の規制が論じられる。第二は，第二帝政期（1860年代）の高家賃問題である。第三は，19世紀末から20世紀初頭にかけての社会住宅立法の生成過程であり，住宅の社会性が説かれる。

吉田は，稲本・原田の実証分析を引き継ぎ詳細な資料を援用しつつ，いくつかの典型的な局面を切り出してそれらを組み合わせることによって，19世紀の住宅法を立体的に照射しようとした。そこでは，「住宅」の社会性が指摘され，「国家」の関与・干渉の諸態様が明らかにされている。吉田自身が説くように，「住宅」によって「国家」が照射されているとも言える。

(2)　**検討と展望**　以上のような吉田の研究には，稲本・原田の研究の発想とは異なるものが含まれている。稲本・原田は，いわば社会変動を変数として法システムの変化をとらえようとする。彼らの枠組の中では，「国家」には独自の役割は与えられていない。もちろん，国家は立法の担い手ではある。しかし，彼らの関心は，国家がある立法をするに至る背景を解明する点にある。国家はいわば諸力をたばねて出力する「転換器」にすぎない。これに対して，吉田においては，国家は一つのアクターとして登場する。

この点は，吉田のもう一つの研究対象である「市民法」論とも関係する（同『現代市民社会と民法学』〔日本評論社，1999〕）。前の世代の論者たちが依拠した「近代的所有権」論が社会構造優位の理論枠組であったのに対して，吉田の依拠す

る「市民法」論は，主体としての「市民」の役割をより重視するものなので，意識するとせざるとにかかわらず，政治や政府の役割を重視する枠組となる。

　以上のような吉田のスタンスは，「市民法」としての「民法」の領分を拡張しようという構想を生み出す。最近の吉田が，財産権・人格権の外郭に競争秩序・環境秩序を配置する広中理論に傾斜しているのは，その意味で必然的なことであるとも言える（吉田ほか「競争秩序への多元的アプローチ」北大法学論集 56 巻 1 号，3 号〔2005〕，吉田ほか「環境秩序への多元的アプローチ」同 56 巻 3 号・4 号〔2005〕）。

　こうした構想は，フランス民法典を参照しつつ民法典の領分を広くとらえる考え方（大村「民法と民法典を考える」民法研究 1 号〔1996〕，同「市民的権利の法としての民法」ジュリスト 1322 号〔2006〕など）とも関連する一方で，先に引用したペリネ＝マルケが農村法典とともに「環境法典 Code de l'environnement」に言及するのとも呼応する。そこには，「民法 droit civil」の中で「市民的権利 droits civils」をいかに実現するかという日仏双方に共通の今日的な課題が伏在することが示されていると言えるだろう。

Ⅲ　所有権の絶対

　以上に見てきたように，原田や吉田の研究は，詳細な実証研究に基づきつつも外的観点（システム自体にはコミットせずに外部から観察し記述する）を持つものであった。フランス民法の「所有権」が，日本においてはこのような観点を触発してきたということは，それ自体が注目に値することである。

　しかし，所有権に関してはより法技術的な研究，言い換えれば，内的観点（システムを内部に立ち，その価値を引き受ける）に立った理解をめざすものもないわけではない。そうしたものとして，「所有権絶対」という「ドグマ」の意味を解明しようとする（結果としてそうした作業をしていることになる）ものを紹介しよう。

1　意思による制限の排除

　(1)　現　象　　まず，同一の立法を素材とする二つの研究をあげよう。山野目章夫「フランス法における動産売主のための担保」東北大学法学 49 巻 2 号，3 号（1985）と道垣内弘人『買主の倒産における動産売主の保護』（有斐閣，1997，

〔初出は 1986-87〕）である。いずれも所有権留保売買に関する 1980 年法を売主のための担保手段としてとりあげて検討するものである。

　続いて，大村敦志「『後継ぎ遺贈』論の可能性」（同『学術としての民法Ⅱ 新しい日本の民法学へ』〔東京大学出版会，2009〕，道垣内＝大村＝滝沢編『信託取引と私法法理』〔有斐閣，2003〕）を加えておこう。そこでは，いわゆる「後継ぎ遺贈」（A から B に遺贈するが，B が死亡したら C に権利が移転するという遺贈）の可否を論じる際に，フランス法が参照されている。

　(2) **考　察**　これらの研究をとりあげる理由は次の通りである。

　「所有権の絶対」は，外部からの制限を受けないことを意味する。544 条が明示的に所有権の制限を認めるのは法令による場合のみである。このことによって排除されるのは何かと言えば，合意による制限である。当事者が合意によって所有権そのものに制限を設けることはできないということである。

　一方で，所有権留保はこの考え方に抵触する。というのは，フランス民法においては，所有権は意思表示によって直ちに移転しなければならないからである（仏民 1583 条参照）。所有権移転を留保する合意は，いわば所有権移転に条件を付す（買主が取得したのは停止条件付所有権である）ことを意味する。もちろん，売買契約に条件を付すことは可能だが，所有権移転に条件を付すのはこれとは別のことである（仏民 1584 条）。

　他方，「後継ぎ遺贈」もまたこの考え方との間に緊張関係を引き起こす。フランス民法においては，このような処分（補充指定 substitution）は原則として禁止されている（仏民 896 条）。この場合には，第 1 次受遺者（B）の死亡は，第 1 次受遺者への遺贈については解除条件，第 2 次受遺者（C）への遺贈については停止条件としての意味を有することになるが，こうした条件付所有権は容認しがたいということであろう。

　もっとも，1980 年法は従来の原則を改めて所有権留保を認めた法律であった。また，補充指定も原則としては禁止されているものの，例外は認められているし，2006 年の相続法によってこの例外は拡張されている。その意味で，条件（期限）の付かない絶対的所有権のドグマは，実定法の姿を忠実に写すものではないと言えないわけではない。しかし，それでも，条件・期限に対する敵対意識・警戒意識が払拭されたわけではない。

　これは，総財産＝資産の単一性と並ぶ強固なドグマなのである。この点を理

解しないとフランス民法の所有権のある側面を見落とすことになる。上記の研究は，それぞれの文脈の中でこのドグマに遭遇しているが，必ずしも正面から問題に取り組んでいるわけではない。今後，より意識的・包括的にこの問題に立ち向かう研究が期待される。

2　性質による制限の承認

(1)　**現　象**　最後に取りあげるのは，山田誠一「共有者間の法律関係」(法学協会雑誌101巻11号〜102巻7号〔1984-85〕)である。山田論文は，マンション法の大改正(1983年)に触発されて書かれたと想像される。フランスのマンション法については，すでに星野の論文(同題で2編。「低廉家賃住宅」〔1961/67〕)が書かれていた。この論文は日本におけるマンション時代の到来を見越した先駆的なものであったが，その内容は制度の紹介に重点を置いたものであった。それゆえ，後続研究としては，区分所有法中の諸規定の解釈論・立法論を展開することが考えられたが，山田はあえてその道を辿らなかった。

山田が選んだのは，より迂回的な道，しかし，より本質的な道であった。山田は，日本民法の共有規定の沿源を尋ね，それが異質な2層からなることを析出したのである。山田は，この二つの層を「解消されるべき共有」と「継続されるべき共有」に関する規定として位置づけた。このことによって，「共有は解消されるべき過渡的な状態である」というドグマは実定法としての日本民法典においてはそのままの形では維持されていないことを示したのである。

(2)　**考　察**　山田は，このような認識に立ち，区分所有の共同性の側面を強調した新法を日本民法の共有規定の第2層の延長線上に位置づけることによって，民法と区分所有法の接続をはかった。このことにより，民法・区分所有法の双方において区分所有の共同性に着目した解釈論の基礎が築かれたと言える。

フランス民法に戻って考えると，山田の研究は，「共有は解消されるべき過渡的な状態である」というドグマ(日本民法の第1層はこれに連なる)を析出した点で大きな意義を有する。というのは，このドグマは「所有権には(共有による)制約があってはならない」と言い換えると，「所有権の絶対」へと帰着するからである。

もっとも，フランスにおいても今日では，民法典は共有・区分所有を必ずし

も排除するものではなかったことが指摘されるようになっている。むしろ，合意による制限の場合とは異なり，性質による制限に対しては，フランス民法典はこれを積極的に受け入れていたというべきなのかもしれない。本節では触れなかったが，地役権に関する多数の規定の残存はその証左であるとも言える。

　これまで何度も参照しているペリネ＝マルケは，農村法典・環境法典とあわせて，「都市計画法典 Droit de l'urbanisme」にも言及している。都市化社会の中で，マンションという暮し方，さらには，都市計画という考え方を所有権絶対とどう調整するのか。ここにも日仏共通の課題が伏在している（フランスの区分所有法につき，小沼進一『建物区分所有の法理』〔法律文化社，1992〕，マンション法と都市計画法の連続性につき，大村敦志「法技術としての組合」潮見佳男＝山本敬三＝森田宏樹『特別法と民法法理』〔有斐閣，2006〕を参照）。

● コラム 14 ● フランスにおける日本人研究者

　科学学派の総帥，フランソワ・ジェニー（François Gény）の著書には，富井政章の論文や石崎政一郎のテーズが引用されている。また，梅謙次郎のテーズも和解に関する研究史の中では重要なものとされており，引用されることが少なくない。戦後では，（民法ではなく労働法ではあるが）山口俊夫のテーズが出版されている。

　その後，日仏法学交流が盛んになっていることもあり，日本人の著者の手になる仏語論文や概説書・共同研究・モノグラフィーなども増えてきている。その中には，日本法に関するものとフランス法に関するものとが含まれる。

　前者に関しては，野田良之の Noda(Y.), *Introduction au droit japonais*, 1966 のほか，Société de législation comparée が出版している何冊かの論文集（*Etude de droit japonais*, tomes 1 et 2, 1989/1999 や *La famille au Japon et en France*, 2002, *L'intérêt général au Japon et en France*, 2008. がある。また，民法学者による単著としては，松川正毅の Matsukawa(T.), *La famille et le droit au Japon, Economica*, 1991，アルペランと金山直樹の Harpelin(J. L.) et Kanayama(N.), *Droit japonais et droit français au miroir de la modernité*, Dalloz, 2007 などがある。

　後者も徐々に増えている。たとえば，文献引用の詳細なカルボニエの概説書を繙くと，Takizawa, Kanayama, Morita... などといった名を見出すことができる。

　今後は，それぞれの分野でのさらなる蓄積が期待されるが，あわせて，両者を架橋するような比較法的な試みも必要であろう。たとえば，憲法の領域における樋口陽一の業績（Higuchi(Y.), *Constitutionalisme entre l'Occident et le Japon*, Institut du fédéralisme Fribourg Suisse, 2001）のようなものである。こうした一

◆ 第 2 節 ◆ 所 有 権

般理論の構築への参加にあたっては，日本法だけではなくアジア諸国の法の参照・研究が必要となるかもしれない。

　なお，反対の試み，すなわち，フランスの研究者が日本語でフランス法または日本法について書くという試みは現れていない。ただ，日本法につきフランス語で書かれることが増えてきていることは心強いことである。民法の領域では，たとえば，Jaluzot(B.), *La bonne foi dans les contrats : étude comparative des droits français, allemand et japonais*, Dalloz, 2001 が最近の例である。

第1章 財　産

◆ 第3節 ◆　登記制度　　【Leçon 15】

Ⅰ　序 ── フランス民法研究の実験場

　登記制度及びこれと密接にかかわる不動産物権変動は，日本におけるフランス民法研究の最重要のテーマであった。それゆえ，このテーマに関する研究史には，日本民法学におけるフランス法研究の変遷が端的に現れることとなる。

　今日，日本民法典の物権変動システムは，意思主義（民176条）＋対抗要件主義（民177条）からなるものと説明されている。すなわち，所有権は，当事者間において意思表示（契約の締結）によって直ちに移転するが，第三者に対抗するには登記を備える必要がある。そして，これは基本的にはフランス法の考え方（以下，「フランス法主義」と呼ぶ）に依拠したものであるというのである。しかし，このようなフランス法主義を基礎とした説明が常に支配的であったわけではない。

　以下では，まず，このフランス法主義が認識されるに至る経緯を簡単に示し（Ⅱ），その上で，フランス法主義の理解が必ずしも一様ではないことを説明する（Ⅲ）。そして最後に，フランス法主義をどのように評価するかという問題に触れる（Ⅳ）。

　本論に入る前提として，関連する二つの規定群に触れておこう。一つは，いわゆる意思主義を示す規定である。具体的には，フランス民法1583条・711条・938条のほか，1138条を挙げることができる。1583条は売買に関する規定だが，「売買は，物および代金について合意されるときから，物がまだ引き渡されておらず代金が支払われていなくても，当事者間で完全であり，所有権は売主に関する関係で当然に買主に取得される」と定めている。711条・938条は相続・遺贈・贈与につき同様の趣旨を定めている。これに対して，1138条1項はより一般的に，「物を引き渡す債務は契約当事者の合意のみによって完全である」と定めている。もう一つは，いわゆる対抗要件主義に関する規定であるが，これに関する規定は民法典の中には置かれていない。1855年の登記法によって導入されたものである。フランス民法はもともとは意思主義を採用していたと言われる由縁である。登記制度は，抵当権の公示の要請に応ずるために導入されたものであり，それゆえ今日でも，「物の法」の一環としてではなく，「担保の法」との関係で論じられることが少なくない。いずれにせよ，日本民法176条・177条とは異なり，意思主義＋対抗要件主義を定める規定が民法典中に一括して配

置されてないことには留意しておく必要がある。

II　フランス法主義の認識

1　先駆者としての末弘厳太郎

　民法 176 条・177 条に関するフランス法的な理解，とりわけ 176 条につき契約時に所有権は移転することを定めたものとする理解は，一般に末弘に由来するとされている（末弘『物権法上巻』〔有斐閣，1921〕）。それまで，債権的合意と物権的合意とを区別する学説が有力であった中，末弘は 176 条はフランス法的な考え方に依るものとして理解すべきであり，現に，判例はそう解していると主張した。ただし，実際の末弘の議論はそれほど単純なものではなく，ローマ法・ドイツ法・フランス法の考え方を対比しつつその得失を検討し，債権的合意と物権的合意が分離される場合があることも承認した上で，最終的にフランス法主義による理解に与することを明らかにしたものである。当時の支配的な見解に対する配慮を示すものと言えるだろう。

　末弘『物権法上巻』は民法学におけるローカルカラーを強調するものとして知られているが，この部分の叙述は比較法的な議論・分析的な議論が優越しており，判例の援用はあるものの，どちらかというと理論的な色彩が濃い点は注目に値する。「自序」のローカルカラー論（「私はこんな話を聞いたことがある。『ロンシャン』の競馬場に生まれた『流行』は 1 月も立たぬ中に遠く大西洋を越えて紐育に渡る。けれどもパリにに於るが如く chic な女を紐育で見ることは到底出来ないと。単なる衣食住の形式すら各夫々のローカル・カラーがある……」）はマニフェストとしてあまりに有名であるが，若干割り引いて考える必要がある。

　実は，明治期および現在（当時）の取引慣行に触れつつ，176 条をフランス法的に理解すべきことを端的に指摘したのは川島武宜であった（川島『民法 I』〔有斐閣，1960〕）。その際に，川島は自らの見解の先駆者として末弘の名を挙げたのであった。もっとも，川島の見解には別の側面が伏在していた。この点に関しては後述する。

　なお，日本におけるフランス民法研究は，戦後，星野の一連の論文によって推進されたが，星野がそのような立論をなしえた事情の一つとして，末弘や川島が（鳩山・我妻に対するアンチテーゼとして）しばしばフランス的な発想を採用していたことを指摘しておく必要がある。梅謙次郎の死後，戦前の日本民法学

においてはドイツ法的なアプローチが優越していたことが指摘されるが，フランス法的な発想はこのような形で生き続け，戦後に開花することになるのである（序章でも述べたように，これはドイツの敗戦とも関連する）。

2　紹介者としての星野英一

　解釈論上の議論としてのフランス法主義は，末弘＝川島によって確立されたと言えるが，フランス法そのものの考え方をよりよく理解するための第一歩は，星野英一の二つの論文（「フランスにおける不動産物権公示制度の概観」，同「フランスにおける1955年以降の不動産物権公示制度の改正」いずれも同『民法論集第2巻』〔1970，初出，1957/59〕所収）によって踏み出された。

　星野は，法学の領域では戦後初のフランス政府給費留学生であったが，上記の論文はフランス留学の前後にわたって書かれている。すでに第1論文によって不動産公示制度――「登記」ではなく「謄記」という用語が主として用いられている――に関心を寄せ，制度の歴史につき十分な検討を行っていた星野は，留学中にはヒアリングや訪問調査を行っている。その結果として，暗黙裡に存在すると思われる「フランス的発想」や当然の前提となっている手続・書式などがかなりの程度まで明らかにされている。

　なお，ここで次の2点につき付言しておく。

　一つは，「謄記 transcription」と「登記 inscription」の使い分けについてである。transcription とは文字通りには転記することであるが，フランスにおける不動産の公示は，原因証書（売買契約書）の写しを綴じ込むことによって行われており，原因証書とは別に権利関係が登録されるわけではない。transcription という用語はこのことを示すものである。ちなみに，同様のことは民事身分 état civil にも見られる。フランスでも身分関係の公示は行われているが，日本の戸籍とは異なり，出生証書・婚姻証書・死亡証書が順次作成されて綴じ込まれるという仕組みがとられている。

　もう一つは，アルザス・ロレーヌ法の参照についてである。従前のドイツ vs. フランスの構図に対して，星野は，ドイツ・アルザス・フランスの三極構造で問題をとらえている。周知のように，アルザス・ロレーヌは普仏戦争後はドイツ領となり，第1次大戦後はフランス領となったが，その土地制度は，フランスの支配のもとでも，ドイツ的な色彩の強い地方法として特別扱いがされて

148

きた。星野自身は，当時のフランスの学界がそうしたように，アルザス・ロレーヌ法に独仏折衷の可能性を見出したのであるが，今日では，この点はむしろ，中央集権国家フランスにおける「地方法」の存在意義に言及する研究として再評価すべきではないかと思われる。

すでに触れたように，今日では，民法典そのものが独立の編を立てて，海外領土（マイヨット）に適用される特則の存在を承認している。このことは，フランス法の将来にとって極めて興味深いことであると思われる。すなわち，今日，ヨーロッパ諸国の国内法には，一方でEU法化の進展が見られるとともに，他方，地方法化の傾向も目立つようになっているが，主権国家への執着が最も強いと思われるフランスにおいて，ある意味では主権のシンボルである民法典に地方法が存在することは無視しがたい重みを持つからである。

Ⅲ　フランス法主義の理解

以上のような諸研究を受けて，不動産物権変動におけるフランス法主義に関する研究は，1970年代から80年代に飛躍的に進展する。以下，その担い手となった二つの学説を中心に紹介・検討を行う。一つは，滝沢聿代の見解であるが，「物権変動における意思主義・対抗要件主義の継受(1-5)」法学協会雑誌93巻9号，11号，12号，94巻4号，7号(1976-77)を中心とするその主要な論文は後に『物権変動の理論』(有斐閣，1987)にまとめられている。もう一つは，鎌田薫の見解である。こちらはモノグラフィーにはまとめられていないが，10年にわたり，①「フランス不動産譲渡法の史的考察」民商法雑誌60巻6号(1972)に始まり，②「不動産二重売買における第二買主の悪意と取引の安全」比較法学9巻2号(1974)をへて，③「フランスにおける不動産取引と公証人の役割(1-2)」早稲田法学56巻1号，2号(1981)に至る一連の労作が書き継がれている（鎌田理論の解釈論的な帰結は，同『民法ノート物権法1』〔日本評論社，第2版，2001〕によく現れている）。

1　フランス対抗要件主義の理解

(1)　二重譲渡のメカニズム ── 滝沢説 vs. 星野説　　この時期までのフランス民法研究を通じて，176条の意思主義を177条の対抗要件主義が制約する

という理解はかなりの程度まで共有されるようになった。しかし，177条が176条を制約するとは何を意味するのか。当事者間で所有権が移転したにもかかわらず第三者に対抗できない，言い換えれば，第一売買によって所有権はすでに移転しているはずなのになぜ第二売買による取得が可能なのかという問題には明確な解答は与えられておらず，我妻の不完全物権変動説に代表される説明が，依然として維持されていた。

　滝沢が取り組むことになったのはこの問題であった。滝沢は，フランス法においては意思主義こそが原則であると観念されている点を強調し，対抗要件主義が法律によって認められた例外であると説いた。すなわち，本来は，第一買主に帰属したはずの所有権を第二買主が帰属するのは，1855年の登記法がそのような効果を認めたからに他ならない，その結果として第一買主は権利を失うというのである。これが「法定取得＋失権」説と呼ばれる滝沢の見解である。

　これは単なる説明にすぎないように思われるが，滝沢はここから重要な解釈論的な帰結を導く。それは，「第一譲渡優先の原則」あるいは「非対称性の法理」とでも言うべき帰結である。滝沢によれば，第二買主は登記を備えることによって初めて権利を取得するのであり，登記以前に所有権を有するのは第一買主である。第一買主は登記を備えた第二買主に対抗することはできないが，第二買主が登記を備えるまでは第一買主はその権利を対外的に主張できるというのである。つまり，双方未登記の第一買主と第二買主とでは前者が優先する，言い換えれば，両者の立場は対等ではないというわけである。

　以上に対して，星野は異を唱えた（星野「日本民法の不動産物権変動制度」同『民法論集第6巻』〔1986，初出は1980〕）。星野の論点は次の3点にあった。一つは，議論の仕方についてである。滝沢のような議論はフランスではなされていないのであり，無用の法律構成であるというのである。もう一つは，歴史的な経緯の異同についてである。フランスでは，意思主義は1804年の民法典によって，対抗要件主義は1855年の登記法によってそれぞれ導入されたのに対して，日本では，両者は同時にセットとして民法典に書き込まれたことを重視すべきであるというのである。それゆえ最後に，フランス法では第一買主と第二買主の地位が非対称であるとしても，日本法では両者を対称的に考えるべきであるというのである。

　第二の点は星野の指摘する通りであるが，そこから第3点を導くかどうかは

判断の分かれるところである。もちろん，星野のように考えることは可能である（滝沢の考え方は必然的ではない）が，滝沢のように考えることもなお不可能ではない（星野の考え方もまた必然的ではない）。第一点はどうか。ここには，フランス法のみならず外国法研究一般にかかわる方法的な問題が含まれている。すなわち「フランス法（外国法）」の真の姿をいかに認識するか，という問題である。フランスの学界で説かれていないことを説くのは，もはやフランス法の認識ではなく，フランス法に仮託した理論構成・解釈論上の主張なのか。それとも，フランスの学界で指摘されていないことを説くのも，またフランス法の認識なのか。単純に考えると，後者の考え方が適当であるように思われる。

しかし，ここには二つの問題がある。一つは，前提知識や情報量において十分ではない外国の研究者が，本国の研究者をさしおいて「これこそがフランス法である」と語る資格をどこに求めるのかという問題である。とりわけ，当該研究がフランスの学界ではなく日本の学界に向けられている（端的に言えば日本語で公表されている）場合，その正当性はどのように保障されるのかが問題になる。もう一つは，法は学説（法に対する自己認識）と切り離した形で客観的に認識可能なのか，という問題である。ある国の法は，その法を担う人々の認識に依存する形で存在するのではないかという問題である。同じことは，国境を超えた法認識ばかりでなく時代を超えた法認識においても生じうる。たとえば，明治民法は，客観的に見て個人を過度に抑圧するような内容を持たなかったという主張が現代においてなされた場合を考えよう。条文を見る限り確かにそう解することができるとしても，当時の人々に抑圧的な作用を及ぼしていたとしたらどうだろうか。この場合に，明治民法は抑圧的な内容であったと言うべきなのか，そうではなかったと言うべきなのか。

答えは両極のどちらかにあるわけではない。本国に存在しない・同時代に存在しない独自の理解を提示することは，それ自体として排除されるわけではない。しかし，そのような理解が存在しないということ自体の意味を問う慎重さは必要である。

その際に，独自の理解が日本法の文脈から発しているという場合にとりわけ注意が必要である。本国で・同時代に問題が立たないのは，そのような問題を立てる必要性がないからであるが，他国において・後世において論ずるとなると，事情は異なってくることがある。そのような事情を前提にすれば，本国人

や同世代人も容認するであろうと思われる理解であるかどうか。抽象的ではあるが，この点を決め手とせざるを得ない。

(2) **悪意者排除のメカニズム──公信力説から鎌田説へ**　日本では，1960年代の後半に，判例が背信的悪意者の排除を打ち出したことにより，この問題に対する関心が高まった。とりわけさらに進んで悪意者を排除すべきではないかという解釈論の当否が論じられた。そして，この議論を上記の二重譲渡のメカニズムと連動させて正当化する試みとして，いわゆる公信力説が登場することとなる。すなわち，二重譲渡が可能なのは登記の公信力によるものであり，177条は（二重譲渡の場合につき）登記の公信力を定めた規定と解するべきである。公信力は登記に対する信頼を保護するためのものであるので，悪意者が保護の対象にならないのは当然であるというわけである。

この公信力説の発想をフランス判例法の進展とを結びつけようとしたのが，鎌田の見解（②論文）である。鎌田は，フランス判例法がフロード（fraude「害意」）のある第三者を排除する方向からフォート（faute「過失」）のある第三者を排除する方向へと進んだことを指摘し，公信力説との親和性を指摘したのである。この研究によって，公信力説が単なる着想にとどまるものではなく，比較法的にも支持されうることが指摘されたのは意義のあることであった。ただ，見方を変えると，過失ある第三者を排除するには，公信力という構成を必ずしも必要としないことが明らかになったとも言えることに注意を要する。

実際，公信力説の価値判断はかなり広い範囲での支持を集めたが，その理論構成は結局支配的な見解とはならなかった。鎌田説の登場は，あるいは，こうした趨勢を促進する方向に作用したと言えるかもしれない。

なお，フォートについては，損害賠償ではなく現実的救済を効果として認める余地もあることを付言しておく（日本法でも，無権代理人の責任はその例）。また，フロードについては別に触れる。

2　フランス意思主義の理解

その後，鎌田説は，意思主義の理解に関しても独自の指摘をなすに至る（③論文）。フランスにおける公証人慣行の指摘がそれである。すなわち，フランス法主義における意思主義とは，「売りましょう・買いましょう」という「意思」を直ちに尊重するというのではなく，そこでの「意思」は公証人の介在によっ

て証書に定着させられた「意思」であることが指摘されたのである。

　鎌田以前に，証書の意義については川島がすでに指摘し，また，フランスにおける公証人慣行の存在も星野によって指摘されていた。鎌田の見解はこれらを踏まえたものであるが，その影響力は，公証人慣行が意思主義を支えてきた経緯を解明した点に求められる。鎌田は，登記制度のない時代において不動産物権変動の公示機能は，公証人によって担われていたことを指摘した。いわば地域の公証人が半私的・半公的な情報センターの役割をはたすことによって，取引の安全が確保されていたというのである。

　ここからは，このような公証人慣行なしの意思主義は，自ずとフランス法主義とは異なったものとならざるを得ないという認識が導かれることになる。その先には，鎌田の名とともに有名ないわゆる「熟度論」（同「売渡承諾書の交付と売買契約の成否」判例タイムズ857号〔1986〕など）が登場することになる。すなわち，公正証書作成に匹敵するような合意ができた段階で契約は成立するというのである。

Ⅳ　フランス法主義の評価

　その後，不動産物権変動に関する研究はさらなる発展を見せている。一方で，フランス法主義のより深い理解が試みられるとともに（1），他方では，フランス法と日本法の関係へと関心が向けられている（2）。

1　内在的・自律的な評価

（1）**対抗とは何か**　　不動産物権変動におけるフランス法主義は，言うまでもなく対抗要件主義によって特徴づけられる。これまでの諸見解は，これをどう理解すべきかを論じてきた。これを受けて，加賀山茂はより広い文脈で「対抗」について検討すべきことを指摘した（同「対抗不能の一般理論について ── 対抗要件の一般理論のために」判例タイムズ618号〔1986〕）。そこには，不動産物権変動のみを切り取って論ずることを疑問視する見方が伏在する。

　こうした発想は，一方で，詐害行為取消権（片山）や虚偽表示（武川）の研究にも引き継がれ，やがて，無効と対抗不能の異同をめぐる議論（野澤）へと繋がっていく。他方で，不動産物権変動そのものに戻って「対抗」の意味を問う研究も現れるが，これについては後述する。なお，この潮流が有力になった背

景には，フランスにおいて「対抗」の一般理論が説かれるようになったという事情がある。

(2) 物権から契約へ　もう一つの疑問は，不動産物権変動という問題設定そのものに対して投じられた。横山美夏は，鎌田の問題提起を受けて，売買契約の成立と所有権移転の関係を詳細に検討したが（「不動産売買契約の『成立』と所有権の移転（1-2）」早稲田法学 65 巻 2 号，3 号〔1990〕），そこにはすでに，所有権移転の時期をとりだして論ずるのではなく，売買契約の成立・効力を論ずるという見方が現れていた。

さらに進んで，横山は，二重譲渡の原因となる二つの契約の優劣という問題に取り組む（同「競合する契約相互の優先関係（1-5）」大阪市立大学法学雑誌 42 巻 4 号～49 巻 4 号〔1996-2003〕）。この試みは，滝沢の見解を掘り下げるという意味を持つが，同時に，不動産物権変動という日本民法学における問題設定とは異なるフランス法の発想を摘出しようとするものとなっている。

2　外在的・関係的な評価

(1) ボワソナードとの関係　前述の不動産物権変動における「対抗」の概念につき，フランス法主義の特色を摘出する試みは，七戸克彦により，ボワソナードの「対抗」の概念を手掛かりとして進められた（同「対抗要件主義に関するボワソナードの理論」慶應義塾大学法学研究 64 巻 12 号〔1991〕）。

七戸の議論のポイントの一つは，意思主義・対抗要件主義を契約の対抗の問題としてとらえる点にあるが，さらにもう一つ，その際に証書の証明力の問題と結びつけて考える点にも留意する必要がある。実体法と証拠の関係に関する理解は，フランス民法の研究の上で重要な意味を持つが，この点に関しては，後続の研究もいくつか現れている（吉井啓子「証拠論とは何か」法律時報 70 巻 9 号〔1998〕，今村与一「意思主義と書証主義」日仏法学 23 号〔2004〕など）。

なお，七戸はボワソナードを参照することによって，フランス民法・民法学から離れて，日本との関係においてフランス法主義を理解する方向に転じたように見える。そのような側面は認められるし，また，そうした研究には固有の意義があることも確かである。ただ，この問題に関する限り，最近のフランス学説において，ボワソナードの見解が参照されていることを指摘しておかなければならない。この点において，ボワソナード研究はフランス民法研究へと還

流することになるのである。

(2) **在来法との関係**　もちろん，ボワソナードを経て，より日本の現実に沈潜するという途も残されている。このルートを開拓しようとしたのが，松尾弘である（同「不動産譲渡法の形成過程における固有法と継受法の混淆」横浜国際大経済法学 3 巻 1 号，2 号，4 巻 1 号〔1995-96〕）。松尾は，明治期の在来法の状況が検討され，それとの関係でフランス法＝ボワソナード法典の位置を図る。

従来手薄であった在来法の側からのアプローチによって，継受されたフランス法＝ボワソナード法典の意味はより明らかになった。少なくとも，その理解はより多面的になったと言えるだろう。松尾の研究は，「継受」ということの意味そのものを問うものであり，末弘以来 1 世紀近くの議論を経て，フランス法主義の理解が深まっただけではなく，日本民法の理解が深まったことを示すものでもある。

● **コラム 15** ● フランス公法・刑法と民法学

　法人論における民法と公法の関係，損害賠償請求訴訟における民法と刑法の関係など，個別の問題につき，フランスにおける民法と公法，民法と刑法の関係を語ることはできる。また，民法を意識して形成されてきた公法学の特色や，ドイツとはかなり異なる刑法学の特色などを断片的に挙げることもできないではない。

　しかし，それ以上のことを述べるのは難しい。ここでは，民法とこの二つの法領域との間の関連性，人的な側面に着目して指摘するに留める。具体的には，二人の人物に触れたい。

　一人目は，レオン・デュギ（Léon Duguit）である。彼は，19 世紀後半から 20 世紀前半のフランスを代表する行政法学者である。しかし，同時に民法についてもいくつかの論文・著書を発表しており（特に，*Les transformations générales du droit privé depuis le Code Napoléon*, 1912, 2ᵉ éd., 1920 など），その客観主義・社会中心の法理論は民法理論にも大きな影響を与えたと言える。

　二人目は，ミレイユ・デルマス＝マルティ（Mireille Delmas-Marty）である。彼女は，1992 年の新刑法典の起草者であるが，若い頃には民法も教えており，日本ではクセジュ叢書に収められた『結婚と離婚』の著者として知られているかもしれない。その後，国際人権法に転じ，現在では，コレージュ・ド・フランス教授として比較法を講じている。彼女の刑法理論と人権理論とには通底するものがあるが，それは民法にも及んでいるように思われる。このことは彼女の著書（*Pour un droit commun*, 1994 に始まる一連の著作が興味深い）。

◇第2章◇ 契約一般

◆第1節◆ 意思 —— 合意・錯誤 【Leçon 16】

I 序

1 民法典の編成と講学上の編成

　第2章では,「契約一般」に関する話をする。表題を「契約一般」としているのは, contrat en général という表現を念頭においてのことだが,「契約の一般理論 théorie général des contrats」というのもほぼ同じ意味であり, 日本で言えば,（法律行為論や履行障害論を含む）広義の契約総論（英米の「契約法」）にあたる部分を指す。これに対して, 日本の契約各論にあたる部分は「各種契約 contrats spéciaux」と呼ばれるが, この部分には後回しにし, ここでは「契約一般」と対比して, 規定が置かれている位置を指摘するにとどめる。

　フランス民法典の第3編は, 現在では, 次のような章立てになっている。

　一般規定
　第1章　相続
　第2章　生前贈与・遺言
　第3章　契約・約定債権債務一般
　第4章　約定なき義務負担
　第4章の2　製造物責任
　第5章　夫婦財産契約・夫婦財産制
　第6章　売買　第7章　交換　第8章　賃貸借契約
　第8章の2　不動産開発契約　第9章　組合　第9章の2　不分割
　第10章　（消費）貸借　第11章　寄託　第12章　射倖契約
　第13章　委任　第14章　保証〔廃止〕　第15章　和解　第16章　仲裁

156

◆第1節◆ 意思──合意・錯誤

このうち，第3章に「契約一般」は含まれ，第6章以下が「各種契約」にあたる（第1章・第2章が相続法，第5章が夫婦財産法である。ちなみに，贈与は相続法の一部をなす）。第3章は次のように編成されている。

第1節　前加規定　　第2節　合意の有効要件　　第3節　債権債務の効果
第4節　各種の債権債務　　第5節　債務の消滅
第6節　債権債務および弁済の証明

このうちの第1節～第3節がここでいう「契約一般」にあたる。ちなみに，フランスの「債権債務法 droit des obligations」（債権は créance, 債務は dette）の教科書は，「債権債務の発生原因 sources des obligations」と「債権債務の服する制度 régimes des obligations」に二分され，前者をさらに，「契約 contrats」と「不法行為 délits」等（「法定債務負担 engagements sans conventions」，「法律事実 faits juridiques」等呼び方はさまざま）に分けるのが一般的であった。

ただし，最近では，契約責任と不法行為責任をあわせて論ずるものが増えている。本書でも，この考え方に従って，契約一般に続き，民事責任（民法典では第3編第3章第3節の一部と第3編第4章・第4章の2）をとりあげ，最後に，債権債務関係（第3章第4節・第5節）に及ぶことにする。

なお，契約一般の部分の4回のうち，前2回は有効要件に，後2回は効果にほぼ対応する。一応の見通しを得るために，第2節・第3節につき，さらに細かい目次を示しておこう（第1節は，以前に一言した契約の定義規定1101条から始まり，双務契約・片務契約 contrat synallagmatique-bilatéral/unilatéral，交換契約・射倖契約 contrat commutatif/aléatoire，好意契約・有償契約 contrat de bienfaisance-à titre gratuit/à titre onéreux，有名契約・無名契約 contrat nommé/innommé などの定義・分類規定が並ぶ）。

第2節　有効要件
　　第1款　合意 consentements　　第2款　能力 capacité
　　第3款　目的 objet　　第4款　原因〔コーズ〕cause
第3節　効果
　　第1款　一般規定　　第2款　与える債務　　第3款　為す・為さざる債務
　　第4款　債務不履行から生ずる損害賠償
　　第5款　約定 conventions の解釈　　第6款　契約の第三者に対する効果

2　債権法改正とヨーロッパ契約法

　序章でも述べたように、フランスでは債権法改正作業が進行中である。この時期にフランス債権法について論ずる以上、この点も考慮にいれておく必要がある。そして、その際には、グローバリゼーションの潮流とヨーロッパ化の潮流をも視野に入れなければならない。

　債権法改正作業は、フランス民法典200周年を機にスタートしたものであるが、その背景には上記の二つの潮流が伏在する。すなわち、グローバリゼーションの大きな流れの中で、世界の取引法は英米法の強い影響を受けつつある。これに対して、ヨーロッパの側からの対応をはかろうというのがヨーロッパ契約法典制定の動きである。

　契約法のヨーロッパ化の試みは、当初、イタリアやデンマークなど中小国の学者によって進められてきた。ところが、最近になってドイツの民法学者フォン・バールを中心とした新たな動きが生じている。フランスの民法学界は、このような動きに対して、二つの反応を見せている。

　一つは、フランスもより積極的にヨーロッパ契約法典制定に参加して、ヨーロッパ化の主導権を握るべきであるという反応である。たとえば、グリマルディやドゥニ・マゾーなど「国際派」の人々がこの立場に立つ。もう一つは、民法典は各国の文化的な産物であり、統一は不可能・不適当であるとする反応である。たとえば、イヴ・ルケットやルヴヌールなど「国粋派」の人々がこれに与する。

　ヨーロッパ化に対してどのようなスタンスをとるかという問題は、人や家族の法に関しては、人権条約との関係で以前から問題とされ、学説が対立していた。最近では、契約法をめぐる対立がこれに加わる形となったと言える（以上の動向に関しては、北村一郎「フランス民法典200年記念とヨーロッパの影」ジュリスト1281号〔2004〕、幡野弘樹「ヨーロッパ人権条約における家族形成権・家族生活の保護」阪大法学55巻3=4号〔2005〕などを参照）。もっとも、どちらの立場に立つにせよ、フランス民法典の現代化が必要であるという認識は共通であり、債権法改正作業はこの共通認識を受けてスタートしたと言える。

　債権法改正案（いわゆるカタラ草案。その後に司法省草案も発表されている）は、以上のような事情を背景に作成された。草案は、契約および債権債務、民事責任、時効の三つに分かれるが、ここでの関心の対象はその第一の部分である。

◆ 第1節 ◆ 意思 ── 合意・錯誤

この部分は，各世代にまたがる 20 名以上の民法学者たちによって分担執筆されており，調整・統一を委ねられたコルニュの加筆はなされているものの，必ずしも全体が均質に出来上がっているわけではない。単独起草と言ってよい民事責任（ヴィネー）・時効（マロリー）に比べると，その印象はさらに深まる。本節以降，必要に応じて改正案の内容を紹介するが，そのインパクトは問題ごとに異なると言わざるを得ない。

3　最近の研究と本書の視点

序論の最後に，本書において「契約一般」に関する日本の研究を紹介・検討する際の視点について一言しておく。その前提として，「契約一般（および各種契約）」に関する最近の優れたサーヴェイである森田宏樹「契約」200 年 A にも触れておいた方がよかろう。

森田論文は，序論・契約の一般理論・各種契約の法・結論から構成される。まず序論では，原始規定の不変性（繰り返し改正のなされている家族法部分と対称をなす）が指摘され，これまで変わらなかった民法典の意義とこれから変わりうる民法典の改正の方向を展望することを課題に掲げる。

各論（各種契約）に関しては後の章で改めて取りあげるとして，ここでは，総論（契約一般）に関して森田論文が述べるところを紹介しておこう。一言で言えば，フランス民法典の規定は，さまざまな社会変動に耐えるだけの装置を内包しているということになろう（たとえば，意思自律の原則を宣言したとされるフランス民法 1134 条は，同時に信義則にも言及しており，意思とそれ以外の要素のバランスをとる仕組みがすでにセットされている）。そこから，債権法改正がなされるとしても，従来の規定の根幹部分は大きく変化しないだろうという予想が導かれる。

本書の基本認識も，森田論文のそれと基本的には変わらない。契約一般に関する規定は，多年の歴史を通じて磨かれてきたものであり，細部に調整や現代化の必要はあるというものの，少なくとも基本的な枠組みについては大きな修正を要しない。必要なのは，既存の規定を有効に利用して，新しい事態に対応していくということだろう。そうだとすれば，既存の規定が内包している可能性を適切に引き出すことが必要となるが，そのためには，既存の規定が依って立つ基本的な考え方を解明することが不可欠である。以下，本章においては，

そうした試みとして，これまでの学説を位置づけ，何がなされ何がなされていないのかを示すように努めたい。

　森田論文に即した形で示唆したように，フランス民法典の契約一般に関する規定は，複数の要素のバランスの上に成り立っている。本節と次節では，契約の成立の局面に焦点を当てつつ，人間の意思 vs. 世界の秩序という観点から諸法理（及びそれらに関する研究）の位置づけを行う。そして，第3節・第4節では，契約の効力の局面につき，契約内容の確定の次元と実現の次元を区別して，両者につき，意思と意思以外の要素のかかわりを探っていく。

　本節では，「合意 consentement」を対象とするが，まず，合意の形成過程における「瑕疵 vice」の問題を取りあげる。その中心は「錯誤 erreur」であるが，詐欺・強迫や情報提供義務にも触れることになる（Ⅱ）。続いて，合意の射程や合意に至るまでの段階にかかわる話題を取りあげる（Ⅲ）。そこでは，附合契約や申込・予約が具体的な題材となる。

Ⅱ　合意の形成

　錯誤論に関する研究を見ていく前に，錯誤に関するフランス民法典の条文を掲げておく。

1110条①錯誤は，合意の目的物の実体 substance そのものにかかわるときでなければ，その無効の事由でない。
②錯誤は，契約を締結しようとする相手方 personne のみにかかわるときは，なんら無効原因ではない。ただし，その者についての考慮が合意の主たる原因である場合には，その限りではない。

1　錯誤論の内部 ── 方法論との関係

(1)　**1970年代 ── 野村豊弘「意思表示の錯誤（1-7）」**　　フランスの錯誤に関する最初の本格的研究は，野村豊弘「意思表示の錯誤（1-7）」法学協会雑誌92巻12号，93巻1-6号（1975-1976）である。野村は，すでに修士論文で日本の錯誤裁判例につき詳細な分析を行っていた。その結果をふまえつつ，野村

160

◆ 第1節 ◆ 意思──合意・錯誤

は，杉之原・舟橋・川島の通説批判にもかかわらず議論が進展しない理由を，「これまでの学説の争いは主として抽象論のレベルにおけるものであって，具体的にどのような錯誤があった場合に，その錯誤が要素の錯誤になるのかは明らかにされていなかった」点に求める。すなわち，有力説と判例・通説の具体的な相違が明らかでないために，有力説が支配的になるに至っていないというのである。

そこから野村は，「錯誤による無効が認められるための要件を構成するにあたって，どのような要因が考慮されなければならないか」を考察する必要があるとする。そして，これまでドイツの錯誤論に比べて研究の手薄な（ドイツに関しては，村上淳一『ドイツの近代法学』〔東京大学出版会，1995〕，磯村哲『錯誤論考』〔有斐閣，1997〕にまとめられた一連の研究があった）フランス法を素材とする検討が有用であるとして，フランスの錯誤へと研究を進める。その際の視点は，法律構成から離れて，結論を左右している要素を抽出しようというものであったわけである。そこには，当時，有力になっていた利益考量論の影響を認めることができる（星野英一「私法上の錯誤」同『民法論集第6巻』〔有斐閣，1986，初出，1979〕を参照）。

野村の結論は，次のようにまとめられる。①日仏の一般論は類似しているが，日本の議論が抽象論であるのに対して，フランスの議論は判例をふまえている。②日仏の判例はほぼ同様の事案に対して同様の結論を導いている。③錯誤制度において考慮すべき事情は，ⅰ）錯誤者の内心の意思の考慮，ⅱ）相手方の保護，ⅲ）錯誤者の被った損害，ⅳ）錯誤者の帰責事由である。④フランス法では動機の錯誤と他の錯誤を区別しておらず，ドイツ法の枠組みにとらわれる必要はない。

野村の議論は，錯誤に関するフランスの学説・判例の内容を明らかにし，具体的な結論（①②）を重視し，要件の機能的な再編（③④）をはかるものであったと言える。これは，フランス錯誤法を外的な観点から検討した結果を援用しつつ，日本の有力学説の立論をさらに具体化しようとするものとして，大きな意味を持った。しかし，外的な観点（機能的な比較）に立ったために，野村は学説の一面（③④）に光を当てる結果となっており，もう一つの面が影に隠れる結果となった。別の言い方をすると，野村はドイツ法の枠組の制約から自由になるためにフランス法を援用しているが，フランス法の枠組がもたらす帰結につ

いては多くを語らない。

　もっとも，この点を日本的な問題関心の投影として批判するのはあたらない。というのは，野村が下敷きにした当時の有力学説（ゲスタン）には，確かに野村が注目したような機能主義が見られたからである。しかし，フランスの錯誤論のすべてがゲスタンのようなスタンスにたっていたわけではない。また，ゲスタンの学説には機能主義には還元できないものも含まれている。

(2) 1990年代 ―― 森田宏樹「『合意の瑕疵』の構造とその拡張理論 (1-3)」
　以上のような問題点は，野村論文から約15年を経て，森田論文によって指摘されることになる（①同「『合意の瑕疵』の構造とその拡張理論 (1-3)」NBL482〜484号〔1991〕，②同「民法95条」広中俊雄＝星野英一編『民法典の百年Ⅱ』〔有斐閣，1998〕）。もっとも，森田は正面から野村を批判するわけではなく，野村論文をふまえつつ，フランス錯誤法の別の側面に光を当てたというべきだろう。

　そこで次に，森田論文の紹介・検討に移ろう。しかし，ここには一つの困難が待ち受けている。森田の①論文は，解釈論の基礎としてフランス法を援用するものであり，②論文は，日本の判例の展開をたどるものである。そのため，フランス錯誤法に対する森田の見方は，かならずしも包括的には示されているとは言えない。フランス錯誤法研究の観点からは，森田の読者は，森田が前提とするフランス錯誤法を森田の叙述を踏まえつつ再構成する作業をせざるを得ないのである。この再構成は，それ自体が学問的な課題であると言える。

　ここでは，森田がボワソナードから富井・梅に引き継がれた錯誤論として提示するものを，フランス錯誤法の認識を踏まえたものとして紹介しておこう。森田によれば，「95条は，『法律行為の要素』を基準に，法律行為のいかなる部分について錯誤があるかによって，顧慮される範囲を確定する方法を採用するが，そこにいう要素性の判断というのは，諸外国の立法例のように，当事者の意思に重きを措く方法，すなわち，表意者が意思決定において重視したとか，表意者に錯誤なかりせば意思表示をしなかっただろうというような主観的基準よりも，主として法律行為の類型や性質に応じた客観的な評価によって決定されるものである」。そして，法律行為の要素とは法律行為の原因（コーズ）と「ほぼ一致する」というのである。

　森田は，コーズという概念に依拠しつつ，コーズに関する錯誤こそが要素の錯誤であるという理解を示した。このことの意味やこの主張の当否を検討する

には，とりわけ19世紀末から20世紀にかけて，substanceの概念をめぐって展開された学説の議論をたどる必要があるように思われる。野村論文にはそのための素材はかなりの程度まで提示されていたのであるが，野村はこのような概念論に対して関心を寄せなかったため，十分な検討の対象とはなっていない。なお検討すべき問題が残されていたわけであるが，森田論文は間接的にこのような検討課題を指し示すこととなったわけである（この点に関しては，後により若い世代の研究者——山下純司や石川博康——によって，それぞれの関心に即した形での検討がなされることになる）。

2 錯誤論の周辺——情報提供義務論の理解

(1) 情報提供義務と詐欺　合意の瑕疵にかかわる問題のうち，野村論文以降の関心の中心となったのは，いわゆる「情報提供義務 obligation de renseignement」に関する議論であった。この問題については，後藤巻則「フランス契約法における詐欺・錯誤と情報提供義務（1-3）」民商法雑誌102巻2号，4号（1990）（同『消費者契約の法理論』〔弘文堂，2002〕）がまず現れ，これに馬場圭太「フランス法における情報提供義務理論の生成と展開（1-2）」早稲田法学73巻2号，74巻1号（1997-98）が続いた。その間に，森田①論文もまた，この問題に言及していた。

後藤の議論の意義は，判例・学説を紹介しつつ，情報提供義務の存在をはじめて全般的に示した点に認められる。後藤によれば，情報提供義務は「従来の概念によれば詐欺にも錯誤にも該当しない領域につき詐欺・錯誤の双方を拡張して被害者の救済を図った結果として生まれた概念である」。この要約自体は正当なものであるが，これとは別に「情報提供義務はどのような場合に存在するか」「詐欺と錯誤の中間的な法理」といった表現が用いられたこともあって，情報提供義務違反という具体的な（要件・効果を伴う）法理が成立したかのような印象を与えた。しかし，後藤自身が引用箇所において説くように，情報提供義務は拡張の「結果」として生まれた「正当化」のための概念である点に注意を要する。それは，いわば「信義則」というのと同じレベルに属する概念（法理ではなく原理）なのである。

後藤自身も信義則に言及をしているが，このことが示すように，後藤は，情報提供義務を行為者の態様のレベルで理解している。そのため，論文の表題に

おいてもまず詐欺がはじめに出てくることになる。しかし，これとはニュアンスの異なる理解もありうる。次に紹介する山下の論文はそのようなものであると言えるだろう。

　(2)　**情報提供義務と錯誤**　　山下純司「情報の収集と錯誤の利用（1-2未完）」法学協会雑誌119巻5号，123巻1号（2002/06）は，現時点におけるフランス錯誤法研究の到達点であると言える。山下の議論の特色は，一言で言えば，その構造指向にあると言ってよい。より正確には，事実レベルでの機能指向と制度レベルでの構造指向の二元的性格にあると言う方がよいかもしれない。すなわち，山下は「これから契約について交渉をおこない，契約を結ぼうとする者は，その契約に関する情報をどこまで調べてから，契約を結ぶか否かを意思決定するべきなのだろうか」と述べて，自らの問題を「契約交渉過程における当事者の情報収集に関する法的規律のあり方」と定式化する。しかし，同時に山下は，従来の議論に対して次のような批判を投ずる。「これらの議論を個別制度としてではなく，契約交渉過程全体の法的規律の中に位置づけようという視点の欠如であり，さらには，そうした視点を可能にするための分析道具概念の不足にあると考える」と。

　山下の立論の背後には，二つの事情がある。一つは，日本側の事情である。野村論文を支えた実益指向・機能主義は，その後四半世紀のうちに退潮し始め，代わって体系指向・構造主義的な発想が強まる。このことは，山下が引用している文献を見ても明らかである（とりわけ，1990年代中葉の制度間競合論——取引的不法行為の多発を受けて法律行為法と不法行為法の関係をどう調整するか——の影響が強く認められる）。もう一つは，フランス側の事情である。後藤が主として依拠したと思われるゲスタンの教科書（1980年公刊）をふまえて，1990年代の初頭には情報提供義務に関するテーズが現れ，また，無効と損害賠償の関係を問うテーズが現れていた。いずれも山下の立論に密接にかかわるものであるが，そもそも全般的に見て，この時期以降，フランス民法学は「分析 analyse」よりも「総合 synthèse」に重点を置いた研究に傾斜するようになったという事情がある（星野の描くフランス民法学のイメージとその後の世代——森田宏樹や大村——が描くフランス民法学のイメージが異なる理由の一つは，フランス民法学自体の変化に求められる。私は，星野が体験した時代は20世紀フランス民法学においては例外的な時代であったと考えている。あるいは，20世紀初頭の両義的なフランス

164

◆ 第 1 節 ◆ 意思 —— 合意・錯誤

民法学が，中葉には具体性の方向に，末期には抽象性の方向へと舵を切った，と見るのが公平なのかもしれない）。

　以上のような発想に立つ山下がフランス法を検討対象とする理由の一つに，情報提供義務論の存在がある。山下は，「錯誤・詐欺を中心として，契約締結過程の規律の全体構造を明らかにしていこうとする議論」として情報提供義務論をとらえるのである。結果として，山下の理解する情報提供義務は，詐欺ではなく錯誤との関連性の高いものとなる（あるいは，詐欺もまた錯誤との関連性において理解されるものとなる）。ゲスタンや彼に依拠した後藤が，情報提供義務を信義則上の義務としてとらえるのに対して，山下は有力学説（ファーブル・マニャン）に依りつつ，情報提供義務をコンサントマンの瑕疵として理解しようとするのである。

3　錯誤論の展望

(1)　**補論 —— 債権法改正案における錯誤**　改正案における錯誤規定は，現在の 1 ヶ条から 6 ヶ条（1112 条〜1112-5 条）に増やされている。しかし，本質に関する錯誤・人に関する錯誤の二分法は維持されており，基本的な内容は変わらない。ただ，次の諸点において，より明確（詳細）な規定となっている。①本質につき，双方が考慮に入れたものか，一方が考慮に入れ他方がそのことを知り得たものとした点，②物の性質に関する「偶然性・射倖性 aléa」の容認は，錯誤無効を妨げるとした点，③「容認可能 inexcusable」か否かによって絞りをかけることとした点，④価値に関する錯誤・単なる動機に関する錯誤は無効を導かないとした点。

(2)　**余談 —— 美術品取引と錯誤**　現代の錯誤論の試金石となったのは，プッサン事件と呼ばれる事件であった。これは絵画の真贋（プッサンの真作か贋作か）に関する錯誤が無効原因となるか否かが争われたものである。20 年にわたり争われ，二つの破毀院判決を含む六つの判決（最後の控訴院判決は 1987 年 1 月）が下されたこの事件は，学説の大きな関心の対象となった。ここで触れておきたいのは，美術品の真偽に関する事件は，ほかにも少なからず存在するということである。美術品取引が盛んであり，また，日常的に大小さまざまなオークションが行われるフランスならではの背景である。錯誤が盛んに論じられるのは，こうした事情があるからでもある。

165

III 合意の周辺

1 合意の領分——附合契約

契約の成立につき合意を重視するフランス法においては，一方当事者が設定した契約条件を一律に受け入れることによって成立する契約（附合契約 contrat d'adhésion/ adhérer は付着するの意味）の拘束力には疑問が投じられてきた。この問題は20世紀の初頭から好んで論じられてきており，杉山論文以来，日本におけるフランス民法研究の関心の対象ともなってきた。

しかし，1978年に不当条項を規律する法律ができる頃から，意思の及ぶ範囲によって条項の効力を遮断するという議論に代わって，条項の内容を直接に規律するという議論が優越するようになる。いわゆる「濫用条項 clauses abusives」である。この議論は，その後，EUの不当条項指令と国内の判例法の影響を受けつつ展開することになる。

今日，この30年来の議論を考慮に入れつつ，附合契約論・不当条項論を再編する議論が必要な時期に至っていると言えるだろう。

2 合意の前段階——申込と予約

意思はどこまで拘束するか，という問題のほかに，意思はいつから拘束するかという問題がありうることは言うまでもない。これは，契約成立の時期の問題（前節の熟度論はその一環）や申込の拘束力・予約の効力の問題となって具体化する。

興味深いことにフランス民法典には，従来，申込と承諾に関する規定は存在しなかった。申込と承諾に関する議論は判例・学説によるものであり，次第に申込の拘束力を強化する方向に進んできたと言うことができる。これに対して，予約の拘束力に関しては，近年になって，これを弱める傾向が認められる。

一見すると矛盾するこの二つの傾向をどのように理解するか，というのが中原太郎「フランス法における申込み及び一方予約の拘束力とその基礎（1-2）」法学協会雑誌123巻2号，3号（2006）が取り組んだ問題であった。その内容には立ち入らないが，こうした問題の立て方に，前述山下論文との共通性があることと，この議論が，たとえば近年のUFJ事件で争われた問題と密接にかかわるものであることのみを述べておく。

● コラム 16 ● フランス裁判法・社会法と民法学

　司法制度について知ることは，実体法を知る上でも重要である。この観点から，実際の見分も踏まえた山本和彦『フランスの司法』（有斐閣，1995）が必読の文献であると言える。また，破毀院・検察官（公的輔佐）・鑑定などに関する北村一郎による一連の研究も参照されなければならない。

　個別の問題に即して言うならば，たとえば，フランス親子法は裁判手続を一体になっており，訴訟を別にして論ずることは不可能である。この点に関する理解を欠くと，フランス法を曲解することにもなりかねない。また，フランス離婚も裁判手続を重視しており，民法・新民事訴訟法の規定は有機的に関連している。それゆえ，民法を学ぶものは手続法をも視野に入れることが望まれる。

　社会法（労働法・社会保障法）の存在感を理解することもまた，民法を知る上で重要なことである。「契約」や「制度」について考えるにあたって，そして，何よりも「社会」について考えるにあたって，社会法を無視することはありえない。この領域では，水町勇一郎『労働社会の変容と再生 —— フランス労働法制の歴史と理論』（有斐閣，2001）が，社会背景を含めて問題状況をよく伝える。

　ここでも個別の問題に言及するならば，不法行為法の発展は労働災害法と不即不離の関係にあることはもちろんだが（岩村正彦『労災補償と損害賠償 —— イギリス法・フランス法との比較法的考察』〔東京大学出版会，1984〕），家族や家族法のあり方なども社会保障法を視野に入れて考えることが不可欠になっている。

◆第2節◆ 世界──公序・コーズ　【Leçon 17】

I　序──二重の仕組み

　当事者の合意によって形成される契約内容は，常にその内容通りの効力を有するわけではない。日本民法典も，契約（法律行為）自由の原則を前提としつつ，公序良俗に反する法律行為は無効であるとする規定（日民90条）を置いていることは周知の通りである。「公序良俗」の概念は，「社会的妥当性」という言い換えからもわかるように，当事者の意思に対して，その外の世界に存在するさまざまな要素を取り組む仕組みとして機能している。

　フランス民法典にも，同様の機能を担う仕組みが存在する。しかし，その仕組みのあり方は日本民法典の仕組みと同じではない。また，仕組みを通じて導入される諸要素のあり方にも，一定の特色を見出すことができる。一言で言えば，日本民法典の仕組みが「公序良俗」のみによるのに対して，フランス民法典の仕組みは，「目的」「原因（コーズ）」と「過剰損害（レジオン）」「公序規定」という二重の仕組みによるという対比が可能であろう。

　前節の冒頭で見たように，フランス民法1108条は，契約の有効要件として，合意・能力・目的・原因の四つを掲げる。このうち，中心をなすのは合意であろう。合意がなければ契約は存在しないという意味で，合意は契約の「駆動因 élément moteur」であると言える。これに対して，能力と目的・原因は，それぞれ別の働きをしている。能力は，合意の有無を定型的に判断する補助的な仕組みとして位置づけられるが，目的・原因は，合意以外の事情を考慮に入れて合意の内容をスクリーンするという意味で，契約の「規整因 élément régulateur」であると言える（以上のような位置づけは，単に4要素を列挙するのではなく，その構造を示した旧民法典において，より明確になっている。旧民財304条は「承諾」「目的」「原因」および（場合により）「方式」「物ノ引渡」を合意の成立要件とし，同305条は「錯誤及ヒ強暴ノ無キコト」「能力アルコト」を合意の有効要件とする）。

　さらに，フランス民法では，「目的」「原因」を「契約」ないし「合意」の要件とする仕組みに加えて，二つの仕組みが存在する。一つは，「公序規定」に反する契約は無効であることを宣言する仕組みであり，フランス民法6条がそれである。もう一つは，「過剰損害（レジオン）」をもたらす契約は取消可能である

◆ 第2節 ◆ 世界——公序・コーズ

とする仕組みであり，各則規定としてはフランス民法1674条ほかの数ヶ条，総則規定としては同1118条がこれにあたる。「目的」「原因」の存在が「契約」の内在的な要件であるのに対して，「公序規定」への不抵触や「過剰損害（レジオン）」の不存在は「契約」にとって外在的な要件であると言えるが，両者が相俟って，合意を制約している（合意に外殻を与えている）という点に，フランス民法の一つの大きな特色を見出すことができる。以下，外的な仕組みから出発し（Ⅱ），内的な仕組みへと考察を進めることにしよう（Ⅲ）。

Ⅱ　外的な仕組み

1　価値の側面から —— 大村敦志『公序良俗と契約正義』

(1)　内　容　　大村論文は，もともとは「契約成立時における『給付の均衡』」と題されていたが，この表題が示すように，主観的要件としての合意のほかに，客観的要件として給付の均衡（契約内容の公正さ）が要求されることを説くものであった。制度（要件）によって実現される価値に即して言えば，契約における「自由」に対して「正義」を対置するものであり，現在の表題はこの点に重点を置いたものとなっている。

大村論文は，法典編纂以前のフランス・ドイツでは，「莫大損害 laesio enormis」の理論が広く適用されていたことから出発し，近代のフランス・ドイツにおけるその展開をたどり，いったんは消滅した中世の法理が新たな装いの下に登場する経緯を示す。日本法との関係では，フランス法の影響を受けたボワソナード草案の規定から出発して旧民法典において過剰損害（レジオン）の規定が消えていくプロセスを示すとともに，ドイツ民法学の影響をもとに判例・学説が改めて民法90条の解釈論として暴利行為論を導入する経緯を示す。

フランス民法に限って言うと，民法典制定過程における激論を通じて部分的に存置されることとされた過剰損害（レジオン）が，19世紀後半から20世紀の初頭にかけて判例・特別法によって拡張される過程が示されるとともに，より一般的な規定を設けることを説く学説が現れ，そうした動きが消費者立法（1978年消費者保護法）や周辺国（ケベック民法草案）に影響を与えたこともあって，有力な学説（コルニュ・ゲスタン）の注目するところとなっていることが示された。

(2)　検　討 —— 内的観点から　　大村論文が書かれた当時，フランスにおいて

過剰損害（レジオン）に関する議論が盛んになされていたわけではない。この点において，前節の錯誤の研究とは事情はかなり異なる。しかし，当時の有力説や消費者立法・周辺国の立法などを勘案すると，過剰損害（レジオン）を実定法的な表現の一つ（不当条項の規制がもう一つ）とした契約正義論がフランスにおいて有力な潮流となっていくことは十分に予想されるところであった。そして，この予想はある程度までは的中したとも言える。

　というのは，その後，フランスにおいて，過剰損害（レジオン）に関する学位論文が現れたことは別にしても，契約正義の観点から過剰損害（あるいはドイツ法の暴利行為・オランダ法の状況の濫用）と同様の発想に立つ法理の導入が提案されるに至っているからである。すなわち，フランス債権法草案に関する解説中で，「契約一般」の部分の統括者コルニュは，「契約正義の考慮」を新草案の特色の第一とし，その具体的な現れとして「一方当事者が必要または依存の状態 état de nécessité ou de dépendance に置かれて合意をし，他方当事者がこの脆弱さを利用して exploiter cette situation de faiblesse 当該合意から明らかに過剰の利益 avantage manifestement excessif を得た場合には，強迫があるものとする」（仏草1114条の3）という新規定を位置づけている。なお，このような立法はある意味では全ヨーロッパ的な趨勢であるとも言える（ユニドロワ契約法原則3.10条やヨーロッパ契約法原則4.109条にも類似の規定が置かれた）。

　前述のように，大村論文はその後に『公序良俗と契約正義』と改題される。そこには，過剰損害（レジオン）の法理を独自の法理としてとらえるのを断念して，日本法の下では，改めて「公序良俗」の一類型として把握しようという発想が含まれている。この発想は，過剰損害（の一部）を強迫の一種として再編成しようとした草案の発想と，結果において付合することになっている。日本において，このように「公序良俗」を広く措定するためには，「公序」の観念を見直すことが必要になるが，そのために大村は改めてフランスの「公序」へと向かうことになる。

2　観念の側面へ

(1)　二つの意思 ── 法律と契約あるいは共和国と市民　　フランスの公序に関する最初の論文は，山口俊夫「現代フランスにおける『公序（ordre public）』概念の一考察」国家学会百年記念『国家と市民 第3巻』（有斐閣，1987）である。

◆ 第2節 ◆ 世界 ── 公序・コーズ

これは，山口「フランス法における意思自治理論とその現代的変容」『法学協会雑誌百周年記念論文集 第3巻』（有斐閣，1983）の続編として書かれたものであるが，①フランス民法における公序が基本的には公序規定の存在を前提とするものであることを確認した上で，②aフランス民法における公序は，政治的＝家族的公序から社会的＝経済的公序に変遷していること，②b公序には，秩序を守る指導的公序と個人を守る保護的公序とがあることを示したものであった。①は，フランス民法6条が「公序良俗に関する規定は個人の合意によって破ることができない」と定めていることからすると，当然のことではあるが，日本の公序良俗との大きな違いである。フランスの公序規定とは日本の強行規定のことにほかならない（日民91条・92条の用語法はこれをふまえている）。

大村「取引と公序」にはフランス民法の議論は直接には現れないが，同論文は①に留意しつつ②の観点を採り入れて，法令違反行為の効力に対する類型論を展開する。大村論文には，日本法における問題の設定につき，複数のアイディアを組み合わせた仕掛けがなされているが，問題解決については，フランス法の影響を見てとることができる（森田修は，最近の公序良俗論の展開を新たな継受 ── 大村はフランス法から，山本敬三はドイツ法から ── としてとらえる）。

このような議論は解釈論的には一定の影響力を持った。しかし，フランスの公序論からは，これとは別の議論も可能である。それは，「法律」と「契約」の関係の政治的な含意に関する議論である。すなわち，フランスでは，「法律」は「一般意思」の現れであるとされる。それゆえ，法律は「個別意思」による「契約」に優先するというわけである。別の見方をすれば，市民が「共通のことがら（res publica＝共和国）」について約束をしたもの，それが「法律」である。これに対して，「契約」は当事者の「法律」であるとされるが（仏民1134条），これは，「市民」が個別に創る「法律」（＝契約）の積み重ねが社会を創るという社会観を現しているとも言える。この観点からは，「契約」と「公序」は対立せず，「契約」は「公序」の萌芽としての役割を担うことになる。こうした「契約・社会」像は，今後，さらに探究されるべきであろう（大村『生活のための制度を創る』〔有斐閣，2005〕は，そのような試みの一つである）。

(2) 二つの思潮 ── 効率性と正義あるいは自由と連帯　1980年代に，ゲスタンは，意思自律の原理に代えて「効率性と正義」という二つの原理を提示した。その後，90年代には，ドゥニ・マゾーやジャマンらが，現代における「契

約連帯主義 solidarisme contractuel」を提唱している。ゲスタンの提唱する二つの要素のうちの正義の要素を，弱者保護の指向を含む近年の判例・立法に見出し，契約自由主義を相対化しようというのが，連帯主義者たちの目論見であろう。この文脈で言うと，ここまで見てきた「公序」や「過剰損害（レジオン）」は，「正義（契約正義）」を実現する仕組みとして位置づけられることになり，連帯主義と親和的な法理であるということになるだろう。

　ところで，連帯主義は新しい契約思想なのだろうか。答えはノンである。すでに，19世紀末に連帯主義は新たな社会思想として登場し，法の世界にも一定の影響を与えていたからである。言い方を変えれば，連帯主義は世紀の変わり目に呼び出された旧い思想なのである。この思想の有効性や射程を考えるに当たっては，現代における連帯主義者の主張を聞いているだけでは不十分だろう。19世紀末に連帯主義が説かれたのはなぜか，その後，自由主義が優勢になったのはなぜか，20世紀末に再び連帯主義が現れたのはなぜか。こうした検討が不可欠である。この点は，前掲の「共和国」や「市民」のあり方とも密接に関連する。というのも，19世紀末から20世紀初頭のフランス民法学は，「共和国の民法学」（大村）であるとともに，「連帯主義」（及び「国際主義」）の強い色彩を帯びていたと言えるからである（この点は，大村「共和国の民法学（1）」法学協会雑誌121巻12号〔2004〕を参照。連帯主義の問題は続編で扱われる）。

Ⅲ　内的な仕組み

　1　機序の側面から──小粥太郎「フランス法におけるコーズの理論」──
　(1)　内　容　　フランス法には，公序や過剰損害（レジオン）に比べて，より間接的に契約内容を規整する仕組みが存在する。「目的」及び「原因」がそれである。両者の関係については一考を要するが，さしあたり，これまでに研究が蓄積されている原因（コーズ）について見ていくことにする。

　コーズに関する初期の論文としては，稲葉彬「フランス契約法におけるコーズの理論」法学新報72巻2号（1972）があるが，これは概括的な紹介をする〔にとどまる〕ものであった。その後，森山浩江「恵与における『目的』概念」九大法学64号（1992）がコーズ論に触れるが，これは贈与との関係に焦点をあわせたものであった。また，大村「『脱法行為』と強行規定の適用」ジュリスト987号，

◆ 第2節 ◆ 世界 —— 公序・コーズ

988号（1991〔大村『契約から消費者法へ』〔東京大学出版会，1999〕所収〕），同『典型契約と性質決定』（有斐閣，1997〔初出，1993-95〕）は新しいコーズ論の紹介を含むが，コーズそのものをトータルに論ずるものことを目的とするものではなかった。しかし，前節で紹介した森田宏樹論文も含めて，コーズ論に対する関心が高まりを見せていたことは確かであった。小粥論文が登場するのは，このような状況においてであった。

小粥論文は次のように説き起こされる。「われわれは，契約は当事者の合意によって成立すると考えている。しかしフランスでは，契約が有効であるために，当事者の意思に加えて適法なコーズの存在が要求される。意思自律の原理の母国において，なぜ合意だけでは契約は有効とされないのだろうか。契約法における考え方，思考様式がわれわれと異なっているところがあるのではないだろうか」。小粥はこのように問題を設定する。「コーズ論を通じてフランス契約法の考え方，思考枠組みを理解しようと試みるもの」であるとするのである。そして，「総体としての西欧法の理解はまだまだ不足している」として，「フランス法の研究は，日頃用いている法技術に込められた西欧の伝統や精神に思いを及ばせる」としている。

こうして小粥はコーズの学説史に取り組む。民法典以前・民法典を経て，その後の学説の展開がフォローされる。近代以降のコーズ理論の展開には，三つの山場があるが，最初の山場は20世紀の初めに訪れる。この時期には，伝統的なコーズ論に対する批判（アンチコーザリスト）とこれを受けて新たな理論構成を試みる議論（ネオコーザリスト）が登場する。

小粥が重視するのは，この最初の山場である。議論を辿ることによって，小粥がたどり着いた結論は，次のようなものである。「カピタン説（ネオコーザリストの中心人物）は，抽象的合意の体系に，コーズ概念を媒介とすることによって，既存の体系のいわば外側から，主観的・個別的意思と双務契約の牽連性を体系内に取り込み，近代的な契約法に相応しい理論体系を作り出した。……カピタン説の登場と相前後して，学説の課題は，民法典の構造の克服から……形式的な自由の濫用からの個人的，公的利益の保護という現代的なものへと変わっていったように思われる」。

さらに小粥は続ける。「そこでは，コーズは契約関係の構成原理としての地位を失い，契約の効力を否定するための実体のない機能概念となる。学説は，

173

そのようなコーズ概念に時代の要請を反映させた様々な内容を盛り込むことによって，われわれも共有している契約法の現代的課題を克服しようとしてきたいものと理解することができよう。あるときは動機の不法をコントロールするため，あるときは給付の均衡を確保するため，様々なコーズ概念が主張された。この場面で使われるコーズ概念は，歴史的にはともかく，論理的にはコーズ概念である必要性はなく，場合によってはたとえば目的 objet 概念であってもよいのである」。

こう説く小粥は，論文の最後の章において，法の発展との関係でコーズの役割を整理し直し，「一見多様なコーズ論も，大凡，形式的な思考枠組みの下では考慮されない事情を法的考慮に入れるための法技術であったと言うことができよう」と述べ，コーズを「厳格法に対する衡平法的修正」として，「法体系と現実との適合性を保つための調整弁」として位置づけるのである。

(2) **検討 ── 外的観点から**　コーズの概念を定義するのが難しい理由は，一言で言えば，その多義性に求められる。条文上も「原因がない債務又は虚偽の原因若しくは不法の原因に基づく債務は，いかなる効果も有することができない」(仏民 1131 条) と定められているため，原因の存否の問題と原因の不法の問題が混在することになる。小粥があげていた給付の均衡の問題は前者にかかわり，動機の不法の問題は後者にかかわるが，どちらに重点を置いてコーズを見るかによって，論者のコーズ像はかなり違ってくる。また，有償契約においては反対給付，無償契約においては恵与の意図が，それぞれコーズとなるというのが伝統的な説明だが，反対給付はコーズの存在に，恵与の意図はコーズの不法に，それぞれ関わってくる。統一的なコーズ概念が否定されたのは，そのためであった。

小粥は，コーザリスト→アンチコーザリスト→ネオコーザリストの系譜を丹念にたどることによって，上記のような考察を導いた。小粥によれば，ある段階でコーズ概念は変質し，その後は，一般条項として機能するようになったというのである。この説明は機能的な説明としては理解できる。しかし，20 世紀のコーズ論をこのように機能のみで説明してしまってよいのだろうか。それは当初において小粥が排除した説明方法に部分的に回帰することになるのではないか。

小粥には別の途も残されていた。再び小粥の説くところを聞こう。「多くの

174

◆第2節◆ 世界──公序・コーズ

法技術の中でのコーズ論の独自性は……債務者の立場から，債務負担の理由としてしかるべきもの（相互性）が存在しない場合には債務の拘束力を制限する，という観点を有するところに存すると解される」。「絶えず債務負担の理由を問うということの背景には，自由な人間が義務づけられるのには相応の理由がなければならないという考え方が存在すると言えよう。……これはまさに意思自律の原理の帰結だということになる。しかし，同時に，コーズは純粋に意思的なものではなく，いわば主観的意思の客観的表象たる具体的事実だと考えられている」。このような発想に立つと，「当事者間における合意の自由という平面と，これに対する公権力のいわば上からの介入という垂直面の二つの平面」とは異なる平面が開かれる。これが小粥の目論見であった。

　繰り返しになるが，ここから小粥は，厳格法と衡平法という法の適用一般にかかわる問題へと進んだ。しかし，意思と事実の関係，合意と介入の関係について，もう少し執着することによって，コーズを一般条項としてしまうのではない見方にたどり着くこともできたのではないかと考えられる。もっとも，それには学説史に現れる第二・第三の山場により本格的に取り組む必要があるが，はじめてコーズに取り組んだ若きチャレンジャーに対して，それは過大な要求と言わねばならない（特に，第三の山場の後の状況は未だはっきりしない。自著を含む最近の研究動向をふまえつつ，ゲスタンは十数ヶ条に及ぶ新条文を債権法草案に挿入した。しかし，その意図は必ずしも明瞭ではない）。しかし，小粥の後に続く研究者には，小粥論文を基礎にしつつ，第二の山場，さらには第三の山場を超えて，コーズに挑むことが期待される。

2　連関の側面へ

(1)　**二つの段階──成立と効力あるいは必然と偶然**　「第二の山場」における議論は，その後，二つの研究動向を導く。一つは，典型契約と性質決定に関する研究であり，大村の前掲書がこれにあたる。この問題に関しては，次節で改めて検討することにしたいが，一言で言えば，契約一般ではなく売買契約が成立することとコーズの存在はいかに関連するかという問題であると言える。もう一つは，基本的債務に関する研究であり，小粥自身はこの問題をその後の研究課題に据え論文の一部を発表している。しかし，完成には至っていない。成立過程ではなく履行過程において，売買なら売買を売買たらしめている義務

175

は何であるのか，その義務はどのような性質を持つのか（たとえば，合意で排除できるのか否か，義務違反が解除の要件となるのか否か）という問題である。この問題は，形を変えて，石川博康による「契約の本性」に関する研究へと繋がることになるが，その石川の研究も現段階では完成に至ってはいない（その後，完結した）。

　(2)　二つの系譜——約束と同意あるいはモダンと非モダン　　ここまで見てきた具体的な法理に関する研究とはやや次元を異にするが，根底において通底する発想の研究として，筏津安恕(いかだつやすひろ)の一連の法思想史研究に触れておく必要がある。筏津には，『失われた契約理論——プーフェンドルフ・ルソー・ヘーゲル・ボワソナード』（昭和堂，1998），『私法理論のパラダイム転換と契約理論の再編——ヴォルフ・カント・サヴィニー』（昭和堂，2001）の2著があるが，ここでは，前者とそのプロトタイプである論文「ボワソナードの契約理論の構成原理」名大法政論集142号（1992）の内容を簡単に紹介しておく。

　筏津の議論の特色は，次のようにまとめられる。①近年のドイツにおける法思想史研究に触発されたものであること，②プーフェンドルフの契約理論をカント・サヴィニーの契約理論と対比し，ドイツでは退けられた理論・フランスには影響を与えた理論としたこと，③ボワソナードはこの失われた理論の系譜に連なるとしたこと，④理論の内容として，「合意」（意思表示の一致）ではなく「同意」（合意過程とは区別された，最終的な合意に法的な拘束力を付与する段階を観念する）を重視するとともに，「合意」に個人の意思とは区別される独自の性格を認めること。

　最後の④は，原因（コーズ）ともかかわる点であるが，早逝した筏津自身がこの問題に取り組むことはなかった。この点も後の世代に残された課題であると言えるだろう。

● コラム 17 ● フランス民法学の歴史 ── 19 世紀末まで

　フランス民法典は大革命の産物であるが，同時に，それ以前の法と法学の集大成でもある。この場合の「法」とは，王令のほか各地の慣習法（大きくゲルマン系の北部とローマ系の南部に分かれる）を指す。「法学」は，一言で言えば，ローマ法を利用しつつ慣習法を整理・統合しようとするものが中心を占めたと言える。具体的には，17 世紀のドマ（Domat）や 18 世紀のポチエ（Pothier）が民法典に影響を与えた学者として知られている。

　19 世紀フランスの民法学者たちは，「注釈学派」と呼ばれる人々を中心としている。彼らは，長大な注釈書において，様々な問題に解答を与えようとした。かつて彼らの方法は論理性が全面に出たものとして理解されることもあった。

　確かに，彼らは法典の欠缺を認めずに，その操作からすべての解決を導き出そうとした。その際の手がかりは立法者意思の探究であった。19 世紀の早い段階において整備されていた立法資料（フネ Fenet やロクレ Locré）が十分に活用された。しかし，彼らが取り組んだ問題は，決して教室設例のようなものではなかった。実際上の必要に答えることが彼らの課題であった。このことは，注釈学派の担い手の多くが実務家であることとも関連する。その意味で，彼らの民法学はすぐれて実用的な民法学であったとも言えるのである。

　もっとも，19 世紀が注釈学派によって一色に染められていたというのは，やや言い過ぎである。一方で，隣接諸学に関心を寄せる Thémis のような雑誌もあったし，当時の社会主義思想に共感するアコラス（Accolas）のような学説も存在した。他方，一口に注釈学派といっても，時期によって・人によって，その学風は同一ではない。たとえば，体系性の強いオーブリおよびロー（Aubry et Rau）は次の時代に影響を及ぼすこととなった。また，後期になると，立法に対する関心・判例に対する関心が強まるが，これも次の時代を先取りするものとして位置づけることができる。

◆ 第3節 ◆ 意味 ── 解釈・性質決定 【Leçon 18】

I 序 ── 関連の規定と研究の文脈

　契約の成立を扱った前2節に続き，第3節・第4節では契約の効力を扱う。そのうち本節では，契約の解釈や性質決定に関する研究をとりあげる。はじめに，関連の規定を確認するとともに，この領域での研究の文脈につき一言しておく。

　第1節でも触れたように，フランス民法典の第3編第3章のうち第3節が契約の効力に関する規定の置かれた部分である。この部分はさらに次のように構成されている。

　第1款　一般規定　第2款　与える債務　第3款　為す債務・為さざる債務
　第4款　債務不履行から生ずる損害賠償損害賠償　第5款　約定の解釈
　第6款　約定の第三者に対する効力

　このうちの第4款は民事責任という形で後に扱うが，第2款・第3款はその前提として位置づけることができる。残りの部分のうち，本節にかかわるのが第5款，次節にかかわるのが第6款ということになる。なお，第1款は本節・次節の双方にかかわる。

　以下，本節で取り上げる規定の概略を見ておこう。まず，次節にもかかわる第1款に配置された2ヶ条である。いずれも著名な規定なので，訳文を掲げておく。

　1134条①適法に形成された約定 convention は，当事者の間において法律に代わる。
　②約定は，当事者相互の合意又は法律の許す原因によってのみ撤回しうる。
　③約定は誠実に de bonne foi 履行しなければならない。
　1135条　約定は，表明されたことのみならず，債務の性質に従って衡平 équité，慣習 usage 又は法律が付加することについても義務を生じさせる。

　次に，第5款の約定の解釈に関する諸規定であるが，それらは1156条から1164条までの9ヶ条からなる。たとえば，共通意思の探究の原則（1156条），有

178

◆ 第3節 ◆ 意味——解釈・性質決定

効解釈の原則（1157条）や債務者有利の原則（1162条）など，一般に契約の「解釈準則 règles d'interprétation」などと呼ばれることの多いルールが配置されている。これらは，少なくとも現在の日本民法典には置かれていないものである。

以上の規定とあわせて，裁判官の権限に関する次の諸規定にも触れておいた方がよい。

民5条　裁判官は，自身に付された事件につき一般的かつ規則制定的な処分によって判決してはならない。
新民訴12条2項　裁判官は，当事者が示した呼称にかかわらず，係争事実及び文書に正確な性質決定 qualification を与え，又は，これを修正しなければならない。

以上を前提に，いくつかの研究の問題意識や内容を見ていくが，その際には，各研究の置かれた文脈に留意するようにしたい。その文脈というのは，二つある。一つは，この領域における先行研究との関係，具体的には，北村論文が提示した問題が，以後，どのように承継されていくのかということである。もう一つは，より広く，日本のフランス法学の文脈と民法学の文脈において，北村論文および大村論文がいかなる意味を持つのかということである。

以下，まずは最初に提起された問題である「契約の解釈」からスタートし（Ⅱ），これに続く「契約の性質決定」の問題へと進むことにしよう（Ⅲ）。

Ⅱ　契約の解釈

1　研究の内容

(1) **訴訟法的な側面**——北村一郎「契約の解釈に対するフランス破毀院のコントロオル」　フランスの契約解釈に関する最初の研究となったこの論文は，3年にわたり10回を費やして法学協会雑誌に連載された長大なものである。北村の立てた問題はごくシンプルである。この大論文は次のように書き起こされている。「契約の解釈は事実問題か法問題か」。北村は，この問題は日本ではあまり関心の対象とはなっていないとしつつ，「再上級裁判所の職能論」「契約の取扱における判事の役割」の二つの観点から，検討の必要性を説いている。

フランスにおいて破毀院は第三審ではない。その名が示すように，破毀院は下級審の法律適用の誤りを正すことを通じて，その活動を適正さを維持するとともに判例を統一することを職務とする。この前提に立つと，契約の解釈は事実問題に属することになり，破毀院の介入の余地はないことになる。しかし，1870年代以降，「明確かつ明晰な証書の変成 dénaturation」に対しては，破毀院は例外的に原判決を破毀できるという法理が確立されている。

　このことの意味は，次のようにいくつかのレベルで説明される。第一に，破毀院の権限拡張という事実上の傾向。第二に，証書の直接確認が可能であるという手続上の要因，第三に，「明晰な証書に解釈の余地はない」という教説の存在，第四に，当事者の合意の尊重という契約の哲学である。

　北村の研究は，発表当時，特に上記第4点において，表示主義から意思主義へと重点を移していた日本の契約解釈方法論と一致する方向のものであったために，民法学者の参照の対象ともなった。ただし，その際の意思主義が第3点に見るように証書を念頭に置いたものである点は看過されたと言ってよい。また，北村自身が重視した上記第1点・第2点についてもあまり注目されなかった。

(2)　**実体法的な側面 —— 沖野眞已「契約の解釈に関する一考察」**　　北村論文は，意思主義的な契約解釈に親和的な方向性を持ってはいたが，研究対象の性質上，事実審の裁判官が行う契約解釈そのものに深く立ち入るものではなかった。もっとも，北村自身も一般論としては「この操作（契約の解釈 —— 大村注）における判事の役割に関しては多様な分析の余地を留めている」としており，事実審裁判官の契約解釈がどのようになされているのかにつき無関心であったわけではない。

　この問題を引き継いだのが，沖野論文である。沖野は「契約の解釈は契約の成立・存続・消滅の全過程で問題になる」とした上で，「契約の解釈がいかなる方法でいかなる基準に基づいて行われるべきかを明らかにすることはきわめて重大な課題である」とする。沖野もまた，優勢となっている日本の解釈方法論を念頭においているが，その基礎づけが十分ではないとし，また，具体的な解釈基準に関する検討もほとんどなされていないとしている。

　沖野論文は未完であるため，最終的にどのような主張がなされるのかは明らかではない。しかし，一方で，フランスにおける意思尊重には一定の変遷があ

◆ 第3節 ◆ 意味 ── 解釈・性質決定

ることが指摘されている。他方，解釈原則の具体化のためにフランス法はよい素材となるだろうとされている。さらに，必ずしも明確に主張されているわけではないものの，沖野が日本の従来の議論とは異なり，法律行為（意思表示）の解釈ではなく契約の解釈という問題の立て方をしたことも興味深い。この点は，錯誤につき，意思表示の要素ではなく契約の要素という観点を打ち出した森田宏樹論文と呼応するものでもある。ただ，沖野の具体的な主張が示されるに至っていないのは惜しまれるところである。

2　研究の視点

(1) これまでの展開 ── 現代的な現象から法生成の構造へ　次に，北村論文を日本におけるフランス法学者によるフランス民法研究の文脈に位置づけてみよう。結論を一言で言うと，北村以前の研究の関心がフランス民法の最先端である現代的な法現象（言い換えればフランス法の表層）に寄せられていたのに対して，北村論文以後，より基本的な法システムの構造（言い換えれば現象を生み出す深層）に関心が向けられるようになったと言える。

具体例をあげて確認しておこう。日本においてフランス法を専門的に研究し始めたのは，すでに名前を挙げた杉山直治郎（1878年生まれ）であるが，杉山はたとえば附合契約に関心を寄せた。その後の世代を見ても，福井勇二郎は営業譲渡，野田良之は自動車事故・保険，山本桂一は法人・会社という具合に現代的な現象を関心の対象としていた。

しかし，野田がフランス法から比較法（東大の初代講座担当者），さらには比較法文化論へと転じたのに伴い，その門下生たちは表層から深層へと歩みを進めていくことになる。北村の兄弟子にあたり早世が惜しまれた中家一憲の「フランス法における不動産の人工的附合」日仏法学5号（1970）がその一例である。北村論文もこれに続くものであったと言えるだろう。

そして，北村論文以後，北村門下のフランス法学者たちもこの路線を踏襲する。特に，北村自身がそうであったように，民事実体法と訴訟制度の交差点にテーマをもとめて，規範と制度の双方に関心を寄せる研究が続いた。松本英美の商事裁判所論から，荻村慎一郎の団体訴権論を経て，最近の齋藤哲志の解除論まで，いずれもがこの系譜に属する（また，齋藤陽夫の証拠論も未公刊であるが，これに加えることができる）。

181

(2) これからの課題——訴訟法的構成の検討，フランス的司法観の探究など

　以上の経緯をふまえた場合，これからの課題となるのは何だろうか。試みに，ここでは二つの方向を示しておく。

　一つは，北村路線の実体法的な側面の展開である。フランスにおける民法上の諸制度を実体法・訴訟法の関係を念頭に置きつつ検討するという作業は，今後もなお続けられる必要がある。訴訟法的な構成を持つ制度としては，たとえば，詐害行為取消権や消滅時効などがある。これらについては別に検討するが，そのほかにも訴権構成を持つものとして，齋藤哲志が挑んだ解除のほかに，嫡出推定＝否認の制度がある。この巨大な問題は未だに本格的な検討の対象とはされていないと言ってよい。さらに，複数の制度を対象にして訴権構成そのものの意味を考えることも必要であろう。

　もう一つは，北村路線の司法制度論的な側面の展開であると言ってもよい。具体的には，フランス的な司法観の探究をさらに深めるということである。フランス法が司法に何を期待しているのか，あるいは，司法の何を警戒しているのか。北村自身は，破毀院の研究から，検察官（公的補佐 ministère public）や鑑定人の研究へと進み，また，松本や荻村もこの路線を継承したが，ほかにも付帯私訴，あるいは，裁判外紛争処理の研究などが考えられる。私法の外に出れば，陪審制度やコンセイユ・デタの研究なども視野に入ってくる。以前に言及した鎌田の公証人研究などもこれに関係してくる。

III　契約の性質決定

1　研究の内容

(1) フランス法の枠組み——大村敦志『典型契約と性質決定』　　契約解釈に隣接するがこれとは異なる操作としての「性質決定 qualification」についての最初の研究が，大村敦志『典型契約と性質決定』（有斐閣，1997。初出 1993-95）である。性質決定（法性決定）という言葉自体は，日本でも国際私法の領域ではしばしば使われていたものの，民法の領域では，性質決定という操作は広い意味での契約解釈に含めて考えられており，契約解釈と十分には区別されてこなかった。

　しかし，すでに北村が指摘していたように，事実認定（契約解釈を含む）・性質

◆ 第3節 ◆ 意味 ── 解釈・性質決定

決定・法的効果の付与はいずれも狭義の法解釈（主として要件の解釈）ではない点で共通するが，厳密には異なる性質の作業である。すなわち，法解釈が「PならばQ」であるという法規範の要件PをP$_1$・P$_2$・P$_3$に分節化する作業であるのに対して，事実認定とはP$_{1～3}$に該当すると思われる事実p$_{1～3}$を発見すること，性質決定とは当該事実p$_{1～3}$が要件P$_{1～3}$に該当するか否かを判断すること，そして，法的効果の付与とは上記の法規範の適用結果として，効果Qに対応する具体的なqを定めること，である。

　当初は「典型契約論」と題されていた大村論文は，典型契約類型の存在意義について検討するものであったが，当初から「典型契約・コーズ・性質決定は三位一体で研究する必要がある」という認識に立つものであった。この三者の関係は，一言で言えば次のようになる。「典型契約制度は，類別コーズによって特徴づけられる複数の典型契約類型のそれぞれにつき一定の法的効果を用意するという法制度である。そして，この制度の下では，個別契約は，いかなる類別コーズを持つものであるかによって，典型契約のどれであるか性質決定される」。

　ここでいう「類別コーズ cause catégorique」とは何か。この古くて新しいcauseの存在意義に着目したのが，20世紀中葉のコーズ論である。前節で話題にしたコーズ論の第二の山場とは，まさに，類別コーズ概念の再編の試みのことを指すと言ってよい。論者たちは，それぞれのテーマとの関係でコーズを論じ，コーズそのものを正面から扱ったわけではなかったので，読者の側で再構成をしないと類別コーズ論の中味は明確にならない。大村論文では，複雑な議論のアウトラインが必要な限度で示されている。

　「類別コーズとは，古典理論のコーズ概念の類別機能に着目した呼称であり，実質的には古典理論のコーズ概念と同一のものにほかならない。このようなコーズによって契約は分類される。そして，個別契約への法適用においては，類別コーズを基準に性質決定が行われるのである」。そして，ある個別契約につき，ひとたび売買ならば売買という性質決定がなされると，当該契約には売買に関する任意規定が適用されることになる。

　性質決定は法適用において普遍的に見出される操作であり，日本でももちろん行われている。大村論文は，要件事実論を性質決定の過程として位置づける。売買の要件事実を摘出するというのは，類別コーズを明らかにするということ

183

にほかならず，要件事実の有無を検討するという作業は性質決定の作業にほかならないというのである。日本においては，従来，我妻＝来栖の典型契約無用論が優越していたが，実務においては典型契約はなお有用な存在として扱われてきた。すぐ後で述べるように，以上に紹介したのは大村論文の前半部分であるが，この限りでは，実務のあり方に説明を与えるものとして大村論文の考え方は広く受け入れられるようになったと言える。少なくとも，かつては広義の契約解釈に含められることの多かった「性質決定」という操作の独自性が改めて認識されたとは言えるだろう。

　(2)　**大陸法の枠組み ―― 石川博康「『契約の本性』の法理論」**　　契約類型（さらに言えばカテゴリー）の存在を重視する大村論文は，契約の成立の次元に着目したものとなっている。また，性質決定に対応する操作は大陸法諸国で広く見られ，大村論文でも，たとえば，ドイツ法における「包摂」について言及されているが，その検討対象はフランス法に限られていた。

　「契約の本性」に着目する石川論文は，一方で，契約の効力の次元を視野に収めるとともに，フランス・ドイツのみならずその源流をなすローマ法を含めたヨーロッパ法の歴史を広く見渡すものとなっている。石川は「契約においては，一方では任意法規等を通じて合意の内容を超える権利および義務が妥当し，また他方では公序良俗に関する法規定等によって契約内容の全部または一部が否定されうる」とし，このような「合意に対して法が与える補充的・修正的作用」の構造解明を究極の目標に据える。より具体的には，石川は「契約の補充や内容規制の作用を支える契約内容の実体的構造の解明」を目指し，二つの視点，すなわち「合意に基づく契約規範と法に基づく契約規範とを区別する視点」と「契約の本質的部分と非本質的部分とを区別する視点」を掲げる。

　その際に石川は，とりわけ後者の視点との関係で，フランス法における本質的債務論（本質的債務を制限する免責条項の効力を否定する ―― 小粥がその後の研究で扱った議論）を参照するとともに，次のように述べる。この視点が「法による契約補充の構造を考える上でも有用となりうるかどうかについては，契約の性質決定という作業を，またそれとの関係での典型契約の意義をどのようなものとして理解するかという点と，深く関係する」。

　この叙述からも明らかなように，石川の議論は，大村の性質決定論の延長線上に位置づけられる。しかし，石川は，議論の材料をローマ以来の「本質的要

素・本性的要素・偶有的要素 élément essentiel-substantiel/ élément naturel/ élément accidentel」という三分法に求める。そして，ローマ法・中世ローマ法学・近代ドイツ＝フランス法・現代ドイツ・フランス法を対象とする壮大な文献渉猟へと旅立つ。現時点で，石川論文の連載は 9 回に及んでおり（その後，完結した），完結目前にまで至っているが，その終着点はなお明らかではない。特に，後に述べる問題に対して，一定の方向が示されるのか否かが注目される。

2　研究の視点

(1)　これまでの展開──個別制度の継受から思考枠組みの参照へ　　ここでも，大村論文を日本におけるフランス民法研究の文脈に位置づけてみよう。ただし，今度は，フランス法学者の研究ではなく民法学者の研究が対象となる。

1980 年代までの日本民法学におけるフランス民法研究は大別して，二つの手法を重視していた。一つは機能的な比較であり，もう一つは沿革的な系譜の析出という手法であった。たとえば，野村論文は前者を重視しているのに対して，後に紹介する池田真朗・佐藤岩昭などの研究は後者を重視するものであったと言える。その両者を組み合わせた研究もあり，たとえば，大村『公序良俗と契約正義』（有斐閣, 1995）はその一例であった。いずれの研究も，日本の特定の制度に着目し，それに機能的に対応する，あるいは，その母法となっているフランス法上の制度を検討するというものであった。

しかし，このようにして切り取られたフランス法は，フランス法らしさを失ってしまうのではないか。フランス法の特色そのものを抽出するのには，むしろ諸制度の関連性を問う必要があるのではないか。そして，それには現代におけるフランス民法学の思考様式を示すという意味があるのではないか。こう考えて，大村論文は書かれている。すなわち，「本書では，主として，フランスにおいて展開されている様々な議論を参照しつつ，典型契約に関する考察を進める。その意味で，本書は，日仏契約法の比較研究ということになる。ただし，……本書の扱う問題の規模はやや大きく，また，ミクロの解釈論を展開することは本書の目的ではないので，日本法上のある問題についてフランス法ではどのような考え方がとられているのか，といったアプローチはとらない」。

実際に大村論文では，各種の素材を抽象度の程度に応じて配列し，順次検討していくという手法がとられている。すなわち，そこでの議論は，各種の契約

類型に関する議論から出発し，契約各論の一般理論を経て，コーズ・性質決定といった契約一般のレベルの議論へと進んでいる。さらに，後半では，裁判官の活動との関係，法律や慣習といった法源との関係へと抽象度をあげ，カテゴリーの生成・利用という思考様式そのものの抽出がなされている。この後半部分は必ずしも十分に理解されていないが，大村論文の眼目はフランス法的思考様式の一端を示すという点にあったと言える。前節でとりあげた小粥論文もまた，このような発想に立つものであり，両論文には共通の側面を見出すことができる。

(2) これからの課題──契約処理過程の検討，西欧法の精神分析の参照など ここでも二つの方向を示しておこう。

まず一つ目。性質決定に関する研究は，契約の法的処理のプロセスを一定程度まで明らかにした。だが実際には，常に，契約類型からのトップダウンで個別契約の性質決定がされるというわけではない。むしろ，ハードケースにおいては，契約内容から暫定的に類型を構成するというボトムアップ的なプロセスも見られる。このことは大村論文の後半部分においても指摘されているところである。

しかし，一般論はともかくとして，個別具体的な契約に直面した際に，裁判官はどのような処理手順に従うべきかは，必ずしも明確に示されているとは言えない。石川論文においては，この点は，信義則の利用とからめた形で議論されることが予想されるが，その手法は，やはり現段階では明らかになっているとは言えない。そうだとすると，具体的な裁判例に即した形で，契約処理過程を示す研究がなされる必要がある。このことは，性質決定だけでなく，契約解釈についても同様である。このような研究は言うは易く行うは難いものではあるが，理論的にも実務的には期待される研究であることは言うまでもない。

次に二つ目。大村論文のようにフランス法の思考様式を摘出しようという研究は，実は，フランス人学者によっても試みられている。それは，フランス法の精神分析と呼ばれるものである。もっとも，このような分析は法システムの中に生きている実定法学者には難しい。これを行っているのは，ピエール・ルジャンドルという人類学者である。彼の業績のいくつかは日本でも翻訳されている。『ロティ伍長の犯罪──〈父〉を論ずる』（人文書院，1998），『ドグマ人類学総説──西洋のドグマ的諸問題』（平凡社，2003），『真理の帝国──産業的ド

グマ空間入門』（人文書院, 2006），そして，『西洋が西洋について見ないでいること——法・言語・イメージ——日本講演集』（以文社, 2004）である。

　ルジャンドルの発想は北村や大村にも影響を及ぼしている（Kitamura (I.), Une esquisse psychanalytique de l'homme juridique au Japon, *R.I.D.C.* 1987.791 や大村『法源・解釈・民法学』〔有斐閣, 1995〕第 1 部を参照）。この途は，印象論への逸脱可能性を含む危険な途ではあるが，大胆にして細心な冒険者の登場が期待されるところである。

> ● コラム 18 ● フランス民法学の歴史——20 世紀以降
>
> 　20 世紀になると，新たに「科学学派」が登場し，旧来の「注釈学派」を克服する。これは，20 世紀の前半に（科学学派の観点から学説史をまとめた）ボヌカーズ（Bonnecase）の図式に由来する見方である。
> 　確かに，「歴史的解釈」（サレイユ Saleilles）や「科学的自由探究」（ジェニー Gény）を旨とする「科学学派」の登場は，フランス民法学のあり方に大きな影響を与えたと言うことができる。概説書の書き方にしても，その後は，注釈方式（むしろ Q & A 方式）は用いられず，制度趣旨を説明するとともに，制度の歴史や判例・比較法を重視する方式が支配的になる。また，カピタン（Capitant）に見られるような法学入門（introduction）が登場したのも注目すべきことである。
> 　しかし，今日では，従来の図式に若干の修正を加える必要がある。
> 　第一に，「科学学派」は一つの出来事であったということ。科学学派の登場によって注釈学派は退場を迫られた，というよりも，主流派民法学が科学学派的な色彩をその中に取り込むことによって変貌を遂げたというべきであろう。
> 　第二に，「科学学派」登場以後の学風も決して一枚岩ではないということ。とりわけ時代による違いは無視しがたい。たとえば，1920 年代・30 年代には「理論」的な研究が目についた（カピタン Capitant やモーリー Maury のコーズ論がその典型例）。ところが，1950 年代になるとより「機能」的な研究が目立つようになる（モチェルスキー Motulsky やテレ Terré やペロー Perrot などの研究がその典型例）。1980 年代以降は，抽象度の高い「概念」の探究が主流を占め，さらに最近では「原理」を析出に関心が移っているように見える。
> 　なお，近年では，法学という営みに対する関心も高まっている（1980 年代にも高まりを見せたが，当時は一部の学説の関心事にとどまっていた）。もしかすると，この先に新しい学派が登場することになるかもしれない。

◆第4節◆ 射程——契約の拘束力　【Leçon 19】

Ⅰ　総論——フランス民法1134条

1　前提——古典的な理解

　すでに触れたように，1134条1項は，フランス民法の根幹をなす規定の一つとしてよく知られている。「適法に締結された約定 conventions は当事者間において法律 loi に代わる」と定める規定は，「意思自律 autonomie de la volonté の原則」を宣言したものとして理解されてきた。

　今日，最もよく知られた民法教科書の著者（カルボニエ）は，この原則につき，次のように述べている。「これは，法哲学上の一理論である。これによれば，人の意思それ自体が，その人に固有の法律 propre loi になり，固有の義務を産み出す。人が法律行為，とりわけ契約に拘束されるとすれば，それは彼がそれを欲したからである。契約は法的生活の基本である。そして，個人の意思が契約の基本である」というわけである。「この理論は，1804年の個人主義思想との調和によって民法典を特徴づける。しかしながら，現代は，この理論に強く反対している。それは，民法の社会化 socialisation の一側面である」。それでも，「今日でも，意思自律の原則は，基本的な価値を失ったわけではない。契約自由というより日常的な名の下に」。

　この問題に関する自身の立ち入った研究に基づき，日本における代表的なフランス法教科書の著者（山口俊夫）も，同様に述べている。「一般に批判され，規制されるに至ったのは，契約概念そのものではなく，個人主義的な意思自治の原理とそれにもとづく契約自由の観念であり，ことに経済的・社会的優位を利用した契約自由の濫用である」。むしろ「フランス的法思考においては，契約思想は社会組織の1つの根源的基盤を構成する。契約思想は，フランス社会では，単に社会関係組織の技術であるにとどまらず，正義の道義思想を深く表明するものである」。

　以上のような理解，すなわち，1804年における「意思自律の原則」の宣言，19世紀後半以降におけるその修正，それにもかかわらず，なお，存在し続ける原則，という理解が，1134条に関する古典的な見方であると言えるだろう。しかし，20世紀末には，これとは異なるいくつかの理解が示されるようになって

◆ 第 4 節 ◆ 射程 —— 契約の拘束力

いる。

2 展開 —— 現代的な理解

(1) **思想史的な理解** 「意思自律の原則」に対する批判的な見方の嚆矢となったのは，ラヌウイ（Ranouil）の論文（*L'autonomie de la volonté*, 1980）であった。ラヌウイは，「意思自律の原則」は 1804 年の民法典に内在していた原則ではなく，むしろ 19 世紀末になってこれを批判する観点から自覚されたものであると説いた。この理解は，日本でも，山口・星野・北村各論文（いずれも 1983 年）によって紹介され，広く知られるに至っている。

今日では，1804 年の民法典の起草者たちは現実主義者（実利主義者）であったという理解が強まっており，19 世紀末からの社会化論はもちろん，19 世紀中葉の精神主義者たちとも立場を異にするとされている。そして，19 世紀中葉においてすら，「意思自律の原則」が完全に支配したわけではないとの指摘もなされている。以上は，法制史家オリヴィエ＝マルタン（Olivier-Martin）や法学史に関心を寄せる民法学者ジャマン（Jamin）などの説くところである（日本では，森田宏樹「契約」200 年 A の本文と関連の複数の注に簡潔な紹介がある）。

(2) **概念史的な理解** 以上のような見解と並んで，最近では，別の観点からの理解も示されている。1134 条につき一連の論文（*De la signification du mot loi dans l'article 1134 aliéna 1er du code civil*, 2001）を書いているシャザル（Chazal）の理解がそれである。シャザルは，次の二つの指摘をしている。

第一は，1134 条の loi は法律ではないという指摘である。シャザルによると，loi は強制力を持つ法規範としての「法律」を指すのではなく，法的基準という意味であり，1135 条の équité に由来するというのである（その意味で，loi と équité は対立しない）。この指摘は，その限度ではおそらく正しい。たとえば，モンテスキューの『法の精神 esprit des lois』を見れば，loi がルールという意味であり，国家法を意味するわけではないことは明らかである（ただし，個別の解決としての équité とはレベルが異なる）。

第二は，1134 条は方式の自由を定めたものであるという指摘である。すなわち，1 項は，ローマ法のように一定の方式に従うことを原則とするのではなく，無方式の合意を有効とするという趣旨であり，それとの関係で 3 項で，契約の解釈にあたっては，文言に拘束されるのではなく衡平に従うことが必要とされ

るとされたというのである。このように，1項と3項とを対立的にとらえないという考え方は，すでにカルボニエにも見られたものである。

3　将来 ── 重層的な理解へ

以上のように，今日では，「意思自律の原則」に対する批判的な見方が強まっている。それでは，「意思自律の原則」はもはや維持されないのだろうか。

法技術的な意味で，契約が「法律 loi」に代わるわけではないことは，19世紀以来指摘されていたところである（前節で見たように，契約解釈が事実審の専権事項とされてきたのも，その証左である）。また，契約がすべての制約から免れて，当事者の関係を規律するという考え方が支配的になったことはない（あったとしてもごく短期間である）というのも，その通りであったろう（大村『公序良俗と契約正義』も同様の主張を含む）。

しかし，衡平による補充を受けるとしても，当事者にとって契約が「法的基準 loi」となることもまた確かである。また，「法律 loi」という理解が比喩に過ぎないとしても，個別契約から生まれた債権債務関係は，（契約成立過程に関する規律を含む）一般法律の制約の下で，当事者にとっての個別法律となる，という見方は，なお意味を持つとも言える。1804年の立法者たちの発言の中には，この点を重視するものを見出すこともできる。冒頭に引用したカルボニエは，最近の議論の登場以後もこのように考えている。

では，どのように考えるべきなのか。最近の批判的検討をふまえた包括的な議論は，フランスでもまだ現れていない。今後の検討に際しての一つの方向は，おそらくは19世紀末から20世紀にかけての状況を再検討することだろう。この時期は，現在がそうであるように，1804年の民法典に同時代的な観点から再度の意味付与がなされた時期であった。その際の考え方が古典的な理解の基礎となっているが，その前提のうちのいくつかは今日では必ずしも十分に理解されていない。

第2節でも触れたように，「契約」を社会秩序の根幹とする見方が，19世紀末から20世紀のフランスには見られる。「契約主義」とも呼びうるこの考え方がいかなるものであったのかを明らかにし，その上で，今日それをどのように受けとめるのか。標語的に言えば，1804年の状況だけでなく，1904年の状況をも明らかにした上で，それら双方をふまえて，2004年において1134条に新たな

意味を付与することが期待されていると言うことだろう。

　この問題は,「契約」とは異質なものとも思われる「団体」のあり方ともかかわっている。というのは,フランスでは,「非営利団体 association」は 1901 年法によって「契約」として認められたという経緯があるからである。そして, 2001 年には, このことの意味がフランス社会において持った（これから持ちうる）意味が再確認された。日本でも同様の観点からの研究が最近になって現れている。高村学人『アソシアシオンへの自由 ——〈共和国〉の論理』(勁草書房, 2007) である。人々が契約によって自発的に社会を構成するという考え方が, 改めて認識されつつあるのである。

II　各　論

　以上は, 契約の拘束力に関する総論的な検討であるが, 以下, 各論的な検討にかかわる研究を紹介する。いずれも契約の拘束力の射程にかかわるものとして位置づけてみたい。

1　時間的射程 —— 不予見理論の不採用

　まず最初は, 五十嵐清『契約と事情変更』(有斐閣, 1969) である。比較法学の第一人者である五十嵐は, この著書で英独仏の法理を検討している。フランス法に関しては,「事情変更の原則」に対応する「不予見理論 théorie de l'imprévision」が紹介されている。

　五十嵐は, 1134 条を掲げつつ, フランス法は事情変更を認めないのを原則とする立場から出発しているとしている。そのため, 不可抗力免責もなかなか認められないことが指摘されている。判例も, 民事事件については事情変更を認めないとして, 1876 年 3 月 6 日のいわゆるクラポン運河判決が紹介されている。この運河は 16 世紀に作られたものだが, 3 世紀の間, 使用料が据え置かれていたため, 所有者が 4 倍の値上げを求めたという事件である。この請求を認めた原判決に対し, 破毀院は 1134 条を掲げてこれを破毀している。これに対して, 行政事件に関しては話は別で, 1916 年にコンセイユ・デタは, 戦争を理由とする値上げ（ガス会社とボルドー市との間の紛争）につき, 不予見理論を展開した。すなわち, 各当事者は契約前になされた計算と予見の中で「不確実性 aléa」を考慮に入れているので, 有利不利が生じてもそれは各当事者の「危険 risque」

となるのが原則ではあるが，価格の高騰が例外的な性質を持つ程度に達した場合には別であるとした。以上のような私法判例・行政判例の違いは，「公役務 service public の継続性」という性質に求められている。

　五十嵐は，このように判例の状況を説明した上で，第一次大戦後に学説が展開した議論を紹介・検討する。1134条3項には「誠実に de bonne foi」という文言があるので，これを根拠に信義則の存在が説かれることがあるとしつつ，ここから不予見理論を導くことは困難なようであるとしている。そして，フランスでは信義則が厳格に解されていることは，日本にとっては反省材料となるとの指摘を行っている。さまざまな見解を紹介した後で，五十嵐がたどりつく結論は次の通りである。「学説によって一様に不予見理論が否定されたのは，フランスの私法学者の間に存する古典的私的自治の原則に対する頑固なまでの愛着に，その理由を求めざるをえないのではなかろうか」。

2　構造的射程

(1)　協力義務論　　しかし，フランスにおいても信義則に対する態度に変化が見られないわけではない。この点に着目したのが，後藤巻則「契約の締結・履行と協力義務（1-3）」民商法雑誌106巻5号，6号，107巻1号（1992）である（後藤『消費者契約の法理論』〔弘文堂，2002〕所収）。すでに，契約成立段階における情報提供義務に着目していた後藤は，さらに進んで履行段階を視野に入れ，当時，ピコのテーズ（Picot, *Le devoir de loyauté dans l'exécution du contrat*, 1988）が登場したこともあって，議論が始まりつつあった協力義務に着目した。

　ここでいう協力義務とは次のようなものである。「フランスの判例，学説は，契約当事者の一方が相手方の劣位性（経済的劣位性，知識・情報の不足等）を利用して，自己に過度の利益をもたらす契約を締結した場合に，このような不当な契約から契約均衡を回復する法技術として，合意の瑕疵（錯誤，詐欺，強迫），公序良俗，レジオン，コーズ，目的，不明瞭条項の解釈等，種々の法制度を用いてきたが，これらは劣位者の保護を図って片面的に介入する法技術であるのに対して，協力義務は，当事者双方に協力を要請することによって，契約均衡に代わる今後の契約法の指針となる」というのである。

　この協力義務と信義則との関係につき，後藤は次のように述べている。まず，後藤は1134条3項の「合意は誠実に履行されなければならない」が，もともと

◆第 4 節 ◆ 射程——契約の拘束力

は「締結」を含むものであったことを指摘する。その上で,「誠実 bonne foi」と「意思自律」の関係につき, 誠実とは意思の通りにという解釈, 誠実とは意思とは別にという解釈のいずれをも退けるピコの見解を紹介し, ピコを含む一連の論者（ゲスタンやファーブル・マニャンなど）は, 誠実な履行とは相手方にとって有用な履行であると解しているとする。以前に一言したゲスタン学派の「効用 utilité」の観点からの契約法の根拠づけに連なる説明である。

　(2)　フロード論　　以上のように, 最近のフランスでは, 信義則に基づく義務が認められつつある（あるいは, 認められていることが発見されつつある）。また, 信義則そのものに関する研究もあらわれている（ジャリュゾの論文）。

　しかし, 契約関係に内在する信義則とは別に, 外的な観点から, 契約当事者の行為態様を勘案する法理もフランス法には存在する。それがフロード fraude の法理である。フロードについては, すでに物権変動に関して一言したが, ここでは日本におけるフロード研究の現状を示す片山直也「フランス私法におけるフロード fraude 法理の一素描」日仏法学 23 号 (2005) を見ておくことにしよう。

　フロードとは「有効だとされる迂回手段・策略を用いることによってある法規の適用を回避しようとすること」であるとされる。明文の規定はないが, 中世ローマ法学の法格言を基礎に破毀院が形成した「フロードはすべての規則の例外をなす」という法理が存在する。日本法で言えば,「脱法行為」がほぼこれに対応するが, 片山は,「信義則, 権利濫用などの一般条項にちかいものとして, 一般法理として位置づけられている点に注目したい」としている。と同時に, 詐害行為取消権を代表すると個別の法理が存在することも指摘されている。

　フロードについては, ヴィダルのテーズ (Vidal, *Essai d'une théorie générale de la fraude en droit français*, 1957) があったが, その後, 1990 年代に新しいがテーズが現れている。片山は, これらのテーズ出現前から詐害的賃貸借に関心を寄せていたが, 新たな研究の登場を視野に入れて fraude 論一般へと議論を進めたと言える。なお, 新しいテーズの一つは, fraude を bonne foi と関連づけて論じており, 信義則とフロードの連続性を示唆している（この点につき, 信義則に基づく日本の背信的悪意者論とフロード法理によっていたフランス判例法の関係を参照）。

　フロード研究の意義につき, 片山は次のように述べる。「(詐害的な賃料処分

193

に対する――筆者補充）法規制の変遷を動態的に分析するならば，フランスにおける詐害的な行為の法規制のあり方が，個別的規制と画一的規制の相互反復によって重層構造をなしていることが明らかになる。本稿の第二の目的は，賃料処分に対する法規制の変遷という歴史的な実例を通して，詐害的な行為に対する法規制の重層構造およびそこにおけるフロード（fraude）法理の役割を解明することにある」。

　こうして片山は，具体的な検討へと進むが，ここではその内容を追うことはしない。ただ，「フロードfraude」という法理が，信義則と関連づけられつつも，独自の法理として存在し，積極的な役割をはたしていることを指摘しておくに留めよう。別の言い方をすると，フロード（さらには権利濫用）などの法理は，信義則に回収されない（むしろフランス法においては信義則よりも使いやすい）という点が興味深い。

　協力義務にせよフロードにせよ，いったん成立した契約がそのままに適用されるのではなく，その規範内容と適用過程・適用結果とが区別される発想が出てきている点が興味を引く（前述のジャマンもこの点を指摘する）。こうした観点の延長線上に，規範としての契約とそこから生ずる具体的な義務とを区別する見解（アンセル）が出てくることになるが，この点の検討は，今後の問題であると言えるだろう。

3　対人的射程――相対効とその例外

　契約の拘束力は，当事者間に発生するのが原則である。1134条はこのことを前提としているが，さらに1165条は次のように定めている。「合意は契約当事者間でのみ効力を有する。第三者を害することはなく，第1121条の場合のほか第三者を利することもない」。ここでいう1121条とは，第三者のための契約につき定める規定である。この規定に続く1122条は，契約の効力が相続人・承継人に及ぶことを示す規定である。

　原則は以上の通りであるが，この原則にはいくつかの重要な例外が存在する。例外を含めてこの原則につき研究したのが，野澤正充「契約の相対的効力と特定承継人の地位」（1989）である。なお，1165条に続く1166条・1167条は，間「接訴権action oblique」・「廃罷訴権action paulienne」を定めるが，これらについては別の回に検討する。野澤論文もこれらの訴権に立ち入るものではない。

◆ 第 4 節 ◆ 射程——契約の拘束力

　では，野澤論文が取り組んだのはどのような問題か。これらの訴権とは別に，フランスには「直接訴権 action directe」という概念が存在する。直接訴権は立法によって認められてきたが，それとは別に，上記の 1122 条に依拠した特定承継論によっても認められてきた。原則であるはずの相対効の内容に立ち戻りつつ，この特定承継論について明らかにしようというのが野澤論文の問題意識であった。

　野澤は，通説の形成から瑕疵担保責任をめぐる最近の判例までをたどる。フランスでは，1986 年の破毀院判決によって，瑕疵担保責任に基づく請求権が目的物とともに特定承継人に移転することが認められている。このような議論が，様々な面で大きな意味を持つことは容易に理解されるだろう（たとえば，リースの場合の瑕疵担保責任のあり方や製造物責任・建築者責任の契約構成を考えればよい）。

　野澤によれば，目的物の移転に伴う債権の移転は広い範囲で承認されるに至っているという。その法律構成としては「附従物 accessoire」の概念による見解，よらない見解があるが，野澤は，後者の見解から，権利の人的性質を捨象する方向をつかみだす。すなわち，前の所有者に権利行使につき人的利益がなお存する場合には権利は移転しないが，そうでない場合には権利は移転するという考え方である。

　ここにおいて，契約の「相対効」は，移転の際の「残存効」として位置づけられることになる。野澤が論文の末尾で言う「資本主義的相対効」とは，債権・債務の個性が薄まった現代においては，この「残存効」の必要が乏しくなっていること，すなわち，「相対効」の射程が狭まっていることを指摘していると言える。さらに，野澤は，日本民法の沿革に即した検討を経て，日本においても同様の議論が成り立ちうると主張する。その解釈論上の帰結としては，上記の瑕疵担保責任・製造物責任などの法律構成の問題のほか，新所有者に対する賃借人の権利の主張の問題が指摘されている。後者の問題は，野澤にとっては，契約関係が当事者間に残存しない場合として理解されるのである。

　このような議論の先に，野澤の次の論文で展開される契約引受論が現れるが，これについては別の章で検討することとする。

　以上，四つの節を設けて，「契約一般」に関する日本の研究を紹介してきた。

ここでは，対象となる制度が体現する世界観および各研究論文に見られるアプローチの仕方を前面に立てて話をしたため，制度そのものの内容がわかりにくかったと思われる。しかし，とりわけ近年，フランス民法学から何を学ぶか・何を導くかが，様々な形で模索されていることは理解されたのではないかと思う。

なお，このような観点から，フランス民法学の特色や日本におけるフランス民法研究の特色につき検討したものとして，小粥太郎の一連の論文等を掲げておくので，ぜひ参照してほしい（小粥「法的カテゴリの機能に関する覚書——現代フランス契約法学にみる民法的な思考形式の一断面」東北大学法学 69 号 3 号（2005），同「日本の民法学におけるフランス法研究」民商法雑誌 131 巻 4＝5 号（2005），さらに，小粥＝加藤雅信＝加藤新太郎「鼎談・民法学説の役割を語る」判例タイムズ 1222 号（2006）。

● コラム *19* ● フランス法と辞典・事典

フランス法を学ぶ際には，様々な辞典・事典が手助けになる。

第一に，フランス語の辞書が必要である。小さな仏和辞典としては，昔からの『スタンダード仏和辞典』（大修館）のほかに，『クラウン仏和辞典』（三省堂），『ロワイヤル仏和辞典』（旺文社）などがある。『スタンダード』は訳語が語源順に配置されているのに対して，『クラウン』は現代的な語義を重視しているようである。また，『ロワイヤル』は法律書の訳語が優れている。より大きな仏和辞典としては，『仏和大辞典』（白水社）や『ロベール仏和大辞典』（小学館）がある。

仏仏辞典の双璧は *Nouveau Petit Robert* と *Petit Larousse* である。前者が正に辞典であるのに対して，毎年新語を更新する後者は事典の色彩を帯びる。なお，ネットが発達するまでは，年巻風の *Quid* が便利な事典であった。

第二に，フランス法の辞典が必要になる。日本語では，『フランス法辞典』（東京大学出版会）のほかに『フランス法律用語辞典』（三省堂）がある。前者は，PUF 社の *Vocabulaire juridique* を底本に著者の山口俊夫が工夫を凝らしたものであり，後者は，Dalloz 社の *Termes juridiques* の翻訳である。

フランス法の学び初めには，小さな仏和辞典を手元に置き，必要に応じて『フランス法律用語辞典』を参照すればよいが，中級に進むには『ロベール仏和大辞典』と『フランス法辞典』が必要になろう。フランス法について論文を書くということになれば，*Nouveau Petit Robert* と *Vocabulaire juridique* も必須となる。これらの辞書によって，それぞれの語の定義や用例を参照せずに日本語の訳語を見るだけでは，語の正確な意味を把握することができないからである。

◆ 第 4 節 ◆ 射程 —— 契約の拘束力

　フランスは辞書編纂の盛んな国であり，その他にも様々な辞典・事典が存在する。その中から，次の3冊を紹介しておく。① *Vocabulaire technique et critique de la philosophie*, ② *Dictionnaire encyclopédique de théorie et de sociologie du droit*, ③ *La France, d'un siècle à l'autre, 1914-2000, dictionnaire critique* であるが，①は編者名によって Lalande と略称される著名な哲学辞典であり，基本的な概念の意味を知るのに役立つ。②は法理論・法社会学を対象とするもの，③はフランスの20世紀を振り返るもので，いずれも大項目主義の事典であるが，実定法を超えて，法理論やフランス社会を知るのに役立つ。

◇第3章◇ 民事責任

◆第1節◆ 契約責任　【Leçon 20】

I　序——規定の配置など

　本節と次節では，民事責任に関する研究を取りあげる。本節では契約責任(債務不履行責任)を扱うが，まず，関連の規定の配置などについて一言しておく。以前に述べたように，民法典第3編第3章第3節の債務の「効果」のうちの第4款「債務不履行から生ずる損害賠償」が中心となるが，第2款「与える債務」，第3款「為す債務・為さざる債務」もこれと関係する。

　具体的には，注意義務に関連する1147条(第4款)と1137条(第2款)，付遅滞に関連する1146条(第4款)と1139条(第2款)がかかわってくる。規定の内容については必要に応じて後で述べる。なお，本節では解除にも触れるが，解除に関する規定は1184条であり，第3節ではなく第4節の第1款「条件つき債務」のところに置かれている。その事情についても後で述べる。

II　本　論

1　契約責任の内容 —— 森田宏樹『契約責任の帰責構造』

　(1)　**前提と問題**　フランス民法の契約責任につき，基本的な見通しを与えたのは，森田宏樹の『契約責任の帰責構造』(有斐閣，2002)である。この論文集は相互に関連する5編の論文(および1編の解説)を収録しているが，フランス法研究としては，第1編にあたる論文「結果債務・手段債務の区別の意義について」(1993)と第2編所収の3論文のうち「『他人の行為による契約責任』の帰責構造」(1996)，「『他人の行為による契約責任』の二元性」(1996)が重要であ

◆ 第1節 ◆ 契約責任

る（以下，これらをそれぞれ第1論文，第2論文ABと呼ぶ）。

これらの論文が書かれた後の経緯については，論文集刊行時に各論文に付された「後記」で森田自身が補足している。ここではまず，これらの論文が書かれるに至った事情を三つの方向から簡単に説明しておきたい。

第一は，日本における学説状況である。第1論文は「結果債務・手段債務論の導入の可否とともに，わが民法における債務不履行における『帰責事由』をどのように理解すべきであるか」を問うものであるが，その前提としては，債務不履行における帰責に関する旧通説（違法性＋有責性とする理解）とこれに対する有力な批判（本旨不履行とする理解）との対立がある。第二に，その際に川島＝平井説が，フランス法に由来する結果債務・手段債務という概念に依拠していたという事情がある。第三に，森田自身が，瑕疵担保責任の研究以来，契約責任の構造に関心を寄せていたという事情が加わる。

以上は，第1論文についてであるが，第2論文についてもほぼ同様であり，一方で，履行補助者の責任に関する旧通説とこれに対する落合＝平井説の批判との対立がある。他方，森田自身は，単純な二当事者間の契約責任から進んでより複雑な場合を念頭に置いた議論に関心を寄せていたという事情がある。

以上のような状況において森田が選択したのは，フランスにおける契約責任の基本構造に留意しつつ，問題を考えていくということであった。言い換えるならば，川島＝平井説が提示したフランス法理解（結果債務・手段債務論）や落合＝平井説の前提に含まれるフランス法理解に対して，より本格的な（深く立ち入った）フランス法理解を示すことによって，これらとは異なる考え方を展開するということであったと言える。

(2) **内容と評価**　第1論文で森田が辿り着いた直接の結論は，一言で言えば「フランスの現在の通説は，結果債務と手段債務の区別それ自体には一定の意義を認めつつも，その区別の『相対性』を指摘している」というものである。しかし，森田は，この点をふまえつつ，「しかし，たとえ結果債務と手段債務の区別が，その相対性ゆえにあまり実用的なものではなくなったとしても，他面では，それが理論上ないし教育上なお否定しがたい価値を保っていることを最近の学説は認めている」「両債務の区別の意義は，それが提唱された当初から，論者の意図にあっては，実定法に示された諸解決を正当化し，体系化するという『方法論上』及び『学理上のレベル』における意義にあった」としている。

この認識は正当であり，フランスの事情をよく伝えている。森田第1論文が示すように，結果債務と手段債務の概念は20世紀前半のドゥモーグの学説に由来するものであり，同説は，解釈論的には1137条（善良な家父の注意義務を課す）と1147条（外在的事由によらない限り責任を負う）の関係を調整するために提唱されたと位置づけられるが，このような事情はいわば特殊フランス的な事情であると言える。

　むしろ重要なのは，結果債務であれ手段債務であれ「債務不履行責任における帰責性は，約束したことを履行しなかったこと，つまり，債務者が自らの意思（合意）によって設定した契約規範に従わなかった，という点に求めることができ」るという点にある。森田が重視したのはまさにこの点であった。

　この発想に基づき，森田は，第2論文Aにおいて「債務者が責任を負うべき『他人の行為』とは，債務者が自ら契約上の債務の履行方法として用いた『他人』—— すなわち，債務者がその意思に基づいて『契約の領域』に導入した者 —— でなければならない」とする。これは，履行補助者責任を特殊な契約責任とするのではなく，契約責任一般の問題に解消することを意味する。もっとも，このような正当化には限界もある。森田第2論文Bは，「特殊な保障責任」と説明するほかない責任が存在することを指摘している。

　日本法における解釈論的帰結はさしあたり考慮の外に置くとして，以上の森田第1論文・第2論文ABは，総じて言うと，「意思に基づく『契約の領域』」を広い範囲で観念することによって，一般的な契約責任の射程を広くとるものであったと言える。もっとも，契約責任の拡張は無限界ではありえず，森田第2論文Bもこのことを指摘していた。それにしても森田論文には，意思の及ぶところに責任が及ぶという方向性が強く表れていたことは確かである。

　その後の研究が紹介する方向性は，これとはニュアンスを異にする。次に，それらを見てみることにしよう。

2　契約責任の外延

(1)　**不法行為責任との関係**　　まず，フランスの責任法を研究対象としてきた高畑順子の論文集『フランス法における契約規範と法規範』（法律文化社，2003）に収められた「責任論から見た契約（関係）における契約規範と法規範」（1998-99）を見てみよう。高畑の問題意識は，次のようにまとめられている。「契約関係

◆ 第1節 ◆ 契約責任

が立法，判例により管理される結果，公序を理由とする強制的な義務が当事者に課されることが頻繁にみられる近時の状況は責任論にもその影響を及ぼす。古典的な責任二元論が契約責任を当事者意思に，不法行為責任を法律に還元した本質的な二つの責任の相違は消滅したと言われる」。「現在の多様な判例の手法・学説の反応は伝統的な責任二元論を凌駕するかのようにも見え，あるいは依然その枠内にとどまるかのようにも見え混沌としている。それはまた契約が理念として —— 意思に基づき意思に還元される側面と，単なる事実として —— 一つの社会的な関係として合意以外の規範の適用が可能か —— とらえられる側面を有するものであることを認識させる」。

こうして高畑は，契約責任と不法行為責任との関係を問うために，「契約不履行の事実が契約当事者以外の第三者に損害をもたらした場合」「その違反につきサンクションが与えられる義務が契約に基づくものなのか否かにつき疑問が生ずる場合」の二つをとりあげる。つまり，「契約責任を不法行為責任から区別する伝統的なメルクマールである『契約関係の存在』『契約上の義務不履行から生じた損害』のいずれもが既に十分に機能しない」状況をとりあげるのである。

高畑は前者に関して，「近親者の当事者性」と「契約群 groupes de contrats 内にある者の当事者性」をとりあげる。とりわけ後の問題につき，1991年7月12日の破毀院大法廷（全部会）判決は，注文主から下請人への請求につき契約責任によることを認めず，契約責任の拡張に歯止めがかけられたことが指摘されている。後者に関しては，責任の性質が問題になる運送契約（安全債務）と医療契約が論じられている。その上で，高畑は19世紀末の学説を検討し，「『私的利益』である契約（関係）に『公序』である人身の保護を目的とする安全債務をとりこむには，法律と契約の対置を緩和しなければならなかった」として，「意思（契約）規範が管轄できるのは契約上の一次債務までである」という考え方を抽出している。

この議論が森田の議論とは大きく異なることは容易に見てとれるだろう（森田も安全債務について学会報告をしたことがあるが，原稿は公表されていない。もっとも，前掲書の「後記」では，最近の考え方につき「このような見解は……一つの見方をある方向に純化したものに過ぎ」ないとしている）。

(2) **契約責任の領分**　さらに，高畑に続く最近の研究として，今野正規の「フランス契約責任論の形成 (1-3)」北大法学論集54巻4号〜6号（2003-04）を

201

見てみよう。今野論文は次のように説く。「今日の学説のライト・モチーフとなっているのが、結果債務・手段債務という債務二分論ないし保証責任・過失責任という帰責原理二分論である。……それにもかかわらず、契約責任の構造自体は必ずしも明らかになっていない。……学説は、今日においてもこの分類を規律する明確な指導原理を提示できていない」とする。そして次のような問題提起をする。「近時の契約責任論が以上のような二分論の有用性を認めるにもかかわらず、その具体的な適用場面で不明確さを払拭できない理由は何か。そもそも将来的にわが契約責任論はこの不明確さを払拭することができるのであろうか。仮にできるとすれば、そのために必要な作業は何か。反対に、それが不可能な場合に、わが契約責任論が選択すべき新たな途は何か」。

より具体的には、今野は「フランス契約責任論の構造理解」へと向かう。その際に、「フランス契約責任論がいかなる社会的背景のもとにいかなる役割を担って形成されてきたのかということ」を明らかにする必要があるとする。このように当面の目標は「あくまでもフランスの法現象としての理解」に置かれているが、この課題遂行は前述のように、あくまでも有力説に対する攻撃的な批判を支えるためのものであることは確かである。

今野の議論のポイントも、19世紀末から20世紀初期の学説・判例の展開に求められる。すなわち、「今日のフランスにおける契約責任の混乱は、安全債務や看護債務といった契約責任が不法行為責任と同一の機能（＝「損害填補機能」）を担う領域において見ることができる。この領域は19世紀末から20世紀初頭の判例・学説が、意識的に契約責任に組み込んだ領域である」。そして、「契約責任の拡大は、契約の拡大が承認されることによってはじめて判例上認知されるに至ったのである」。

議論の端緒であった結果債務・手段債務との関係では、次のようなまとめがなされている。「学説における結果債務と手段債務の区別に基礎を提供した安全債務や看護債務は、本来不法行為責任における問題を背景とするものであった。そのため、判例・学説は不法行為責任の問題をあくまでも契約責任として処理するために『契約上の債務』概念を曖昧にすることによって対応しようとした」と。

以上から翻って、今日、契約責任を純化しようという議論が優勢になっている様子が伝えられている。なお、今野が強調した「社会的背景」の分析は必ず

しも十分とは言えないが，労働災害や運送事故における被害救済の要請が契約責任の拡大に繋がったというのがその基本的な図式だろう。その先に，医療事故と環境被害を脱責任化しようという最近の議論も関連づけられている。

　今野の議論は，「フランス契約責任論の形成」のプロセスを説明するものとしては一定の成功を収めているように思われる。ただ，契約責任の拡大を批判しただけでは，規準の不明確さの克服には繋がらない。少なくとも，「不明確さ」の中味をもう少し分析する必要があるだろう。契約の領分の肥大化に対する批判ももっともではあるが，反対にその領分を最小化し，すべてを不法行為責任に委ねることは何を意味するのだろうか。この点の「社会的背景」（あるいは「学説史的背景」）──今野の分析が依拠するレミーなどの見解の背景──こそが分析されるべきかもしれない。むしろ，主張の強さにおいては今野に劣るものの，契約と法秩序についての慎重な認識を示す高畑の立場の方に，これらの見解をさらに展開するための途があるようにも思われる。

　(3)　小括──ヴィネー草案　以上の議論をひとまずまとめる──次節の不法行為責任と密接に結びつくことは言うまでもない──に際しては，債権法改正草案に触れておく必要があるだろう。責任法の部分はヴィネーによる提案がなされているが，そこでは，ヴィネーは，レミーらの最近の有力説をとらないと明言している。「履行」ではなく「賠償」の要請に応じる必要があるというのである。では，契約責任と不法行為責任の区別はどうするのか。形式的には，双方の責任に共通の規定とそれぞれに固有の規定を置くことにより，両責任の部分的共通性がまず示されている。次に，より実質的には，人的損害が特別に扱われている。すなわち，これについては被害者にとって最善の制度によればよいことが示される。この点に関しては両責任はもはや峻別されない。そうなると，むしろ重要なのは，人的損害と物的損害の区別であるということになる。19世紀末に契約責任の拡張が期待された問題は，実は人的損害の問題であったのであり，20世紀末に契約責任の拡張が拒絶された問題は，実は物的損害の問題であったと考えるならば，これは一つの回答であるとも言える。もっとも，その先には，今野が最後に触れた問題──契約責任ではなく民事責任一般の拡大に伴う問題──がなお残されることになる。

　この問題については，次節で，不法行為責任に即した形で検討することになるだろう。

3　契約責任の位置づけ──森田修『契約責任の法学的構造』

　ここまで「契約責任」と呼んできたのは，損害賠償責任のことであった。しかし，契約から生じた債務が履行されない場合の救済は，損害賠償に限られないことは言うまでもない。フランスでも現実履行の強制が可能である。この点にかかわる問題は債権債務関係のところで検討することにして，ここでは現実履行と損害賠償との関係に関する研究に一言しておく。というのは，フランス民法には「附遅滞」という興味深い制度が存在するからである。すなわち，債務者は，一般には催告等によって遅滞に付され（仏民1139条），遅滞に陥ったことにより損害賠償責任を負うとされているのである（仏民1146条）。

　この点に関しては，森田修の『契約責任の法学的構造』（有斐閣, 2006）が興味深い考察を行っている。この著書は，既発表の6編に書き下ろしの2編と序章・総括を加えて構成されているが，そのモチーフは「債権の効力として，履行請求権と損害賠償請求権とがいかなる関係に立つか」という点にある。森田の議論は，ドイツ法を出発点として「債務転形論」（履行請求権が損害賠償請求権に転化する）の帰趨という枠組みの下で展開されるが，比較の対象としてフランス法がとりあげられている。「フランス法における債務転形論と附遅滞」（1992）がそれである。

　森田は，この論文において，「履行請求権を損害賠償請求権に転形させる手続である附遅滞制度の射程をめぐる論争を通じて，債務転形論というロジックそれ自体はフランスにおいても大筋では維持されてきた」としつつも，「フランス民法典ではドイツ民法典とは異なり，債務の転形が生じるのは，不能という債務者の不履行態様の一つによるのではなく，附遅滞という債権者の行為が必要とされている」とする。そして，やがて「附遅滞を不履行に『非難可能性』と付与する手続と理解する学説」が登場し，従来の附遅滞による転形もフォートによる転形も「『非難可能性』による債務の転形として一元的に理解されるようになった」とする。

　こうして森田は次のように述べる。「そこではなお，履行請求権の第一義性が前提とされ，どのような条件の下で，当事者，とりわけ被不履行者たる債権者が，履行請求権への拘束から離れるかという『履行請求権の排除』という課題意識は検出できるが，履行請求権の転形したものとして契約責任を捉える『同一性』の視点は，もはや克服されているとみるべきことになる」。

◆ 第1節 ◆ 契約責任

　以上から森田はより一般的に,「債務不履行前の契約等によって設定された債権関係を,債務不履行後の時点でもそのまま当事者関係の規律として貫徹するのではなく,その時点での当事者関係それ自体の評価に基づく債権関係を新しい規律として構成しなくてはならない」という認識に至る。この認識は,最近の森田の解除論を特徴づけるものとなっている。

III　補論 —— 解除等について

1　解除

　最後に解除等についても触れておきたい。ただし,森田の解除論は,フランス法を単独で論じているわけではないので,ここではとりあげない。より若い世代の研究をとりあげるが,その前に解除に関する規定について一言しておく必要がある。

　すでに掲げた1184条は解除条件の延長線上に置かれた規定である。すなわち,フランス法では双務契約においては相手方の不履行の場合には契約から解放されるという条件が付されているものと扱われているのである。もっともフランスでは,法定解除権は裁判上行使しなければならないとされている。

　以上のような特殊性に着目しつつ解除の法定性質について論ずるのが,福本忍の「フランス債務法における法定解除の法的基礎と要件論 (1-2)」立命館法学 299 号, 302 号 (2005-06) であり,同じ問題により包括的な形で取り組み,かつ,裁判官の役割に着目するのが齋藤哲志の「フランスにおける契約の決定解除」法学協会雑誌 23 巻 7 号, 8 号 (2006) である。これらの研究は,解除という制度の性質を理解しようというものであると言える。

2　その他

　ところで,フランスの民法教科書では,双務契約に固有の法理として,解除に加えて,「危険理論 théorie de risque」・「不履行の抗弁 exception d'inexécution」の二つが掲げられることが多い。それぞれ危険負担・同時履行の抗弁に対応する。興味深いのは,このいずれもが日本法のように明確な根拠規定を持つわけではないということである。

　そのためか,これらの制度の体系的な位置づけも必ずしも安定しているわけ

ではない。たとえば、カルボニエの教科書では、同時履行の抗弁は解除の縮減形（自分の義務を免れるという意味だろう）として扱われるとともに、「危険理論による解消」は、「当事者の欠如による解消」（これが解除）と並ぶ契約解消事由とされている。

それぞれの制度については、日本でも研究の余地があるが、さらに進んで、各制度の相互の関係（体系的な位置づけ）についても研究する必要があるだろう。特に、カルボニエのように、解除と危険負担を併置する見方は示唆に富むものだろう。なお、同時履行の抗弁と並んで「契約停止 suspension du contrat」が認められているが、これに関しては山口俊夫の仏語学位論文が書かれている。その研究は、日本におけるフランス民法研究のフランスにおける貢献という文脈においても興味あるものであると言えるだろう（他に、梅謙次郎や石崎政一郎の学位論文についても検討すべき問題がある）。

余談ながら、フランス民法研究における「日本学派」が目指すべき方向は三つあると思われる。一つは比較法的な検討である（フランスで書かれる外国人の論文の場合、自国とフランスの2国比較が多い。山口のものはECC6国の比較）。もう一つは、学説史・立法史的な検討である。日本民法学の得意とするところであるし、資料的にも場合によっては有利であるとも言える。最後の一つは、社会史的な検討である。これは資料的には不利ではあるが、フランスの研究動向からは外れているので、類似の例が少ない。その意味では存在意義のあるものとなりうる。

● コラム 20 ● civil の意味 —— commercial, économique との対比

　民法は droit civil の訳語であるが，droits civils は私権と訳されている。また，société civile は市民社会と訳される。もちろん，いずれの訳語も civil の意味を取り出そうとしたものであることは確かである。しかし，このままでは civil の意味の核心もその外延もはっきりとはしない。

　civil は citoyen に由来する言葉である。フランス語辞典には，relatif à l'ensemble des citoyens（すべての市民にかかわる）と説明されている。ここから，全市民にかかわるのではないものが civil と対比されるものとして析出されることになる。

　その一つが，commercial（取引にかかわる）であり，もう一つが économique（家政にかかわる，富の生産・流通・消費にかかわる）である。前者との対比では，civil は（商人ではなく全市民が関与するという意味で）より生活に密着したものを，後者との対比では，civil は（生計ではなく個や社会のあり方にかかわるという意味で）より政治的なものを指す。民法が商法と，市民的自由が経済的自由と対比される場合の civil はこのようなものである。

　しかし，それらは狭義の civil であると言うべきだろう。取引がこの世界を覆っている以上，それは商人のみの関心事ではもはやありえない。また，かつては私的領域に属するとされた家計（さらには市場）の状態は今日では公的な関心事だからである。

　そうだとすれば，広義の civil は commercial/économique と対立しつつも，これらを包摂するものとして位置づけられることになろう。

――――― 第3章 民事責任 ―――――

◆ 第2節 ◆ 不法行為責任　【Leçon 21】

① 序 ── 規定の配置と研究の文脈

　前節の契約責任に続き，本節では不法行為責任をとりあげる。よく知られているように，フランス民法1382条は日本民法709条と類似した構造を持っており，一般不法行為につき複数の類型を持つドイツ民法とは一線を画している。544条や1134条と並んで名高いこの規定と，19世紀末以降のフランス不法行為法の中心となった観もある1184条とをまず紹介しておこう。

1182条　他人に損害（dommage）を生じさせる（causer）人の行為（fait de l'homme）はいかなるものであってもすべて，過失（faute）によってそれをもたらした者に，それを賠償する義務を負わせる。
1184条①自己の行為によって生じさせた損害だけでなく，自己が責任を負うべき者の行為又は自己が保管する物自己が責任を負うべき者の行為又は自己が保管する物から生じる責任についても，責任を負う。
②③〈略〉
④（父母の責任）
⑤（主人・使用者の責任）
⑥（教師・職人の責任）
⑦⑧〈略〉

　ちなみに，1183条は，「行為 fait」ではなく「懈怠 négligence」「不注意 imprudence」による場合にも同様と定める規定であるが，通常は，1182条とあわせて考えられている。また，1185条・1186条は，動物所有者の責任・建物所有者の責任を定めるが，これらの規定（および1184条4項～6項）と1184条1項の関係については，後で改めて説明する。なお，制定当時のフランス民法典の不法行為規定は，以上の5ヶ条のみだったが，1998年改正によって，1186条の1から1386条の18までが追加されている。これらはEU指令に基づき製造物責任の規定を国内法化したものである。
　このようにフランス法では製造物責任は民法に組み込まれているが，他に近年の重要な特別法として，1985年の交通事故法，2002年の医療事故法をあげることができる。なお，歴史的には1898年の労災補償法が重要であるが，これに

ついては，いくつかの著名判決とともに後で改めて一言することになる。

ところで，フランスの不法行為法は物権変動・契約理論と並んで，日本においても研究の蓄積が多い領域である。その理由は二つある。一つは，フランス不法行為法が19世紀末以降めざましい発展を遂げてきた点に求められる。一言で言えば，フランス不法行為法は，実際面でも理論面でもフランス民法学のダイナミックな展開を最もよく示す領域であったと言える。これに日本の研究者たちが関心を寄せたのは，ある意味では当然のことであったと言える。もう一つは，たった5ヶ条からなる不法行為法は全体として緊密な関連を持っているため，新たな研究は常に先行研究を意識しなければならない。そのために自然と「蓄積」が生ずることになった面もある。

以下，一連の研究を1382条の要件にそって紹介・検討する。すなわち，「過失 faute」「損害 dommage」「因果関係 causalité」（Ⅱ～Ⅳ）の順で見ていくが，その際には先行研究との関係に留意する。最後に，ヴィネー草案の内容に触れるとともに（Ⅴ1），日仏の社会状況の比較をしつつこれからの研究の一つの方向を示したい（Ⅴ2）。

Ⅱ　フォート

1　1382条に基づく責任 ── 野田第1論文から野田第3論文へ

日本におけるフランス法学の第2世代を代表する野田良之は，責任保険法から研究を開始し，続いて自動車事故法に取り組んだ。その成果が，「フランスの責任保険法」法学協会雑誌56巻1号～4号（1938），「自動車事故に関するフランスの民事責任法」法学協会雑誌57巻2号～4号（1939）である（以下，野田第1論文・第2論文と呼ぶ）。その野田が，戦後になって「過失 faute」について書いたのが，「フランス民法における faute の概念」（『我妻栄先生還暦記念　損害賠償責任の研究（上）』〔有斐閣，1957〕である〔野田第3論文と呼ぶ〕）。野田第3論文は，日本におけるフランス不法行為法研究の（戦前の）到達点にして（戦後の）出発点とも言うべき論文であるが，その論文が，以上のような経緯を経て書かれたものであることは興味を引く事実である。

考えてみると，これは当然と言えば当然のことである。野田第1論文は，「過失 faute」という言葉の内容が19世紀を通じて日常用語の域を出ないものであ

り，十分な検討の対象となっていなかったことを指摘し，19世紀末に至り，プラニオルの一元論（faute 説）とサヴァチエの二元論（risque 説）とが対立するに至る経緯を描き出す。すなわち，産業革命後のフランス社会において急速に増加した各種の事故に対応するために，サレイユがもはや faute によるべきではないとしたのを受けて，一方で，プラニオルは faute の客観化によってこの課題に答えようとし，他方，サヴァチエは risque を責任の根拠とすべきことを説いたことが示される。

その後，野田の研究を受けて，faute の概念史に正面から取り組む論文も現れている。飛世昭裕「フランス私法学史における『フォオト』概念の成立」北大法学論争 41 巻 5＝6 号合併号（1991-）がそれであるが，この研究は中断してしているのは惜しまれるところである。ただ，既刊部分の末尾における次の指摘は興味深い。「フランス注釈学派における『フォオト』論の未成熟は，伝統的な，ロオマ法以来のクルパの個々の類型である『無思慮』『懈怠』『選任上の過失』『監督上の過失』『保管上の過失』などを受け継いだドマやポチエの議論に対して自明のごとく考え，批判的に検討することもなく維持していたことに原因があろう。それらをいわば『科学的に』検討しようとしたのが，次節以下でみるサレイユとプラニオルの民事責任論である」。

以上の野田論文・飛世論文を見ると，これまで検討してきたテーマとの関係で次のようなことがわかる。まず，不法行為責任に関しても，faute による責任を広くとらえるか否かという対立が存在すること。この点は，契約責任の広狭と関連する。次に，不法行為責任に関しても，19世紀末にローマ法の見方に対して新しいより学理的な見方が現れたということ。この点は，錯誤やコーズに関する学説史と共通の傾向を見出すことができるだろう。

なお，文献を補充しておく。野田以前にフランス不法行為法に言及するものとして，牧野英一「民事責任の基礎としての過失の概念」法学協会雑誌 23 巻 8 号（1905）── プラニオル説を紹介 ── のほか，岡松参太郎『無過失損害賠償責任論』（有斐閣，1916），末川博『権利濫用の研究』（岩波書店，1949）があることを指摘しておく。

また，注釈学派と科学学派の主要な論者，科学学派登場の背景などについては，山口俊夫の教科書のほか，野田良之「注釈学派と自由法」尾高朝雄ほか編『法哲学講座第 3 巻』（有斐閣，1956），大村「共和国の民法学」法学協会雑誌 121

◆ 第2節 ◆ 不法行為責任

巻12号（2004）を参照されたい。

2　その他の責任 ── 野田第2論文から北村論文へ

(1) **1384条に基づく責任**　ところで，不法行為責任の拡張・客観化の流れは，1382条の内部においてのみならず，1384条に依拠する形で飛躍的に発展した。野田第2論文はまさにこの点に着目するものであった。野田は，戦前においてすでに重要な問題となっていた交通事故（それでも死者は1500人程度であり，戦後の「交通戦争」に比べればなお少ない）をとりあげつつこの問題を論じたが，その背後には「此の問題を中心として民事責任法の変遷を眺め，その根本思想の推移を捉へんとする理論的要求」があった。

具体的にとりあげられるのは，判例法によって形成された「無生物責任」の法理である。その際の出発点となったのが前述の1384条1項である。この規定は，「自己が責任を負うべき者の行為」「自己が保管する物」の双方につき広く責任の根拠となるように見えるが，実は，1384条の各号や1385条・1386条の責任を総括して示すだけの規定（見出し規定などと呼ばれる）として立法されたものであり，固有の規範内容を持たないとされていた。

ところが，学説には1384条1項の解釈によって広く責任を認める見解が現れ，その後，1896年の破毀院判決（ボイラーの破裂事故）がこれを認めた（この判決が出された当時，すでに1898年の労災事故法の立法作業は始められていたという）。ただちに，サレイユがこれに賛成の見解を表明した（ただし，エスマンは反対論であり，契約責任による処理を主張した。この点で，契約責任の問題とかかわることになる）。その後，この法理は，1930年2月13日の破毀院判決（ジャンデール判決）によって，自動車事故に適用され，無生物責任＝「物の所為による責任」は確固たる法理となるに至る。

野田が描いた以上の経緯は，後に新関輝夫の『フランス不法行為法の研究』（法律文化社，1990，初出は1974-88）によってより詳しい形で再び確認されることになるが，この書物が出版される頃，フランスではもう一つの大きな動きが生じていた。一方で，1991年3月19日のブリク判決は，「他人の所為による責任」につき一般的なルールを提示した。他方，1997年2月19日のベルトラン判決によって，父母の責任につき過失推定ではなく当然責任であるという見方が示された。これらの登場によって，20世紀の初めに「物の所為」について行

211

われたのと同様の法創造が，同じ世紀の終わりに「他人の所為」について繰り返されることとなった。この経緯を描き出したのが北村一郎「フランス法における《他人の所為による責任の一般原理の形成》」（加藤雅信ほか編『高翔龍先生日韓法学交流記念 21世紀の日韓民事法学』〔信山社，2005〕）であり，二つの判決のうち後者の提示した問題につき，親子法的な関心に導かれて論ずるのが，久保野恵美子「子の行為に関する親の不法行為責任」法学協会雑誌 116 巻 4 号，117巻 1 号（1999/2000）である。

　北村論文は，二つの破毀院判決のみならず関連の判決を広くとりあげて，問題の所在を摘出しようとしているが，この点に関しては，最後の補論でもう一度触れることにしたい。

　(2) **特別法に基づく責任**　　すでに触れて見たように，フランスでは，交通事故に関しては判例による対応がなされたために，特別法の立法は大きく遅れた。1985 年の立法は，過失相殺をめぐって生じたものである。すなわち，1982年のデマール判決が交通事故につき被害者側の過失を考慮しないという立場を打ち出し，これを受けた形で特別法が制定された（興味深いことに，立法の先駆としての役割をはたした判例は，1987 年にその態度を改めて伝統的な過失相殺を認める方向に復帰している）。

　製造物責任法についても，フランスはEU指令になかなか従わなかった。というのも，瑕疵担保責任（契約責任）の法理——以前に見たように，責任が物とともに移転するという構成——によって十分な対応がはかられており，特別な立法をする必要がなかったからである（この経緯については，平野裕之『製造物責任の理論と法解釈』〔信山社，1990〕を参照）。

　これに対して，2002 年に，医療過誤につき立法がされたのは，判例が認めた民事責任を否定するためであった。破毀院が，2000 年 11 月 17 日のペリュシュ事件において障害児の出生につき損害を認めたため，これを否定して社会保障による救済をはかるべきこととしたのである（ペリュシュについては，大村「障害児の出生をめぐる法的言説」同『学術としての民法Ⅰ　20 世紀フランス民法学から』〔東京大学出版会，2005〕を参照）。

3　社会法との関係——野田第 1 論文から山口論文へ

　ところで，社会保障や保険制度は，民事責任と密接な関係を持つ。野田の第

◆第2節◆　不法行為責任

1論文はまさにこのテーマをとりあげるものであったが，その関心は，後に，山口俊夫「社会法と民事責任」日仏法学4号（1967）によって承継された。「社会法 droit social」，「社会保障 sécurité sociale」はフランス法の大きな特色をなすが，いまここでは立ち入らず，その背後にあり民法にも密接にかかわる法思想につき一言するにとどめる。

それは，野田第1論文が取り組もうとした「連帯 solidarité」の思想である。野田は，「民事責任法の理念が個人の自由活動の最小限度の制限と云ふ個人主義的理念より，社会的危険を社会の各員に公平に分担せしめんとする社会連帯主義的理念へと向かって進みつつある」として，その手段となる損害保険制度に取り組んだのである。野田自身が指摘するように，この発想は，野田の師であった杉山直治郎に顕著に見られたものであった。杉山あるいは牧野らは，当時のフランス法に社会連帯主義を見出したのである。

民事責任論の再編成が科学学派の理論的側面を代表する業績であるとすると，連帯主義の思想はその価値的側面を端的に示すものであると言える（以上の点については，大村「共和国の民法学」法学協会雑誌121巻12号〔2004〕の続稿でより詳しく説明する）。

ここまで見てきたように，これまでのフランス不法行為法研究の中心は過失論にあったが，損害論や因果関係論にも見るべき業績がある。以下，これらについても見ていくことにしよう。

II　損　害

1　要件としての損害

(1) **特に保護される利益**　フランス不法行為法において人身損害が特別な取り扱いを受けていることを指摘する興味深い研究として，淡路剛久「スタルク教授の民事責任論」(1979)がある。この論文は，淡路の論文集『不法行為法における権利保障と損害の評価』（有斐閣，1984）に収められているが，被害者の権利保障を研究の目標に据えた淡路は，そのような観点からスタルクの見解に注目した（なお，淡路「不法行為責任の客観化と被害者の権利の拡大」立教法学73号〔2007〕は淡路の最終講義をまとめたものだが，この表題に淡路の問題意識が集約され

第 3 章　民事責任

ている)。

　これまでに紹介してきた過失論との関係では、スタルクの理論は次のように位置づけられる。「スタルク教授の民事責任論、とりわけ『保障理論』théorie de la garantie は、その発想がきわめてユニークかつ大胆であり、過失責任論にせよ、危険責任論にせよ、従来の民事責任論を根底からくつがえすような性質のものである」。すなわち、「従来の民事責任論は、『過失』か『危険』かの違いはあるにせよ、加害者の行為に焦点を合わせ、その評価の上に法理論を構築していたのに対して、保障理論は被害者に焦点を合わせ、被害者の権利の法による『保障』(それは単なる被害者救済の要請とは異なる)によって、民事責任を再構成しようとする」というのである。

　淡路がこの理論に関心を持ったのは、スタルクの教科書(1972)を読んだ後のことであるが、もともとスタルクの見解は 1947 年の学位論文において展開されたものである。それゆえ、淡路もこの学位論文に従って紹介を行っている。

　淡路が紹介するスタルクの見解のポイントは、損害をアクイリア損害(ローマ法の訴権の名称に由来する呼称)と非アクイリア損害に二分する点にある。アクイリア損害とは人身損害や物的損害であり、非アクイリア損害とはそれ以外の純粋経済損害や精神的損害のことである。前者は厚く保護されるのに対して、後者は加害者側の自由との相関関係において一定程度の保護が与えられるに留まる。このような二分法は不法行為法の歴史から導くことができると同時に、現行法(フランス法)をよく説明するというのである。

　淡路は 1970 年代の公害研究の主要な担い手であり(『公害賠償の理論』〔有斐閣、1978、増補版、2008〕など)、新・受忍限度論の提唱者の一人であった。淡路にとって人身損害の救済は大きな課題であるとともに、より希薄な環境利益の保護もまたこれに劣らない課題であった。淡路は、スタルク説の中に、この両者をそれぞれに追求しうる枠組みを見出したと言えるだろう。

　上記の最終講義で淡路は次のように述べている。「21 世紀に入って、わが国では個人責任とか、新自由主義とかが主張され、雰囲気として責任の社会化や社会連帯の思想が薄くなっているように思われます。しかし、長い目で見ますと、わが国の不法行為法も、過失主義の中であれ、この 100 年の間に、被害者の権利の拡大に向けて進展してきたのであります。人身型の不法行為と取引型の不法行為とでは、権利保障のあり方が異なりますが、人身不法行為について

214

◆ 第2節 ◆ 不法行為責任

いえば，その権利保障は実体法的には客観的責任や無過失責任により基礎づけられ，その社会化は保険や社会保障をその基盤としてきました。フランス法は，19世紀から20世紀を通じてその方向で進んできたのであります。その歩みは，かつて，スタルク教授が人的・物的損害に対する民事責任の発展は，ローマのアクイリア法以来，権利保障の拡大の歴史であった，と述べられたことを想起させるのであります」。

なお，純粋経済損害（取引型の不法行為）につき，フランス法が冷淡な態度を採っているわけではないことを確認しておく。むしろ，契約尊重の風土の下で，債権侵害などに関しては手厚い保護がなされていると言うことができる（この点につき，吉田邦彦『債権侵害論再考』〔有斐閣，1991〕）。

(2) **特に保護されない利益** ある意味で，以上とは反対に，保護されるべき利益にあたらないという理由で不法行為責任の成立が否定される場合があることに着目する研究も現れている。中田裕康「侵害された利益の正当性」(2001)がそれである。中田論文で興味を引くのは，その問題設定の仕方，議論の展開の仕方，日本法との関連づけの仕方である。

中田はまず，日本においてドイツ法を参照した損害の規範的評価に関する研究が進みつつあることを指摘する。しかし，この場合の規範的評価は「現実の財産的不利益が生じていなくてもなお損害の発生を認めるべき場合」であり，「現に不利益があるのに損害の発生を否定すべき場合」は十分には検討されていないとする。これに対して，フランス法ではこの点が議論されているとして，「内縁カップルの一方の死亡」「違法・不正な営業活動等の妨害」「違法・不正な状況下での人身損害」「違法・不正な取引への被害者の参加」「子の出生」の五つの場合が紹介・検討されている。

最後の場合はペリュシュ事件に対応するが，おそらくは中田はこの判決への関心を一般化し，日本における学説状況と関連づける形で検討することを試みたものと思われる。ここには，熟練した民法学者の手腕が見てとれるが，中田がフランス法から導く帰結はさらに興味深いものを含んでいる。すなわち，中田は，以上のような課題設定は，「損害の規範的評価の内容の明確化」をするのに資するだけでなく，「横断的考察」によって「損害の公平な分担における社会的・道徳的な規範の位置づけという共通する性質の問題があること」が示され，それに対する「態度の一貫性」が吟味されるというのである。

ここでは，外国法が自国法の特色を写す鏡として用いられうることが，具体的な問題に即して語られているのである。

2　効果における損害

損害は不法行為の要件のみならず，効果にもかかわる。いかなる種類の損害をいかなる範囲で賠償すべきかという問題があるかである。損害賠償の範囲に関しては，関口晃「フランス法における損害賠償の範囲及び方法について」都立大学創立10周年記念論集（1960）が早い時期の研究である。ここでは，その中味には立ち入らず，慰謝料について触れられている部分について一見するにとどめる。

日本では，慰謝料は，財産的損害の賠償額を調整するために用いられることが多いのに対して，フランスでは，慰謝料は項目ごとに計算される。また，その額はいっぱんにはそれほど大きくないように思われる。このことが何を意味するのかは検討に値するところである。とりわけ，最近フランスでは懲罰的損害賠償の導入が問題になっているので，それとの関連にも留意する必要がある。

Ⅳ　因果関係

最後に因果関係である。この点に関しては，最近の瀬川信久「不法行為」200年Aが，サーヴェイを越えた本格的な業績となっている。瀬川は，「因果関係」が不法行為の成立要件とされるようになったのは19世紀末のことであるとする。野田が指摘したように，それまではfauteの概念は不明確であったが，因果関係も明確な形では要件とされてはいなかったというのである。その背後には，因果関係の有無が争点となる事例が登場したことやサレイユ説においてfauteが不要とされ因果関係のみが要件とされたことなどがあげられる。

このような指摘をした上で，瀬川はフランス判例法が，結局，条件関係＋保護範囲という日本の学説の示す図式と似た因果関係論に到着した経緯を明らかにする。それ自体は極めて重要な指摘であるが，ここでは，むしろ瀬川が論文冒頭わずかに触れる問題，すなわち，免責の理由としての「外来の原因 cause étrangère」，損害としての「機会喪失 perte d'une chance」などの指摘が興味深い。これらはなぜ必要とされるのか。瀬川は，前者については，自動車事故な

どでは faute を問題にすることができないこと，後者については，ある損害との間に因果関係が認められない場合に「保護法益・損害を前進させることにより因果関係を認める」ものであることを指摘しているが，これらの点はさらに本格的に検討されるべきであろう。

Ⅴ 補 論

1 ヴィネー草案

ヴィネー草案のポイントの第一は，人身や人格に対する損害に対して厚い保護を与えている点にある。この点は前節でも述べた通りである。第二は，「他人の所為による責任」に関する判例法が採用されている点にある。第三に，懲罰的損害賠償の導入を付け加えておこう。

2 ベルエポックのフランスと高度成長期の日本，そして現在…

19世紀末から20世紀初頭はフランス不法行為法の躍進の時期であった。日本でこれに匹敵するのは高度経済成長期であろう。公害裁判例による不法行為法の発展には目を見張るものがあった。そこには，高度な産業からもたらされる被害の救済という共通の課題があったが，対応の仕方は日仏に差異がある。立ち入った比較は興味深いテーマとなるだろう（たとえば，交通事故への対応につき，日本の1955年自動車損害賠償保障法の検討など）。

では，現在はどうだろうか。近年に至りフランスで，「他人の所為による責任」につき判例法が発展したのはなぜか。また，日本のでは公害とは異なるタイプの不法行為判例が続出している。それはなぜか。フランスと日本との間に共通の事情はあるのかないのか。この点もこれからの重要な検討課題となるだろう。とりあえず，北村論文の紹介する事例の中身が一つのヒントになる。また，ヴィネーも強調する人格・人身の尊重に関しては，過去半世紀間の「人の法」の発展にも留意する必要がある。

第3章 民事責任

> ● **コラム 21** ● civil の意味 —— naturel/religieux, public/politique との対比
>
> 　civil と対比される言葉としては，naturel や religieux も重要である。これらの対比において，civil は作為の状態，世俗の状態を指す。civil には，自然や宗教の支配から脱するという意思を宿っていると言ってもよい。あるいは，militaire との対比をも視野に入れるならば，civil は平和への意思・民生の重視を含むと言うこともできる。
>
> 　以上とも関連するが，civil は public（人々の全体にかかわる）や politique（国家にかかわる）と同視されることもある。これらの言葉は civil の積極面にかかわると言える。すなわち，市民が，社会全体・国家のことを考えて行動する側面が public/politique に連なるのである。
>
> 　これに対して，civil には消極的な側面もある。citoyen は，同じ土地に住み，同じ法に服する具体的な人々（peuple）である。その意味で「民」（支配された人々）としての側面を持つ。その場合には，「官」（支配する人々）に対して，privé（私の領域＝不可侵の領域）を求めることになる。
>
> 　また，私生活や私的利益は，市民による支配が実現するとしても，個人の生存（生命）・生活（人生）にとって必要なものである。
>
> 　以上のように見てくると，civil には，①commercial/économique と対比される側面と②これらを包摂する側面，③politique/public と通底する側面と④これと対比される側面があることになる。したがって，droit civil も droits civils も société civile もこれらの要素を内包するものとして理解されなければならない。

◇補章◇ 取　引

◆ 第1節 ◆ 債権債務関係　【Leçon 22】

Ⅰ　序——関連の規定

　本章は「取引」と題しているが，日本法で言えば，債権総則・担保・時効が含まれる。そのうち本節では，債権総則に相当する部分にかかわる研究をとりあげる。

　まずはじめに関連の規定の配置に触れておく。中心をなすのは，第3編第3章の第5節「債権の消滅」であるが，第4節「各種の債権」（連帯債務など）のほか，第3節「債権の効果」の一部（債権者代位権・詐害行為取消権），「各種の契約」中の「売買」の規定の一部（債権譲渡）も含まれる。

　このように見ると，債権総則という日本式の枠組みによってフランス民法典では各所に存在する規定を切り取っているように思われるかもしれないが，フランスにおいても，講学上，「債権の制度（規律）régime des obligations」という名称のもとに，上記の諸制度は一括して扱われるのが普通である。

　このような意味での「債権の制度（規律）」には，日本と同様，様々な制度が含まれる。そのうち主要なものは，日本においても本格的な研究の対象となっている。そこで，以下においては，便宜上，債権の当事者にかかわるもの（Ⅱ）と債権の効力にかかわるもの（Ⅲ）とに二分した上で，主要な研究を見ていくことにする。そして，最後に，債権法改正案の特徴に触れるとともに，今後の研究の方向についても一言する（Ⅳ）。

❖ II 債権の当事者

　「債権の当事者」にかかわるものとしては，多数当事者の債権債務関係にかわるものとして，淡路剛久の『連帯債務の研究』（弘文堂，1975）と池田真朗の『債権譲渡の研究』（弘文堂，1993）を中心的にとりあげる。

1　多数当事者の債権債務関係
(1)　淡路剛久『連帯債務の研究』　　淡路論文（初出 1967-68）は，戦後のフランス民法研究の初期に属するものであり，星野論文に続くものであった。その意味で，フランス民法研究の一つの型を提示するものであったとも言える。連帯債務に関しては，すでに椿寿夫によるドイツ民法研究がなされていたが，淡路は，研究の欠落していたフランス法を素材にして，この問題に取り組んだ。

　連帯債務には，周知のように絶対的効力事由が存在するが，この制度をいかに説明するかについては主観的共同関係説（通説）と相互保証説（有力説）が対立する状況にあった。これに対して，淡路は，絶対的効力事由を一体型と負担部分型とに分けて，それぞれを二つの説に対応させる。ここには，二つの効力事由は異なる実体関係に対応するものであるという認識がある。さらに，その背後には，共同体の法律関係に関する川島武宜の理解がある。

　以上のような着想に基づき，淡路はフランス民法に向かう。そして，ローマ法以来，連帯債務は実体的な共同関係を基礎としてきたのであり，これに対応して一体型の負担部分が認められてきたこと，しかし，これとは別に相互保証的な連帯も存在し，日本法においてはこれが広く認められていることが指摘されている。

　さらに，淡路は，これまでの不真正連帯債務の概念にも疑問を投げかける。すなわち，不真正連帯債務は真正の連帯債務と併存する概念ではなく，連帯債務以外のものを総称するに過ぎないとする。

　以上のような淡路の研究は，従来の概念を歴史・実体に照らして相対化するという指向を持ったものであったと言える。具体的には，淡路によれば，二者択一的で統一的な連帯債務の概念を構成する必要はないし，不真正連帯債務は虚像に過ぎないということになる。ここに，川島の社会理論を踏まえつつも，実益指向が強まりつつある戦後民法学の傾向を踏まえた新しい世代の研究が登

◆ 第1節 ◆ 債権債務関係

場したのである。

(2) 関連の研究　　淡路の研究は，その後，福田誠治によって引き継がれる。福田の「19世紀フランス法における連帯債務と保証 (1-7)」北大法学論集47巻5号〜50巻4号 (1997-99) は，19世紀フランスに限って，絶対的効力事由のそれぞれにつき詳細な検討を加えるものである。そこには，淡路において必ずしも積極的には評価されなかった相互保証的な連帯債務につき，もう一歩立ち入った検討を試みようという姿勢が窺われる。その関心は日本の解釈論の状況はやや離れ，先行研究との関係，フランス法の文脈との関係にシフトしており，よりフランス法に寄り添ったものとなっていると評することができる。

　前節でとりあげた野田論文から飛世論文への展開もそうだったが，ここには研究の深まりの一つのパターンを見出すことができるだろう。なお，淡路自身は，その不真正連帯債務論を手がかりに，共同不法行為論へと研究を進めることになる。それは，福田とはいわば逆に，日本法そのものへと向かう試みであったと言うことができる。これもまた，ありうる研究の展開の仕方であろう。

2　債権債務関係の移転

(1) 池田真朗『債権譲渡の研究』　　淡路論文から10年ほど少し遅れて，467条に関する池田の一連の論文 (1977-78) が現れる。さらに，10年を経て，468条に関する論文 (1989-92) が書かれる。これらを中心に編まれたのが池田の前掲書である。池田の著書をめぐっては，その出版の直後，すなわち1990年代の半ばに，多くの著者を巻き込んだ方法論争が展開されることになる。ここでは，この論争を最初の批判者 (道垣内弘人) の名を加えて，池田＝道垣内論争と呼んでおく (この論争については，大村『法源・解釈・民法学』〔有斐閣，1995〕所収の書評を参照)。この論争は，フランス民法研究の意味にかかわるものであったので，以下，池田の業績の紹介とからめる形で，この論争についても触れることにしたい。

　池田の研究は，467条・468条の双方につき，日本法の規定がボワソナードを介してフランスに由来することを明らかにしたものである。とりわけ，対抗要件とされている確定日付が日本において変質する様子が示された。ただ，467条と468条とでは問題状況がやや異なっていた。図式的に表現するならば，467条に関しては，ボワソナードの考え方に戻ることから導かれる池田の理解・

主張は，かなりの説得力を持った。これに対して，468条については事情が異なった。ボワソナードの考え方自体が必ずしも説明力を持たなかったため，池田は，異議を留めない承諾につき，法定の効力であるとの説明をせざるを得ず，しかも解釈論的な提言も独自にすることとなった。

　論争は，468条解釈における池田説の「特権性」をめぐって展開された。道垣内は，ドイツ法的な法律構成であってもそれが優れたものであればよく，沿革に即した理解であるか否かは決定的な意味を持たないと主張した。また，大村も，前述のように，467条の場合とは異なり，468条の場合には池田説自体が一つの法律構成であって，沿革に忠実な解釈としての「特権性」を持つものではないとした。

　しかし，道垣内は沿革研究そのもの（正確には沿革研究の特権性を当然の前提とすること）に対して懐疑的であったのに対して，大村は基礎研究としての重要性を強調し，池田の解釈論が支持されないとしても，池田の研究そのものの価値は減じないとした。やがてこの論争は，後に見る森田＝潮見論争へと引き継がれることになる。

　(2)　**関連の研究**　　池田は，債権譲渡の研究以前には，債権の準占有者への弁済を研究テーマとしていた。フランス民法を参照しつつ，478条の射程を制約するという考え方は，すでに来栖三郎などによって提示されていたが，この問題に取り組んだ池田が，準占有者への弁済と密接にかかわる債権譲渡の研究に進んだのは自然なことだったと言えよう。なお，現在，慶應義塾大学は，池田のほか，金山直樹・平野裕之・片山直也などを擁し，日本におけるフランス民法の一大拠点となっているが，先駆者としての池田のはたした役割は特筆に値する。もっとも，池田に先立ち，その師・内池慶四郎が旧民法に関心を寄せていたことも注記しておく必要がある。

　前掲の論争以後，池田は，「条文」の解釈論とその後の解釈論・立法論とは別であると主張し，その後は，債権譲渡法の今日的な解釈問題や立法論へと研究の中心をシフトさせていくことになる。

　他方，債権譲渡ではなく債務引受・契約上の地位の譲渡につき，フランス民法を素材とした研究が現れる。野澤正充の『契約譲渡の研究』（弘文堂，2002）に収録された研究がそれである。以前に述べたように，野澤は，契約の特定承継から研究を始め，その後，債務引受そして契約譲渡へ関心を広げた。

◆　第1節　◆　債権債務関係

　野澤の研究の特徴は，フランス民法の契約譲渡法制を歴史的な流れの中に位置づけた点にある。更改からスタートし債務引受を経て契約譲渡に至る展開過程が他のヨーロッパ諸国の新しい民法をも参酌した形で示されたのである。
　この野澤の研究もある意味では，日本法の文脈からいったんは離れるものであると考えることができる。これは，債務引受とか契約譲渡といった日本法には規定のない問題を扱うための戦略の一つとして，注目に値する。

Ⅲ　債権の効力

1　強制履行

(1)　**森田修『強制履行の法学的構造』**　　債務不履行に基づく損害賠償につき，いわゆる三分法の由来を批判的に検討する論文で学界にデビューした森田修は，次の論文（初出は1992-93）のテーマとして損害賠償とならぶ救済手段である強制履行を選んだ。この論文をめぐっては，1990年代に第二の方法論争が行われた。これが前述の森田＝潮見論争である（この論争については，大村『法典・教育・民法学』〔有斐閣，1999〕所収の書評を参照）。この論争もまたフランス法研究の意義にかかわるものとなったので，その内容につき，以下において付言しておく。
　強制履行に関しては，通説（我妻）は，日本法の制度を「フランス民法主義からドイツ民事訴訟法主義への推移」と位置づけ，そこに「作為又は不作為を目的とする債権の強制執行的効力を強大にするという……理論の発展」を見出していた。
　これに対して，森田は一方で，フランス法主義とドイツ法主義の相違の由来を確認し，その文脈の中に日本法を位置づけることを課題とする。他方，これを前提に森田は，解釈論としての「間接強制の補充性」を批判する。
　森田の議論の大きな特徴は，履行強制の問題をその前提となる法観念と関連づけてとらえる点にある。具体的には，民法典制定以前のフランス法主義における履行強制の弱さは，所有権移転との関係において理解されるべきであるとされる。すなわち，フランスでは，契約によって所有権が移転する以上，引渡債務を履行強制する必要はない。1142条がたやすく損害賠償への転化（森田の表現では転形）を認めているのはそのためであるというのである。もう一つの

特徴は，歴史の中で制度理解の変遷をとらえる点である。具体的には，フランス法において，民法の外で認められるに至ったアストラント（間接強制）に対して否定的な態度がとられるのは，19世紀におけるドゥモロンブの「人格自由説」によるが，これは一過性の議論であったとされている。

以上をふまえて森田は，ボワソナードを経て19世紀フランス学説が日本に導入される経緯やこれに加えてドイツからの学説継受がなされる経緯をたどる。ドイツ法との関連づけを捨象するならば，間接強制を必ずしも例外的なものと考える必要はないというのが森田の結論となる。

ここまでの認識に関しては，潮見にもおそらく異論はない。ところがその先に二つの問題が現れる。一つは，通説的な見解によって（旧）民事訴訟法が立法されているという事情，もう一つは，森田の示す「執行制度の設計」の当否という問題，である。潮見は，森田の行った歴史的な検討を評価しつつも，このような検討から森田の主張する解釈論を導くことはできないとしたのである。

道垣内が沿革の特権性を批判したとすれば，潮見が否定しようとしたのはいわば歴史法則の特権性であったと言えるが，これに対しては，森田は次のように反論した。すなわち，歴史認識は，先行する議論を否定するためにのみ援用されており，積極的な立論には利用されていない，と。このことを方法論的に定式化したのが，森田の「私法学における歴史認識と規範認識」社会科学研究47巻4号，6号（1995/96）という論文である。その結果，森田は，自身の解釈論を歴史のサポートなしに構築する必要性に迫られた。そこから，森田の「法と経済学」への接近が始まることになる。

森田＝潮見論争についても，大村の観点は，森田の歴史研究そのものを評価すべきとする点にある。解釈論的な主張に結びつかない歴史研究も，制度理解の基礎としてそれ自体が実定法学的な価値を持つというのが，その主張であった。なお，このような大村の実定法学イメージは，最近では平井宜雄の「法政策学序説」に対する書評論文（『平井宜雄先生古稀記念　民法学における法と政策』〔有斐閣，2007〕所収）に現れている。

(2)　**関連の研究**　森田は，前掲の論文集の公刊以前には，歴史研究への沈潜をはかった。その時期の業績として16世紀フランス抵当権法の研究があるが，これは極めて優れた業績であった。その後，上記のような事情もあって，森田の研究は大きく舵を切り，森田の「法と経済学」研究は，方法論的な準備

を経て，やがてアメリカ担保法研究に結実する。しかし，損害賠償と強制履行の関係に関する関心は引き続き維持され，すでに言及した『契約責任の法学的構造』（有斐閣，2006）にまとめられることになる。

なお，森田以前には，山本桂一の「フランス法における債務のastreinte（罰金強制）について」（『我妻栄先生還暦 損害賠償責任の研究（上）』〔有斐閣，1957〕）があるが，森田論文では言及されているものの，必ずしも大きな扱いはされていない。また，森田のほかに，大浜しのぶのアストラント法研究があるが，これも森田の問題意識を切り結ぶようなものではない。以上のように，アストラントに関する研究は必ずしも蓄積されず，散発的なものに留まっている。これは，森田の実定法学的な研究とよりフランス法研究にシフトした他の研究の落差によるものだろう。

2　債権財産の保全

(1)　佐藤岩昭『詐害行為取消権の研究』　詐害行為取消権の法的性質については，古くから請求権説・形成権説・折衷説が対立していたが，その後，下森定が，ドイツ法を参照して責任説を提唱していた。佐藤論文（東京大学出版会，2001，初出は1987-88）は，この責任説を念頭に置きつつフランス法を参照して，日本法の沿革により適合的な法律構成として，いわゆる訴権説を提唱するものであった。

もっとも佐藤論文の検討対象はフランス法を中心とするものの，ドイツ法・英米法にも及んでいる。佐藤は，英米法のみならずドイツ法においても訴権的な発想が見られることを指摘する。その意味で424条を訴権的に構成することは比較法的な普遍性を持つというわけである。他方，フランス法に関しては，森田が排した19世紀の一学説（ドゥモロンブではなくコルメ・ド・サンテールというよりマイナーな学説）を日本法に接続するものとして重視している。この限度では，特殊な考え方によって日本法，具体的には425条の特徴づけ（判決効拡張の規定と解する）がなされていると言える。

佐藤説の特色は，実体権と手続を分離しない「訴権」という構成を意識的に採用する点にある。以前にも触れたように，この点はフランス民法の大きな特色の一つである。日本では，川島がこの点を重視していたが，佐藤の問題意識もまた川島に由来する。

225

余談であるが，川島の解釈論的主張は，その法理論的主張に比べると，異説としての扱いを受けることが多い。しかし，本節で紹介したいくつかの研究からも窺われるように，川島が様々な局面で問題提起者としてはたした役割は決して小さなものではない。法解釈論的な帰結とは別に，こうした法認識論的な喚起力もまた，実定法学の成果として評価されるべきだろう。

　(2)　**関連の研究**　　佐藤説は，平井宜雄によって大きな評価を与えられたが，その上で平井自身は，現在の判例法を重視して佐藤とは異なる解釈論を提示した。佐藤説は，佐藤の歴史認識と順接関係にある佐藤自身の解釈論と逆接関係にある平井の解釈論を生み出したわけだが，仮に，後者が有力になったとしても，佐藤の研究の基礎研究としての価値は損なわれないだろう。

　ほかに，詐害行為取消権に関しては，以前に紹介した片山の研究がある。片山は，424条に限らず，より広く詐害に対する対応策に関心を示していた。

　フランスにおいても詐害行為取消権と併置されている債権者代位権に関しては，工藤祐厳「フランス法における債権者代位権の機能と構造 (1-3)」民商法雑誌95巻5号，96巻1号，2号 (1987) があるが，代位権に関しても，平井による解釈論の試みがなされている。平井は，ここでも平等主義ではなく優先主義的な傾向を示すが，そこでは代位権は換骨奪胎されて，いわば直接訴権の役割を付与されるに至っている。そうだとすると，正面から直接訴権を検討する試みも必要となるだろう。

Ⅳ　今後の方向

1　立法との関係で

　最後に，今後の研究の方向との関係で，債権法草案に触れておこう。三つの点を指摘しておく。

　第一は，債権法草案が，債権譲渡につき対抗要件主義を放棄したこと。債務者への通知が不完全な対抗要件であることは周知のことであるが，これまで日本法では，この点を当然の前提としてきた。ところが，母法であるフランス法が契約のみによって債権は移転するという考え方をとった。このことの波及効果は大きい。今後，立ち入った研究がなされることになろう。

　第二は，債権法草案が，債権譲渡・弁済による代位・更改などを「債権に関

◆ 第 1 節 ◆ 債権債務関係

する取引操作 opération sur les créances」の表題の下に一括して取り扱っているということ。これらの共通性は日本法の下でも意識されていたが，今後は，デレガシオン（支払指図）という第四の制度も含めて，より体系指向的・より機能的な議論が触発されることになろう。

第三は，債権法草案が，契約の第三者に対する効力の部分に，「依存契約 contrats indépendants」という表題の下に，相互依存的な契約は相次的な契約の効果に関する規定を置いたこと。フランスの複合契約論に関する研究はすでに現れ始めているが（都筑満雄「抗弁の接続と複合契約論」早稲田法学 79 巻 4 号，80 巻 1 号，2 号〔2004-05〕），今後，一層の関心が寄せられることだろう。

2　学説との関係で

以上のような最近の立法とは別に，学説を参照した研究の余地も残されている。たとえば，森田宏樹には「金銭」をめぐる一連の論文があるが，その下敷きになっているのは，フランス民法における「金銭」の理論である。この点に関しては，著名な学位論文もあるが，カルボニエの教科書に「金銭の理論」と題された部分があることも注目に値する（カルボニエのネクロロジーで北村一郎が注意を促している）。

●コラム 22 ● フランスにおける法学者の著作

フランスの法学出版物で最も特徴的なのはテーズであるが，ほかに，研究集会記録が非常に多いこと，記念論文集が少なくないことも注目に値する。今日では，モノグラフィーが出版されることは稀である。ゲスタン（Ghestin）の 2 冊の大著などは珍しい例であろう。また，日本のように大学の紀要に長大な論文を連載することもない。そもそも大学ごとの雑誌はあまり発達していない。したがって，いったん教授になってしまうと，概説書を書く以外にはまとまった著作をすることはほとんどなく，おりおりに書いたものをまとめて論文集を編むことも少ない。カルボニエ（Carbonnier）の 2 つの論文集──法社会学に関する『柔軟な法（*Flexible droit*）』，家族法立法に関する『法律に関する試論（*Essai sur les lois*）』──などは例外に属する。

もっとも，最近では伝統的な教科書類のほかに，小さな判型で特定のテーマを扱うシリーズが増えている。法学版の新書のようなものである。また，実定法の場合には少ないが，法理論の領域では，モノグラフィーを集めた叢書のようなものも存在する。

法学者が一般向けの本を書くこともないわけではない。あるいは日本に比べると多いと言うべきかもしれない。民法の分野に限って言えば，たとえば，カルボニエが立法のインフレを問題にした『第 5 共和制における法と法の情熱 *Droit et passion du droit sous la Ve République*』や，テレが生殖補助医療について論じた『奴隷の子 *L'enfant de l'esclave*』などが，比較的最近の著名な例である。しかし，全体として見ると，一般読書人に向けて語る法律家はやはり少ないと言うべきだろう。

◆ 第 2 節 ◆ 各種契約 【Leçon 23】

Ⅰ　序 ── 売買とその他の契約

　本節では，各種の契約（日本で言えば契約各則）にあたる部分を扱う。はじめに，フランス民法典の規定の配置と講学上の整理について一言しておく。

　以前にも述べたように，民法典の第3編の第6章から第16章までが講学上「各種の契約 contrats spéciaux」と呼ばれる部分に対応する。具体的には，第2章冒頭の目次からわかるように，「売買」（第6章）から始まり，「交換」「賃貸借」「不動産開発」「組合」「不分割」「貸借」「寄託」「射倖契約」，そして「保証」〔廃止 ── 担保法改正により，第4編へ〕をはさみ，「和解」「仲裁」（第16章）に至る。

　ところで，これらの契約類型は，すべて同様の重要性を持つわけではなく，類型化のレベルも同じではない。第二の点については後述することにして，ここでは第一の点について一言しておく。ある教科書（マロリー＝エネス）は，ローマ法以来の沿革も考慮に入れて，「大契約 grands contrats」「小契約 petits contrats」という観点を再提示する。売買・交換・賃貸借・組合が前者に，それ以外が後者にあたるというのである。この点は日本では広中俊雄の『契約とその法的保護』によって指摘されているところに対応する。これらの契約はその有償性ゆえに諾成契約とされたという指摘である。上記の教科書は，さらに教育的見地なども加味して，各種の契約を売買とそれ以外に二分し，それ以外の中心に委任・賃貸借を置いて，次のような整理をしている。

売買	
それ以外	委任・賃貸借
	（売買・委任・賃貸借の）複合型・派生型
	返還契約
	射倖契約
	和解

　最後の方は必ずしも十分に整理されてはいないが，基本的には日本法における交換型・貸借型・役務型・その他という分類にほぼ対応する。もっとも雇用・

請負や消費貸借・使用貸借の扱いに違いがあるが，これらについては後述する。それらの点は別にしてここで注目すべきは，売買に大きなウエイトが置かれていることであろう。実際のところ，日本民法典の売買の規定が30ヶ条ほど（555〜585条）であるのに対して，フランス民法典は120ヶ条ほどの規定を擁している。民法典全体の分量に差があることを勘案するとしても，売買の重要性が窺われるだろう。

そこで，以下においても売買を中心に据えることにする。ただし，その際には，日本で格別の関心が寄せられている「継続的売買」に関する議論を中田論文を中心に見ていくことにする（Ⅱ）。なお，中田裕康『継続的売買の解消』（有斐閣，1994，〔初出は1991-92〕）を第1論文，同『継続的取引の研究』（有斐閣，2000）の第1章「枠契約」に収められた二論文を第2論文と呼ぶ。その上で，売買に関するその他の問題や売買以外の契約類型に関する問題のいくつかを取りあげる（Ⅲ）。最後に，契約各則をどのようにデザインするかにかかわる問題に触れる（Ⅳ）。

Ⅱ 継続的売買をめぐる議論

1 中田裕康『継続的売買の解消』

(1) 問 題　フランスでも日本でも，民法典の売買の規定はスポットの売買を想定している。しかし，商取引の世界ではスポットの売買はむしろ少なく，程度の差はあれ継続的な売買が行われている。このような継続的取引につき，日本では，中田論文登場以前に三つの傾向の研究がなされていた。一つは，西村信雄に代表される身元保証・継続的保証の研究であり，ドイツの理論の影響を受けたものであった。もう一つは，星野英一や北川善太郎によって試みられた取引実態の調査であった（「代理店・特約店契約の研究」，「現代契約法」など。いずれも雑誌『ＮＢＬ』に連載されていた。このうち後者は，1970年代に『現代契約法Ⅰ・Ⅱ』〔商事法務研究会〕として出版されている）。

このような状況下で現れた中田の研究は，一方で，星野らの問題意識を継承しつつ，他方で，諸外国の研究に目配りをしたものとして構想された。外国法に関して言えば，フランス法とアメリカ法とが対象にされているが，中田が論文を執筆していた当時，内田貴の『契約の再生』（弘文堂，1990）は未だ現れてい

◆第2節◆ 各種契約

なかったため，中田は研究の手薄な外国法としてドイツ以外の両国を選んだと言える。

（2）**内　容**　中田第1論文のスタンスは，ある種の（穏健な）機能主義にあると言える。中田は，予め「継続的契約」「代理店・特約店契約」という類型を措定し，具体的な取引をこれらにあてはめる（性質決定する）というアプローチをとらない。継続的売買には様々なタイプのものがあることを強調する。また，一つの継続的売買における当事者の関係の強弱についても一律に考えることはできないとして，時間の経過を考慮に入れた理解を示す。さらに，中田は，関係の「解消」という局面を絞り出し，この局面に現れる問題を具体的に分析することによって，継続的売買の特徴を照射しようとする。

ところで，フランス法に限って見ると，中田第1論文におけるフランス法の扱い方はアンビヴァレンスを含んでいるのが興味深い。中田は，フランス法に関する考察を二つに分けて行っている。すなわち，一つは，ドイツの理論史の対応物を求める試みであり（第3章第2節「フランスにおける継続的契約」），もう一つは，アメリカと比較される実態に即した分析である（第4章第2節「フランスにおける中間流通業者取引の解消」）。中田の立論においては，前者の分析はドイツ法を相対化し，さらに，一律の説明の困難さを導くために利用されており，その上で，機能的比較の観点に立った後者の分析がなされている。

しかし，中田は，当時からこのような展開に必ずしも満足していなかったようにも思われる。それは，前者の分析の末尾に置かれた「これらの示唆（フランス法からの示唆）を受け入れるについて，フランス法における意思自治の原理や個人の自由の保護の理念の背景にある歴史・思想の重み，また，フランス人の『契約』観念に対する嗜好などという特徴を考慮しておくべきことは当然だが，右の諸点はいずれも普遍性があることであって，わが国における議論にも参考になりうると考えられる」という文章のうちの「当然だが」までの「留保」の部分にかかわる。実際，この「留保」は，第2論文においてさらなる展開を見せることとなる。

2　中田裕康『継続的取引の研究』〔第1章〕

（1）**展　開**　中田第2論文は，「枠契約 contrat-cadre」に焦点をあわせる。実は，この概念についてはすでに中田第1論文の中で紹介・検討がなされてい

る。それにもかかわらず，中田が再びこの問題に取り組んだ直接の理由は，1995 年に破毀院判決が現れたこともあって，1990 年代を通じてこの問題をめぐる理論的な進展が見られたことに求められる（野澤もまた，別の観点からこの問題に関心を寄せており，雑誌『日仏法学』には，同じ号〔22 号〕に同じテーマにかかわる中田・野澤の論文が掲載されている）。中田第 2 論文の意義は，むしろこれとは別の点に求められるが，そのことは後で述べることにして，ひとまず中田第 2 論文の中味を見ておこう。

中田第 2 論文は，「枠契約の概念の多様性」と「枠契約の概念の普遍性」の 2 編からなっているが，もともとは一つの論文の第 1 部・第 2 部として構想されたものであろう。第 1 部で，中田はまず「枠契約」「適用契約」と法概念として措定し，その生成の由来をたどる。「枠契約」の具体例とされるもの・「枠契約」の概念を用いて論じられる問題が，実は多種多様なものであることを指摘する。続く第 2 部では，中田は，英米においてはこの概念が知られていないのに対して，ドイツ・イタリアなどでは類似の概念が存在することを指摘する。その上で，「枠契約」の概念の持つ二つの機能を摘出する。これらは「照射機能」と「補助線機能」と名づけられている。

中田がとりだした「照射機能」「補助線機能」とは何か。この点については，その含意を含めて，項を改めて検討することにしたい。

（2）　含　意　　中田は，「枠契約の概念と実定法秩序」の関係を問題にし，とりわけ「実定法秩序のうち契約法のあり方は，枠契約という概念が形成されるための基盤となる」とする。具体的には，「基本となる合意が，確定的な債務関係を発生させるものであって，その契約性が明確であるとき，後続の個別取引は単にその履行ではないかという問題が生ずる。逆に，個別取引が新たな公証と合意によって成立するものであり，その契約性が明確であるとき，基本となる合意は単なる基本合意又は取引条件一般ではなかったのかという問題が生ずる」として，二つの「契約」の間にジレンマがあることを指摘する。そして，「このジレンマは，その国の契約法において，契約の成立・効力要件が厳格であればあるほど，鮮明なものとなる。……これに対して，契約の成立・効力要件が緩やかな契約法においては，二つの契約の存在についてもそもそも深刻なジレンマは感じられ」ないとする。その結果として，「この概念の受容度の相違がその国の実定法秩序の特徴を，少なくとも部分的には，浮かび上がらせること

になる」が、これが中田のいう「照射機能」である。

そこから中田は日本法に転じ、日本の契約法が方式や内容の確定性などの点につき緩やかな観念を持っているために、「枠契約」の概念が必要となりにくい、としている。

続いて、中田は、枠契約の概念が「現実の問題の解決」に持つ意味を問う。中田は、個別問題の解決にあたり、枠契約を契約と解するか否か・適用契約を契約と解するか否かによって四つのモデルを想定し、これを参照しつつ考えるべきことを提唱する。すなわち、「諸問題を……整理することにより、それぞれの問題の本質を明らかにすることができる。また、多様な枠契約のうち適切なものをモデルとしてそれぞれに配置することにより、具体的な問題点と解決への道筋が示される。」ただし、「問題点を検討した後に導かれる個々の結論を説明する際には、あえて枠契約の概念を経由する必要はない。あくまでも「問題発見」の手がかりなのであり、「補助線機能」と呼ばれるのはそれゆえである。

以上のような中田のスタンスは、不法行為に関する論文にも見られたものであったが、むしろ第2論文を契機に構築されたものであると言える。結局、中田は、比較法研究は、自他の法制度をより深く理解するための手段であると同時に、自国法上の問題を考えるための道具でもあるとする。ここには、問題解決のために直接に外国法を援用するのではなく、問題発見のための素材として自ら枠組みを抽出する必要があるという考え方が見てとれるとともに、問題発見のための営みを積極的に評価する態度表明が控えめな形でなされている。最後の点は、1990年代初頭に現れた平井宜雄による利益考量論批判において示された図式――法学の任務を「発見」ではなく「正当化」に求める図式――に対するアンチテーゼが示されているとも言えるだろう。

Ⅲ　その他の議論

1　売買について

(1) **価　格**　枠契約に関する野澤論文(『日仏法学』掲載論文以前に、「有償契約における代金額の決定(1-2)」立教法学50号・51号〔1998-99〕がある)の関心は、価格決定の点にあったと言える。1995年の破毀院判決において問題になったのはまさにその点であった。中田が、内容の確定性についてフランス法が厳し

い態度をとっている（日本法はそれとは異なる）としているのも，この点を念頭に置いてのことである。

　より具体的に言うと，売買価格の決定につき，フランス民法典は日本民法に比べると二重の意味で厳格な態度を採っている。まず第一に，価格が決定されていることが原則として必要である（仏民 1591 条）。それゆえ 95 年判決では，枠契約においてこの点が決まっていなくともよいかどうかが争点になったのである。

　第二に，価格の額に対する規制が行われている。この規制も二重の構造を持つ。まず，著しく低廉な価格は「価格」ではないとされ，価格不決定とされる。次に，不動産取引などの場合には，それほど低廉な価格ではなくても，売主に実際の価格の 12 分の 7 以上の損害が生じた場合には，売主は契約を取り消すことができる。この場合は，レジオンの認められる主要な場合の一つとなる。

　(2) **下位類型**　　価格以外の点に関しても，フランス民法典の売買の規定には興味あるものが多く含まれている。ここでは，売買一般の下位の類型として想定されているいくつかのものに触れておきたい。

　一つは試味売買や動物売買である。試味売買については民法典自体に規定があるが（仏民 1587 条），ワインなどに適用される。また，家畜の売買については，1938 年以来特則が置かれ（現在では農業法典に含まれる），病気を理由とする瑕疵担保責任の追及を制限している。もう一つは競売である。フランスでは，美術品や家具などが競売で処分されることが多いが，このためのいくつかの特別法が制定されていたが，現在では 2000 年 7 月 10 日法がこれを規律している（インターネット・オークションの規律も含む。日仏法学 23 号〔2004〕に吉井啓子の解説がある）。これらの制度は，フランスの売買法が具体的な個別の売買を念頭に置いたものであることを示していると言える。

　(3) **一般理論**　　さらに，売買の規定の中には，売買だけではなく他の契約にも適用可能なものが含まれている。日本法においても売買の規定は広く準用されるが（民 559 条），フランス法における売買法には，日本法以上に「もう一つの契約総則」としての色彩が濃い。たとえば，予約や手付などの規定が置かれているのが日本と同様だが，これをもとに「前契約 avant-contrat」に関する議論が展開されている。

　そのほかに興味を引くのは，売買の対象に関する議論である。この点にかか

わる規定として，次の三つあげておく。一つは，「売却することができる物」という節が設けられていること。日本民法では，かつては物につき，その後は法律行為論で論じられていたが，最近ではあまり関心を持たれていない。しかし，人格・人身などの処分の可否との関係で，再び議論の対象となることが考えられる点である。もう一つは，「建築予定不動産 immeuble à construire」という節が設けられたこと。この点は，「将来の物 chose future」の売買可能性とかかわる。おおざっぱに言えば，将来の物や他人の物については，日本法よりも抑制的な態度がとられていると言える。最後は，債権と無体財産権の譲渡についてである。以前に触れたように，債権譲渡の規定は売買のところに置かれているが，ここに「その他の無体の権利 autres droits incorporels」も併置されているのは興味深い。ちなみにフランス法では，著作権は民法と密接な関連を持つものと意識されている。

2　その他の契約類型について

　売買以外の契約類型についても簡単に触れておこう。日本民法の契約類型との比較を中心とする。

　(1)　**日本には存在しない類型**　　まず日本にはない契約類型をいくつか挙げておく。第一に不分割，第二に射倖契約，第三に不動産開発契約をあげておこう。「不分割 indivision」とは，ここでは，共同所有の状態に置かれた人々が行う特約のことを指している。組合とあわせて検討するのは興味深い作業だが，前掲の教科書では組織型の契約は扱われていない（人のところで扱われている）。射倖契約とは給付が偶然に左右される契約を言うが，具体的には，「賭事 pari」・「博戯 jeu」のほか，終身年金契約や保険契約がこれに含まれる。保険に関しては別に保険法典が存在するが，観念的には民法に含まれているところが興味深い。第三の「不動産開発契約 contrat de promotion immobilière」は，開発業者は建物を建てるだけではなく資金調達・行政手続などについても義務を負うものであり，やや特殊なものである。

　このように，一方には，射倖契約というカテゴリーの存在を示すために置かれたかのような規定があるが，他方，具体的な必要に応じた細かな規定が置かれていることもあり，そこにはある種のアンバランスが存在する。

　(2)　**日本とは位置づけの異なる類型**　　次に日本とは位置づけの異なる契約

類型にも触れておこう。第一に,「賃貸借 louage」が,物の賃貸借・仕事及び勤労の賃貸借に分けられている点。つまり,(狭義の)賃貸借・請負・雇用が「賃貸借」という形で包括されている。第二に,使用貸借・消費貸借は,むしろ寄託とあわせて,返還型の契約としてとらえられている。第三に,保証は各種の契約の中に数えられていたが,今日では担保としての扱いを受けるに至っている。いずれにせよ,連帯債務と並ぶものとはされていない。第四に,贈与は遺贈とともに各種の契約とは別の場所に規定されており,相続の一環をなすものとして扱われている。

このような位置づけの違いを手がかりに研究を進めていくことも不可能ではなかろう。たとえば,(広義の)賃貸借という括り方は,同じ役務提供型契約であっても,委任が特別の性質を持つことを際だたせることになるだろう。

Ⅳ 今後の方向 —— どのように立法するか？

1 類型の設定方法

フランスの債権法改正作業においては,各種の契約の立法化は問題になっていない。その理由はどこにあるのかは必ずしも明らかではないが,グローバリゼーションの潮流の中で統一が求められているのは,契約一般に関する規律であることがその一つの理由であろう。各種の契約ということになると,各国に様々な特別法があるし,そもそも契約各則という法文化を持たない国もある。

しかし,フランス一国で立法をするとしても,各種の契約の取り扱いは困難である。というのは,新種の契約の増えている今日,どのような類型を法定すべきかという判断は簡単ではないからである。不動産開発契約のような具体的な契約類型をも民法典に置くとなると,法典の見通しはかなり悪くならざるを得ない。他方,民法典における建造者の責任は,売買であるか請負であるかにかかわらず適用される仕組みになっているが(日本でも住宅品質確保促進法はそのように考えている),こうなると,従来の典型類型契約とは次元を異にする分類が必要になってくる。

2 類型の所在

さらに,ある類型を法定するとして,その規定をどこに置くかという問題が

ある。民法典か他の法典か特別法か、民法典か商法典か消費法典か。

まず、前者の問いであるが、フランスでは、ある問題につき特別法が制定されるとき、そのうちの原理規定は必要に応じて民法典に挿入されることが多い。しかし、当該規定に細かな適用規定を加えた全体が、別途、個別法典や特別法に置かれることもある。民法典の基本原則性を維持しつつ、特別法の領域的一体性を確保しようというわけである。私自身は、コルニュの口頭での表現に従い、これを「二重帰属 double appartenance」と呼んでいる。

次に、後者の問いである。まず講学上は、「各種の契約 contrats spéciaux」は民事・商事の双方を対象とすることが多くなっている。教科書の中には「民商事の契約 contrats civils et commerciaux」と題されたものも増えている。他方、消費法典の規定は民法典から排除されている。消費者取引は極めて重要な取引類型であるが、民法典は別の原則によるものとする考え方が有力だと言えるだろう。フランス特有のいくつかの事情があるが、ここでは立ち入らない。

● コラム 23 ● フランスにおける法教育

　日本の書店の子ども向け学習書コーナーには、科学や歴史を題材とするものが目立ち、法や政治を扱うものは最近まではごく少なかった。これに対して、フランスでは、公民教育や人権に関する読本・絵本の類が少なくない。また、これと隣接する形で、思想や哲学に関するものが数多く存在する。

　その一部は日本でも翻訳されている。『〜と話す…』シリーズ(『娘と話す文化ってなに？』『娘と話す不正義ってなに？』『娘と話すアウシュヴィッツってなに？』『娘と話す非暴力ってなに？』『娘と話す国家のしくみってなに？』『子どもたちと話すイスラームってなに？』『子どもたちと話す人道援助ってなに？』〔ともに現代企画室〕など）、『子ども哲学』シリーズ（『いっしょにいきるって、なに？』『人生って、なに？』『自分って、なに？』〔ともに朝日出版社〕）、『哲学のおやつ』シリーズ（『じぶんと他人』『仕事とお金』『生きると死ぬ』『成功と失敗』『うつくしいとみにくい』『いいとわるい』『ゆっくりとはやく』『うそとホント』〔ともにNHK出版〕）などがそれである。書名を見ると、市民教育・人権・政治・思想・哲学にまたがるテーマがとりあげられていることがわかるだろう。なお、より市民教育に傾斜したものとして、『若草の市民たち』シリーズ（『仲間たちとともに』『仕組みをつくる』『私たちのヨーロッパ』『さまざまな家族』〔ともに信山社〕）もある。

　こうしたものを見ると、フランスでは、法をささえる市民性や政治が早い段階から子どもたちに教えられていることがわかる。これらの出版物は、日本でいう

「法教育」にあたる。

　他方で，大学における法学教育（特に民法教育）は技術的なものであると同時に，原理的なものとの結びつきを保っている。その意味では，法教育と法学教育とがうまく接合していると言うことができる。

◆ 第 3 節 ◆ 担保及び時効　【Leçon 24】

　最後の節では「担保」と「時効」を扱う。もともとはいずれもフランス民法典第 3 編の末尾に規定が置かれていた。すなわち，前節で扱った各種の契約（第 6 章〜第 16 章）に続く形で，質権（第 17 章）や先取特権・抵当権（第 18 章）に関する規定が置かれ（ただし，保証は第 14 章），現在は削除されている強制収用（第 19 章）に関する規定を挟んで，時効と占有（第 20 章）に関する規定が置かれていた。

　このような配置は日本とはやや異なるものである。また，もともとの規定の内容は，最近に至って一部は改正され，一部は改正が提案されるに至っている。しかし，ここでは詳しい比較や紹介を行うことはできない。そこでまず，担保と時効のそれぞれにつき，新旧の規定あるいは日本の規定を簡単に対比した上で，日本法の観点から各論的な検討を加えた論文を取りあげるとともに，最近のサーヴェイ論文を紹介することにしたい。

Ⅰ　担　保

1　序 ── 規定の対比

　担保に関しては，予め次の 3 点を指摘しておこう。第一は，従来は担保編は独立させられていなかったが，最近の大改正によって，人的担保・物的担保の双方を含む「担保編」が設けられたこと。第二は，この編成は，旧民法典の採用していた編成であったこと。第三に，講学上は，担保と不動産公示とが一緒にされることが少なくないこと（もちろん，物と不動産公示が一緒にされることもある）。

　なお，新しく制定された担保法の内容については，ジュリストの解説を参照してほしい。ここでは，その形式についてのみ一言しておく。新しい立法はオルドナンスという法形式によって行われた。これは，議会の審理を経ずに立法がなされたということを意味する。これまで，民法典は法律によって立法されるのが慣習であった（憲法上は法律事項とされているわけではない）。今回の変更が，技術性の高い担保のみにかかわるものなのか民法典全体に及ぶのか（具体

的には，債権法改正はどのようになされるのか）は，慎重に見守る必要がある。

2　各論的な検討——道垣内弘人『買主の倒産における動産売主の保護』

(1) **前提と内容**　日本においてなされた担保関係の各論的な研究として，ここでは道垣内弘人『買主の倒産における動産売主の保護』（有斐閣，1997，初出は 1986-87）を取りあげておく。

フランスでは 1980 年に所有権留保に関する立法が行われた。この立法は日本の研究者の関心を集め，道垣内論文と前後していくつかの研究が現れていた。なかでも山野目章夫の「フランス法における動産売主のための担保」東北大学法学 49 巻 2 号，3 号（1985）は本格的なものであった。しかし，道垣内論文には，他の論文にはない際だった特色がある。それは，（徹底した）機能主義に求められる。

買主倒産時に動産売主にどのような法的保護を与えるのか，このような問題の立て方自体がすでに機能主義的であることは明らかであろう。道垣内は，動産先取特権や所有権留保の効力を問うのではなく，それらによって与えられる「保護」を全体として問題にしているからである。

具体的には，道垣内は一方で，様々な法的保護を視野に入れている。繰り返しになるが，個々の法理だけを問題にしているわけではない。他方，動産売主を保護すべき理由を，フランスやイングランドの法制度（およびそれをめぐる議論）の中から抽出しようとする。

このような立場からすると，フランスの諸制度の歴史や日本法との沿革的な関係はあまり重要性を持たない。道垣内が池田の研究方法に対して懐疑的であったのはそのためでもある。また，フランスやイングランドの固有の事情も捨象されている。普遍的に見て，売主保護の理由となりうるものは何か。これが道垣内の関心事であったのである。

(2) **考　察**　このような作業を支えた問題意識を，後年，道垣内は「利益考量の思考過程をより明確化できないだろうか」と表現している。そこには，道垣内の一定の自負がある。ここでも念頭に置かれているのは平井の批判である。平井は，利益考量は反論可能性の低い議論であるとしたが，道垣内が目指したのは，まさに利益考量の反論可能性を高めようということだったというわけである。言い方を変えると，反論にさらされた議論が学問を発展させるとい

う前提に立つとしても、直ちに利益考量が排除されることにはならないというのが、道垣内の暗黙の主張であったと解することができる。

　もちろん、道垣内のアプローチを批判することも可能である。たとえば、すべてのファクターを同列に並べて論じていいのか。その中に主従・軽重が存在するとすれば、それは何によるのか。さらに、そのような主従・軽重を生み出す制度的前提は、どのようにして形成されたのか。このように考えるとすると、いったんは捨象された歴史に向かうことも再び必要になるだろう。

3　総論的な検討──山野目論文

（1）　内　容　　道垣内がいわば普遍の相においてフランス担保法をとらえようとしたのに対して、最近の山野目章夫「抵当権」200年Aは、フランス担保法の特殊性（その特色）をよく描き出している。

　山野目は、担保の中から抵当権を選び、さらに「法定抵当権」をテーマにしている。その理由は、「いくつかの重層的な意味において、法定抵当権が、民法典の在り方を論ずる上で、重要な示唆を含んでいるからである」としている。より具体的には、「フランス民法典が、フランスの市民社会を規律するうえで、どのような思想的含意を伴うものであったか、を問ううえでの格好の素材であるからである」としている。

　このような問題意識は、次のような認識に由来する。「日本において、とかく担保法は思想性に欠ける、と言われることがあるが、果たして、そうであろうか。少なくともフランス民法典について、その指摘は当たらないし、一見すると、そのような印象を研究状況から受ける日本においても、思想的に無色であるようにみえること自体に、じつは、あるイデオロギーが潜んでいるのではないか。」

　以上のように問題を立てた山野目は、1855年・1955年の登記法を中心に法定抵当権の200年の歴史を辿った上で、次のように言う。山野目によれば、法定抵当権は「妻および行為能力の制限に服する者という約定担保を取得する機会が実際上乏しい者の有する債権を保護するための法的な措置」として担保法に組み込まれていた。この点に鑑みるならば、「担保法が思想性の乏しい領域である、とする批評は、印象批評としても当たらない」。さらに言えば、「担保法は、法定抵当権という仕組みを提供することにより、市民法体系の他の部分、

すなわち夫婦財産制や後見法制とのあいだに『深みのある関係』を観察することができるものとなっている」というのである。

(2) **展　望**　山野目の研究は，担保法と家族法とを架橋するものとして，極めて刺激的なものである。フランス家族法には，家族の財産を保護するための物権的な仕組みがいくつか組み込まれているが，それは担保法の世界では，劣位の権利者を保護すると同時に，取引の安全を損なうものとして現れる。しかし，フランス民法はこのようなものを許容してきた。というよりも，担保による優先弁済権の確保は，こうした措置なしには十分に正当化できないと考えられているというべきだろう。

もっとも，山野目の指摘はことがらの性質上，問題提起のレベルにとどまっている。法定抵当権の問題は一つの例示であるが，今後は，その他の問題を発掘して，より立ち入った検討をしていくことが期待されるであろう。

II　時　効

1　序——規定の対比

フランス民法典の末尾には，時効及び占有に関する章が置かれている。時効と占有の両者が密接な関係に立つことは改めて言うまでもない。フランス民法典においては，占有の定義規定（仏民2228条）につづき，取得時効の要件として占有が掲げられており（仏民2229条），両者の関係を際だたせている。なお，即時取得の規定（仏民2279条）は，「時効の期間」の節に置かれており，占有取得による即時の時効という由来がよく示されているが，この点においても時効と占有は密接に関係する。

時効についても2点を説明しておく。一つは，フランス民法典においても取得時効・消滅時効があわせて規定されているものの，講学上は別々に——取得時効は物との関係で，消滅時効は債権との関係で——扱われることが多いこと。もう一つは，旧民法典では，時効は証拠編に位置づけられていたということ。

なお，時効のうち消滅時効は，債権法改正案の検討対象に含まれている。マロリーの単独起草によるこの部分は，ドイツ法の影響を受けつつ，全体として時効短縮化の傾向を見せている。独仏がそろって消滅時効の短縮化に向けて動くとすると，日本にも大きな影響が及ぶことになろう。

2　各論的な検討 ―― 星野英一「時効に関する覚書(1-4)」

(1) **前提と内容**　時効に関する各論的な研究としては，星野英一の「時効に関する覚書(1-4)」法学協会雑誌 86 巻 6 号～90 巻 6 号（1969-74〔『民法論集第 4 巻』〔有斐閣，1978〕に所収〕）をあげなければならない。分量的に見ると，この論文の中心を占めるのは詳細な判例分析である。しかし，星野の作業仮説は，フランスにおける（さらにはヨーロッパにおける）時効法の歴史に関する一つの見方に由来している。

星野論文の目的は，従来の時効観を根底から覆そうという点にある（星野が問題を提起する部分には，1 頁中に「根本的」という表現が 7 回も用いられている）。星野は，実定法は矛盾をはらんでいることを認め，これに統一的な解釈を与えるには「時効の存在理由」を明らかにすることが必要だとする。

星野論文は，当時の学界状況に対して二重に問題提起をするものであった。星野は，すでに何人かの学者（吾妻光俊・山中康雄・川島武宜）によって説かれていた法定証拠説と同じ発想に立つ。しかし，星野の見解は，従来の法定証拠説とは一線を画する。星野の主眼は，時効が非権利者を保護する制度ではなく権利者を保護する制度である点をはっきりさせる点にあった。この点が，第一の問題提起である。この点はより一般化された形で第二の問題提起に繋がることになる。星野は，明らかにすべきなのは基本的な価値判断であって，時効をいかに法的に構成するかではないことを強調する。

以上のような星野の立論の支えとなったのは，直接にはボワソナードの時効観であった。ボワソナードは「時効は，真に正しい所有者と，真に解放された債務者との安全を確保するが故に，法の大きな援助である」としていた。ところが，現行民法典はボワソナードの考え方をそのまま引き継ぐことをしなかったために混乱を招くことになったというのである。

(2) **考　察**　ボワソナードの見解を重視する点で，星野の考え方は，以前に紹介した池田の考え方と類似性を持つ。しかし，星野はボワソナードだけに依拠して立論しているわけではない。星野の立論の背後には次のような歴史認識が存在する。「文書の保管，そもそも文書の作成が困難であったローマの古い時代において，あるいは，取引安全のための制度として，あるいは所有権や債務の弁済の証明方法を容易にするための制度として成立したものが，やがて文書の保管方法も進歩し，権利や弁済の証明も容易になった後も存続し続けた

ため，無権利者が権利を得，義務者が義務を免れるという結果が増大」したというのである。

この認識は，一言で言えば，時効制度はボワソナードを頂点として，混乱の時代に向かっているというものである。それゆえ誤った説明を糺し，ボワソナードの説明に戻るべきだというわけである。

これは確かに一つの有力な見方ではある。しかし，フランスでもドイツでも近代に入ってからは，時効が権利の所得原因となり義務の消滅原因となることをより積極的により正面から説明しようという傾向にある。そのような試みは無駄であるというのが星野の考え方であるが，はたしてそう言い切ってしまってよいのだろうか。なお，検討すべき点であるように思われる。

3　総論的な検討 —— 金山直樹論文

(1)　内　容　　金山論文「時効」200 年 A は，取得時効と消滅時効とを対比しつつ論じる。金山によれば，19 世紀が取得時効の時代であったのに対して，20 世紀は消滅時効の時代であるという。また，取得時効が安定した法システムを形成しているのに対して，消滅時効のシステムは大きな変化に見舞われているという。

個々の議論について見ると，取得時効に関しては，登記・公証人慣行あるいは表見所有権の理論との関係が論じられているのが興味深い。また，消滅時効に関しては，身分占有の問題や人身損害の問題に特別な注意が払われている。とりわけ，時効が財産法のみならず家族法にとっても大きな意味を持つという指摘は，財産法と家族法の一体性を想起させるが，山野目論文の担保と言い，金山論文の時効と言い，家族法からは遠いように見える法領域において，この点が確認されているのは興味深い事実である。

(2)　展　望　　金山論文が，身分時効について指摘しているように，身分関係に関する訴権の期間制限が厳しくなっている背後には，親子関係の安定化の要請がある。すなわち，DNA 鑑定などの技術が発達した今日，これを無制限に利用させると，いったん成立したかに見えた事実上の親子関係が後に覆されることになる。その不都合を避けるために，時効期間の短縮化が図られているというのである。

この説明はよくわかる説明である。では，（損害賠償債権は別として）一般の債権の時効につき短縮化を要請する価値とは何か。今後は，この点こそが探究

されるべきだろう。そして，このような探究はおそらくは，星野説とは異なり，より積極的な存在理由の発見を導くはずである。

◇ 第 2 編の結語に代えて

　以上，フランス民法の「物と債権債務の法」の部分に関する日本の研究を紹介・検討してきた。「人と家族の法」の部分に関する同様の試みとあわせて，一応，フランス民法の全体をカバーしたことになる。

　読者の中には，通読してみたものの，フランス民法そのものの中味がいま一つよく分からなかったという感想を抱いた人もいるだろう。研究史の一端を紹介するというアプローチを採ったことの結果であるが，それにしてももう少し制度そのものについて紙幅を割くべきだったかもしれない。

　他方，日本の民法研究者が，どのような観点からフランス民法に向かっているのか。研究上の様々な戦略については，ある程度まで紹介できたのではないかと思う。その戦略のあれこれをここで繰り返すことはしない。次の 2 点を確認しておくにとどめる。

　第一は，日本法とフランス法の距離ということである。比喩的に言えば，民法の領域では，ドイツ法は近くアメリカ法は遠い。それゆえ，ドイツ法の研究は理論の直輸入になりやすく，アメリカ法の研究は機能的な比較をするほかない。これに対して，フランス法は一見すると似ているが，無視しがたい違いがあることも少なくない。この落差は「なぜ違うのか」という問いを誘発する。微細な違いを析出し，その原因を問う。この能力は，必ずしも日仏比較によってしか養われないわけではないが（たとえば，日韓比較にも大きな可能性がある。日中比較だと日米比較に近づく），フランス法が格好の素材であることは確かである。

　第二は，フランス民法の「頑なな態度」「旧態依然たる態度」ということ。ドイツ法の「理論」とは別の意味で，フランス法には「原理」があるということである。そして，この「原理」は容易には動かない。古い原理や概念を尊重しつつ，現実の要請に応じて，その内容を更新するということ。時には，「原理」を残しつつ「対抗原理」を定立するということ。これらもまたフランス民法から学ぶことができることがらであろう。

── 補章──取 引 ──

● コラム 24 ● フランス文学とフランス民法

　かつて野田良之は，フランス文学を学ぶためには，モリエール（Molière）とバルザック（Balzac）を読む必要があると説いた。確かに，彼らは 18 世紀・19 世紀のフランス社会における法のあり方をよく示していると言える。バルザックには，『禁治産』や『夫婦財産契約』という表題の小説さえある。さらに 19 世紀の後半になると，ゾラ（Zola）やモーパッサン（Maupassant）が有益である。あるいは，やや通俗的になるが，フランスの社会と法を垣間見るには，マルセル・パニョル（Marcel Pagnol）やジョルジュ・シムノン（Georges Simenon）などもよい。

　民法学者のフィリップ・マロリー（Philippe Malaurie）は『法と文学（Droit et littérature）』という書物を著しているが，次の目標は『法とオペラ』だと語っていた。その構想の詳細を知るよしもないが，最近の水林章『モーツァルト《フィガロの結婚》読解──暗闇のなかの共和国』（みすず書房，2007）を見ると，『法とオペラ』の可能性を垣間見ることができる。

　もっとも，現代フランスの小説の中には，モリエールやバルザックに匹敵するようなものを見出すことは難しい。むしろ映画には，社会の状況をよく示すものも少なくない。たとえば，比較的最近の作品のなかにも，『今日から始まる』（育児と虐待），『夕映えの道』（高齢者と近隣住民），『スパニッシュ・アパートメント』（集合住宅と共同生活），『落穂拾い』（土地所有権と環境問題）など，興味深いものが少なくない。

　なお，日本のフランス系文学──永井荷風（1879-1959）を起点とし，島崎藤村（1872-1943）・横光利一（1898-1947）・芹沢光治良（1896-1993）を横目で見て，中村真一郎（1918-1997）・遠藤周作（1923-1996）・辻邦生（1925-1999）・加賀乙彦（1929-）・高橋たか子（1932-）などをへて，さらに大江健三郎（1935-）・倉橋由美子（1935-2005）も含めて，池澤夏樹（1945-）・荻野アンナ（1956-）・辻仁成（1959-）・堀江敏幸（1964-）あたりまで──もまた，フランスについて考える際には有益な手助けとなることを付言しておく。これに，渡辺一夫（1901-1975）や森有正（1911-1976）を加えることもできる。

◇結章◇ 展望

【Leçon 25】

I 序——フランス民法・研究・展望

「フランス民法——日本における研究状況」という表題を持つ本書の結章において「展望」を語るためには，その前提として，「フランス民法」とは何か，「研究」とは何か，「展望」するとはいかなることか，ということに触れておく必要がある。

まず，「フランス民法」とは何か，である。ここでいう「フランス民法」が示すものとしては，次の二つないし三つのものが考えられる。すなわち，フランスの民法・民法典と民法学である。以下においては，その異同を意識しつつも，そのいずれをも対象に含めることとする。なお，ここでいう「フランス民法」はいつのものを指すのか，という問題もあるが，この点についても特別な限定はしない。

次に，「研究」を「展望」するとはいかなることか。序章の「回顧」に対しての「展望」である以上，過去のことを考慮にいれつつも，主として，現在から将来に向けて語ることが期待されることになる。この場合，「現在」をいかなる時期としてとらえるかが大きな意味を持つ。そして，その場合の「現在」は，対象である「フランス民法」の現在であると同時に，視点が置かれる「日本」の現在でもあることになる。周知のように，現在，フランス民法典は大改正の途上にある。また，見方によって，フランス民法学も静かな変革期を迎えているとも言えそうである。他方，日本の側でも，2006年頃から債権法改正の機運が高まっており，2009年11月からは法制審議会の審議も開始されている。さらに視野を広げれば，その前後には，2004年の法科大学院の開設（およびこれに伴う従来の大学院の変容），2009年の裁判員制度の導入（およびこれに伴う法教育への着目）と，民法とも無縁ではない重要な出来事が続いている。以下の「展

――――結章――展　望――――

望」は，こうした諸事情を反映したものとなる。

　では，このような「現在」に立脚して「展望」される「研究」とは何か。それは，何のために行われているのか。過去においてフランス民法研究に一定の意義があったとして，現在あるいは将来において同様の意義があるのか。あるいは，別様の意義がありうるのか。フランス民法研究を「展望」するとは，現時点において研究の目的（および方法）を確認するあるいは再編することを意味する。その意味で，この問題は，展望の前提というよりもむしろ目標と言うべきものである。

　とはいえ，予め研究の目的となりうるものを措定しないことには，議論を進められない。そこで，以下においては，広く一般に認められている「民法典の解釈・立法のため」という目的をまず掲げ，この観点からの「展望」を試みる（Ⅱ）。続いて，時に言及されることのあるその他の目的につき，それらが目的になりうるかどうかも含めて検討を加える（Ⅲ）。かつて，吉田克己は「民法学の方法・覚書」（ジュリスト1126号〔1998〕）という論文において，一方で，裁判官への直接の働きかけによる「法形成への関与」という目的を措定しつつ，他方，法学者共同体や市民社会への働きかけや，あるいは，法形成ではなく法認識を目的とする可能性を留保していた。本報告の構成は，このような吉田の整理に対応するとも言えるだろう。

　なお，本書を通じて見てきたように，日本におけるフランス民法研究は，今日までに相当の蓄積を有している。しかし，以下においては，比較的新しい限られた素材を用いるにとどまる。私の能力と時間の制約によるのはもちろんだが，現在から将来を展望するには，最近の研究成果に重点を置くことが必要だと考えるからである（具体的には，『日仏法学』〔以下，『日仏』〕の過去30年分のバックナンバーと北村一郎編『フランス民法典の200年』〔200年A〕〔有斐閣，2006〕に収録された民法学者の論文――前者からは，淡路・野村から平野・片山・山野目までの20編余，後者からは，総論的なものとして星野と能見の2編，各論的なものとして大村から金山までの10編余――を主たる対象としつつ，ごく最近のいくつかのモノグラフィーを検討対象とする。あわせて，小粥太郎「日本の民法学におけるフランス法研究」民商法雑誌131巻4-5号〔2005〕，『民法学の行方』〔商事法務，2008〕と私自身による方法論的な研究，すなわち，『法源・解釈・民法学』〔有斐閣，1995〕，『法典・教育・民法学』〔有斐閣，1999〕，『学術としての民法Ⅰ　20世紀フランス民法学から』〔東京大

248

◆ Ⅱ ◆ 民法・民法典の解釈・立法のために

学出版会，2009〕を参照することとする）。

Ⅱ 民法・民法典の解釈・立法のために

1 基層を発掘する

(1) これまでの成果　日本民法学におけるフランス民法研究の一つの大きな特徴は，各制度の沿革研究にあることは言うまでもない。この研究方法は，1965 年に『日仏』3 号に公表された星野論文によって提示され，以後，多くの研究者によって活用されてきた。このことは，本書が紹介してきた諸研究の示すところであるので，具体的な引用は省略する（早い時期のものとして，瀬川信久『不動産附合法の研究』〔有斐閣，1981〕や池田真朗『債権譲渡の研究』〔弘文堂，1993〕が，後続の研究者に対して大きな影響を与えたことだけを重ねて指摘しておく）。

一言で言えば，この傾向は，表層を覆うドイツ法学説に対抗して，「失われた原型」としてのフランス法を発掘しようというものだったと言える。その方法が汎用性を持つがゆえに，多くの研究が生み出されることになった。別の言い方をすると，後続の研究者は，この方法を用いるためにフランス法へと向かい，民法学界にフランス法研究の隆盛をもたらした。

(2) これからの方向　では，今後，この傾向の研究はどのような方向に向かうことになるだろうか。あるいは，向かうべきだろうか。

一方で，さらなる展開が期待される。この研究方法は，これまで物権法や債権総論関係の制度性の高いテーマに多く用いられ，大きな成果を挙げてきた。いまでは，主要なテーマに関する研究は一巡したようにも見える。もちろん，二巡目の研究も可能である（たとえば，淡路論文後の福田誠治「19 世紀フランス法における連帯債務と保証(1-7)」北大法学論集 47 巻 5 号～50 巻 3 号など）。しかし，これらの領域以外のテーマも少なくない。たとえば，フランス法と密接な関係にある親族・相続には，まだ手つかずのテーマも少なくない（ごく最近の西希代子の「遺留分制度の再検討」法学協会雑誌 123 巻 9 号～125 巻 6 号はその一例）。また，フランス民法典やドマ，ポチエを超えて，さらに歴史を遡行して制度の原型を訪ねる研究も期待される（『日仏』21 号の森田修「16 世紀フランスにおける担保権実行」など）。

他方，これまでとは異なる文脈でも考えられる。一つは，東アジア法の研究

249

におけるフランス法の位置づけにかかわる。中華民国民法典や韓国民法典は日本民法典から直接・間接の影響を受けていることからすると，今後，これらの民法を研究するにあたってフランス民法を視野に入れた研究が考えられよう。そして，このような研究は，東アジアの留学生たちが日本の大学で自国法を研究する際にも有益なはずである。

　もう一つは，これから始まろうとしている民法（債権法）改正が実現した後の研究方法にかかわる。当然のことながら，新法（新債権法）と旧法（現行民法）との対比が問題になるが，その際の補助線として，諸外国の民法との比較を行うだけでなく，旧民法との対比を行うことが，改めて意味を持つように思われる。

2　革新を導入する

（1）**これまでの成果**　広く，日本におけるフランス法研究を見ると，戦前・戦後を通じて，解釈・立法のために新しい法技術の導入をはかる，という観点からの研究も行われてきた。たとえば，戦前のフランス法学者たちは，このような関心を強く持っていた（杉山の附合契約論，野田の交通事故論，福井の営業譲渡論など）。また，最近では，特別養子法や成年後見法は，フランス法から大きなヒントを得て立法された。

　もちろん，こうした観点からの外国法研究はフランス法に限って行われてきたわけではない。しかし，フランス法についても行われてきたことは，改めて確認されてよいことだろう。実際，日仏法学会で行われてきた総会講演には，新立法に関するものが少なくない（野村豊弘「フランスにおける最近の民法典改正」『日仏』13号，滝沢聿代「最近のフランスにおける氏の諸問題」『日仏』14号，吉田克己「フランスにおける住居賃貸借法制の新展開」『日仏』15号と続き，後藤巻則「フランス製造物責任法の成立とその影響」『日仏』22号を経て，最新の平野・片山・山野目「特集　フランス担保法2006年改正」『日仏』25号に至っている）。

（2）**これからの方向**　現在，フランスでも債務法改正のための諸案が公表されているほか，物権法改正草案も現れている。また，家族法の領域でも，依然として活発な立法が続いている（後者については，『日仏』の「立法紹介」欄でフォローされている）。こうした動向に見ると，今後も新立法に関する研究が続くことが予想される。

ただ、これからも速報は必要であるとしても、単なる立法紹介ではなく、より立ち入った立法研究の手法を開発することが必要であるように思われる。すなわち、フランスの立法の背景を、先行する実定法や学説との関係、立法を生み出す社会的な力との関係で解明するとともに、そこから得られた知見を日本の立法論に接合する際に留意すべき点を示すには、どうすればよいか。

債務法改正作業に関する紹介は複数現れているが、方法論に及ぶような本格的な研究はまだ現れていない。また、私自身、「人」や「家族」にかかわるいくつかの問題（具体的には、人工生殖、パクス、ペリュシュ事件など）につき、立法過程を検討するいくつかの小論を書いてきた。しかし、この点につき、現段階で一般的な指針を示すには至っていない。今後の研究の蓄積によって、参照可能な実例を増やしていく必要があるだろう。

III 民法・民法典の思想と民法学の理論のために

1 観念を抽出する

(1) これまでの成果　日本民法学におけるフランス民法研究の最近の潮流の一つとして、「民法典」の存在に着目するものがある。まず、星野英一が、「社会の基本法としての民法」という考え方を提示した。これは、人権宣言の下に憲法と民法を併置しようとするものであり、法体系の中での民法の位置づけにかかわるものであると言える。これを受けて、私自身は、「民法典という（を持つという）思想」、すなわち、「社会の構成原理」を民法典に書き込むという考え方に着目した。

この傾向は、論者の主観的な意図とは別に、民法のアメリカ化に対抗するものと理解することができる。すなわち、市場＝経済の優位、専門家の支配、法の道具化、に対して、政治＝社会の復権、市民の参加、思想としての法、を掲げるものであると言える。もちろん、民法典を支える思想は、時代によって国によって異なっており、常に同一であるわけではない。しかし、ある時期から、フランスにおいて「民法典という思想」が説かれてきたことは確かである。フランスから「民法典」を輸入した以上、日本もまた民法典の背後にある思想をも暗黙裡に受け容れたというべきではないか。少なくとも、民法典の思想を改めて意識的に引き受けるべきではないか。上記の論者はこう考えるのであるの

251

であるが，この考え方は「フランス・モデル」などと呼ばれ，賛否はともかくその意義を認められるに至っていると言える。

(2) **これからの方向**　しかしながら，このモデルにはなお検討すべき課題が少なくない。一方で，モデルそのものの一層の深化ないし吟味が必要である。そのためには，歴史的な研究や社会学的な研究が望まれるが，すでにその試みは始まりつつある。たとえば，歴史の観点からは，金山直樹の研究（「フランス革命・民法典における契約自由の原則」民商法雑誌131巻2号，3号〔2004〕など）や水林彪の研究（「近代民法の本源的性格」民法研究5号〔2008〕）が現れている（大村「共和国の民法学」民商法雑誌121巻12号〔2004〕なども同様のささやかな試みである）。社会学的な観点からの研究はまだ十分とは言えないが，高村学人の研究（『アソシアシオンへの自由』〔勁草書房，2007〕）のようなものが期待される（大村『フランスの社交と法』〔有斐閣，2002〕もこれに連なる）。また，法意識の面からの検討も必要かつ有益であろう（更田義彦「フランス人と民事裁判」『日仏』10号，松川正毅「人工生殖に関する日仏共同アンケート」『日仏』18号があるほか，最近では，髙山佳奈子「社会的連帯と個人主義──フランス法意識調査に見る責任観念」ジュリスト1341号〔2007〕などが興味深い）。

他方，次のような二つの方向での展開も望まれる。一つは，個別のテーマに即した検討であるが，すでに，「民法典による規律」の意味に迫るものもいくつか現れている（たとえば，『200年A』所収の水野紀子「家族」，山野目章夫「抵当権」など）。もう一つは，フランスから着想を得つつ，日本における民法典のあり方を主張することである。これは，おそらくは水林が，そして私自身がたどり着こうとしている目標である。

2　枠組を構築する

(1) **これまでの成果**　再び，より広く，日本におけるフランス民法研究を見ると，基礎法学・民法学を通じて，制度の理解・検討のための枠組を構築する点に重点を置くものが少なくない。

まず第一に，近年のフランス法学には，次のような特徴を見いだすことができる。それは，民法と民事訴訟法の交錯領域を研究することによって，フランスの私法と司法の特色を析出しようというものである。この傾向は，契約の解釈と破毀院の権限に焦点をあわせた北村一郎の助手論文に始まるが，その後，

松本絵実の商事裁判所研究，荻村慎一郎の団体訴訟研究，斎藤哲志の解除研究へと続く。

　これとは別に，第二に，広い意味での法社会学的な研究も少なくない。早い時期に物権変動（星野・鎌田）の実態が明らかにされたほか，相続に関する大規模な実態調査がなされたことも特筆に値する（稲本＝原田＝鎌田「フランスの農家相続」〔1981-88〕ほか）。また，不動産の利用（原田純孝『近代土地賃貸借法の研究』〔東京大学出版会，1980〕）や都市のあり方（吉田克己『フランス都市法の形成』〔東京大学出版会，1997〕）についても，本格的な研究が蓄積されている。

　他方，第三に，民法学の側からは，フランス法を観察することによって参照枠組を構築し，これによって日本法を分析しようとするものが増えてきていることが注目される。森田宏樹の『契約責任の帰責構造』（有斐閣，2002）（その後の森田「契約」『200 年』も参照）や中田裕康の『継続的取引の研究』（有斐閣，2000）（その一部は「枠契約の概念の多様性」『日仏』22号に公表）などがその典型例である（大村『典型契約と性質決定』〔有斐閣，1997〕も同系統に含めうる）。

　さらに第四に，民法学の方法論のレベルでも同様の試みがなされている。日仏法学会の総会講演にもこの種のものが散見される（瀬川信久「Ch. ペレルマン『議論の研究』」『日仏』13号，大村「現象としての判例」『日仏』17号，小粥太郎「マルセル・プラニオルの横顔」『日仏』23号）。冒頭のⅠで言及した小粥や私自身の方法論にかかわる著書も同様の傾向に属する。

　(2) **これからの方向**　　以上のうち第一の傾向は今後も承継されることだろう。これに対して第二の傾向は一見すると衰弱しつつあるようにも見えるが，Ⅲ 1 (2)の傾向と融合しつつあるとも見られる。第三の傾向に属する研究は，今後も増えるだろう。ヨーロッパ・レベルでの法源との関係なども含めて（すでに，幡野弘樹「ヨーロッパ人権条約がフランス家族法に与える影響」『日仏』24号），検討の対象はなお多く残されていると言える。第四の傾向についても，最近のフランスの状況（たとえば，近年のRT掲載論文の傾向）に鑑みると，新たな研究が現れることも期待される。

　さらに，この方向の研究は，東アジアの文脈において意味を持つだろう。フランスと日本との比較ではなく，フランスを支点（視点）として，日本と韓国，日本と中国とを比較するというタイプの研究が，韓国や中国だけでなく日本の学界においても期待される。とりわけ留学生たちの研究において取り組まれる

べき課題であると言えるだろう。

Ⅳ　結語 ── フランス学の系譜の中で／司法制度改革の先に

　以上，フランス民法研究の直接の目的をいくつかに分けて，それぞれの研究傾向につき，その将来を展望してきた。最後に，「フランス」という「外国」の法を「研究」することの意味につき，改めて触れておきたい。実定法学にとって外国との比較研究は，批判の視点を獲得することにある。そこには，「いま・ここに」ある法が「別様に／異なる仕方で autrement」ありうる，そのあり方を構想するための手がかりが求められる。

　考えてみれば，明治以来，人々は様々な領域において，メイン・ストリームとなったドイツ流・アメリカ式とは異なる見方をフランスに求めてきた。フランス民法研究もまた，このようなフランス学の系譜を形づくってきたと言えるが，そこには民法研究に固有の事情も存在していた。それは，「近くて遠い」適度の距離の存在である。沿革的関連にせよ民法典の存在にせよ，日仏の間には特別なつながりが存在する一方で，フランス民法には日本法を相対化するための異質な要素が含まれている。「似ているが異なる」存在に取り組むことによって，私たちは，自分の姿をより精密に知ることができる。近年のフランス民法研究において，「参照枠」とか「逆照射」「発想源」といったことが説かれるのは，日仏のこのような関係に着目してのことであると言えよう。

　もっとも，フランス民法研究の有用性を再確認してみても，ロースクールにおける教育において，フランス法は退潮する一方ではないか，あるいは，そもそも研究自体がその基盤を失いつつあるのではないか，という危惧の念も示されている（北村一郎「グローバル化時代におけるフランス法の挑戦」〔口頭執告〕〔日仏会報，2008〕）。

　しかし，翻って考えてみて，従来の学部教育においてもフランス法研究はそれなりの関心を集めていたと言えるのだろうか。むしろ，将来の実務家たちが，現行法をよりよく理解しそれを改善していきたいと望むとすれば，彼らは，フランス法研究に対してより強い関心を持ちうるのではないか。そうだとすれば，ロースクールにおいて，また，学部においても，「他所 ailleurs」の出来事としてでなく，フランス法をとりあげる工夫こそが必要なのではないか。さらに言え

◆ Ⅳ ◆ 結語——フランス学の系譜の中で／司法制度改革の先に

ば，課題は，研究者の側にあるとも言える。教育負担の増大により研究が十分に行われなくなっていると言われて久しい。確かにそうかもしれないが，これまでの，教育とは切断された研究とは何であったのか。学界に向けて新しい解釈論・立法論を説くだけではなく，将来の実務家や市民に向けて，法の理解を推し進め，法の改善を促すために研究成果を示すことが必要なのではないか。

そうは言っても，個々の研究者教員，とりわけ若い人々に，「さらに努力せよ encore des efforts」と督励してみても，十分な成果は期待できない。何世代にもわたって，私たちがフランス民法に取り組んできたことが何を意味するのか。また，今後，どのような形で，フランス民法を研究し教育すべきなのか。フランス民法研究の伝統（共同体）が存在し，そこには，様々な試みとその成果が存在すること。新しい研究の可能性が秘められていること。こうしたことを可視的な形で示すことが，後続の世代を励ますことに通じるだろう。『日仏法学』はそのような役割をはたしてきたし，『200周年記念論文集』も同様の役割をはたすことだろう。本書もまた，この流れに棹さそうとするものである。しかし，なお十分とは言えない。さらなる努力が必要なのは，私たちにほかならない。

●コラム 25 ● フランス学の系譜

現在，日仏会館には，関連の 27 学会が集っている。その中には，日本フランス語フランス文学会・日仏哲学会あるいは日仏美術学会など，素人にとっても研究の内容や日仏の関連性が理解しやすいものから，必ずしもそうではないものまで様々な学問領域が含まれている。また，日仏海洋学会や日仏医学会のような理系の学会も少なくない。

これらすべてが「フランス学」の系譜を形成しているわけだが，人文・社会科学系に限って言うならば，戦前の文学・美術・啓蒙思想からはじまって，戦後の社会学・歴史学・現代思想あたりがフランス学の中心をなしてきた。とりあえずは，このように言うことが許されるだろう。

民法学を含む法学もまた，このフランス学の系譜に連なるものであると言える。たとえば，明治期のフランス法の継受は啓蒙思想の導入と密接な関係を持っていた。フランス法はフランス的な社会像を具体化するものとして捉えられていたと言ってもよい。近年では，フランス法学のルネサンスの担い手・星野英一は，法制度の社会的な側面・思想的な側面を強調したが（最近では，同『人間・社会・法』〔創文社，2009〕），そこでもまたフランス社会はモデルとして念頭に置かれていたと言える。

結章——展望

　極端に言えば，日本におけるフランス法研究は，フランスの法技術だけを模倣しようとするものではなかった。むしろ，法の背後にあるフランスの社会を参照することによって，いま・ここにある日本の社会のあり方を批判しようとしてきたと言うことができる。そして，これからもまた，フランスにはこのような批判のための参照軸が求められることになるだろう。

　そのためには，フランス民法・民法学に沈潜すると同時に，広くフランス諸学にも注意を向ける必要がある。そのための一助として，フランス的なるものの特色を示すもの，日仏の比較の意味を示すものをいくつかあげておこう（文学者の手になるものとして，斎藤兆史＝野崎歓『英語のたくらみ，フランス語のたわむれ』〔東京大学出版会，2004〕，山田登世子『晶子とシャネル』〔勁草書房，2006〕，法学者の手になるものとして，樋口陽一『ふらんす』〔平凡社，2008〕，同『「共和国」フランスと私』〔つげ書房新社，2007〕）。

あとがき

　序論でも述べたように，本書は，2004年度・07年度の講義ノートをまとめたものである。その内容は（フランス法学の観点からはもちろん，日本民法学の観点から見ても）不十分なものではあるが，それでも次のような事情に鑑みるならば，いささかの存在意義があるのではないかと考えて，公刊することにした。

　第一に，「フランス民法」に関する概説書が少ないことである。山口俊夫教授の『概説フランス法』のうち契約法・不法行為法を収めた下巻（2004）はよいとして，家族法・物権法を収めた上巻（1978）が刊行されてから30年以上が経過している。滝沢正教授の『フランス法』はアップ・デートされているが（最新版は2008年刊），1冊でフランス法全般を扱うため個別の法領域についてはごく簡単に触れられているにすぎない。本書もまた詳細とは言えないが，対象を民法のみに限ったものとして，とりあげた問題についてはある程度まで立ち入った検討をしている。

　第二に，フランス民法の「研究」に関する入門書がないことである。いまから10年ほど前に，私たちは『民法研究ハンドブック』を公刊し，外国法の研究方法について論じたことがある。他方，国ごとに資料の調べ方も略説したが，より立ち入って研究状況を概観するには至らなかった。本書は，テーマの選択や検討の方法にばらつきがあるものの，領域ごとにこれまでの研究成果をまとめて今後の展望を行っているので，フランス民法研究を志す人々の手引きとして利用可能であろう。

　第三に，「日本の実定法学」の観点から外国法研究の意義を再確認しようと試みたことである。フランス法に限らず，ロースクール時代において外国法を研究し，これを積極的に教育に組み込んでいくことの意義はどこにあるのか。また，そのためにはどうすればよいのか。一定の方向を示唆したつもりではあるが，本書および別書（同時期に公刊の『日韓比較民法序説』〔有斐閣，2010〕）を土台として，さらに考えてみたい。

　第四に，「フランス」という社会や文化の特徴を法や法学に即して示してみよ

あとがき

うと試みたことである。フランス法研究もまたフランス学の伝統に棹さすものであるが，隣接諸学を研究・学習する方々にそのことを示したいと考えた。

　本書執筆の発端はいまから10年前に遡る。前回の在外研究の際に信山社編集部から民法総論・民法総則の執筆依頼をいただいたのだが，そのいずれについてもすでに約束があったためお断りをせざるを得なかった。そこで代わりに「フランス民法ではいかがか」とお尋ねしたところ，わがままな提案にもかかわらずご快諾をいただいた。その後，さまざまな事情があって執筆にとりかかることができなかったが，上記のように断続的に講義を行って何とか草稿をまとめるに至った。さらに推敲を加えたいところであるが，これ以上の遅延を避けたいと思い，上記のような理由もあって思い切って公刊することにした。

　本書が成るまでには多くの方々のお世話になった。フランス民法の手ほどきをしていただいた内外の先生方，研究仲間と言うべき日仏法学会のメンバーの方々，ご著書や抜刷をお送りいただいた未知の方々，みなさんにこの場を借りてお礼を申し上げる。また，授業に参加して下さった学生・院生の諸君のご支援，とりわけ学外から来て下さった金山直樹さん（慶應義塾大学教授）・原恵美さん（当時，慶應大院生，現在，九州大学准教授）のご厚意に対して謝意を表したい。最後になるが，信山社のお三方，テーマの変更をご快諾いただいた袖山貴さん，企画段階で相談相手となりコラムを設けることなどを提案して下さった有本司さん，実際に編集作業を担当して下さった今井守さんにも改めてお礼を申し上げる。

　　2010年2月

　　　　　　　　　　　　　　　　　　　　　　　　大　村　敦　志

◇ 参 考 文 献 ◇

◆ 全体・コラム ─────────────
Carbonnier(J.), *Droit civil*, PUF, 1951- (現在は 2 tomes, 2004)
Malaurie(P.) et al., *Cours de droit civil*, Editions Cujas, 1985- (現在は Defrénois)
Terré(F.) et al., *Droit civil*, Dalloz, 1968-
Ghestin(J.) et al., *Traité de droit civil*, LGDJ, 1977-
北村一郎編『フランス民法典の 200 年』(有斐閣, 2006)〔本文中：200 年 A〕
北村一郎・水野紀子・横山美夏・森田宏樹「ミニ・シンポジウム：フランス民法典の 200 年」比較法研究 66 号 (2004)
石井三記編『コード・シヴィルの 200 年』(創文社, 2007)〔本文中：200 年 B〕
Catala(P.) (dir.), *Avant-projet de réforme du droit des obligations et de la prescription*, DF, 2006
Terré(F.) (dir.), *Pour une réforme du droit des contrats*, Dalloz, 2009
Périnet-Marquet(H.) (dir.), *Propositions de l'Association Henri Capitant pour une réforme du droit des biens*, Litec, 2009
ピエール・クロック(野澤正充訳)「フランス担保法の新たな展開──20 世紀末と 21 世紀初頭における担保法の展開」立教法学 69 号 (2005)
ドゥニ・マゾー(金山直樹=幡野弘樹訳)「現代フランスにおける契約法の発展」ジュリスト 1303 号 (2005)
北村一郎「フランス民法典 200 年記念とヨーロッパの影」ジュリスト 1281 号 (2004)
金山直樹「フランス民法典改正の動向」ジュリスト 1294 号 (2005)
法務大臣官房司法法制調査部編(稲本洋之助監訳)『フランス民法典──家族・相続関係』(法曹会, 1978)
同『フランス民法典──物権・債権関係』(法曹会, 1982)
宮崎孝治郎『ナポレオンとフランス民法』(岩波書店, 1937)
ジャン・カルボニエ(野上博義=金山直樹訳)「コード・シヴィル」200 年 B
北村一郎「追悼・ジャン・カルボニエ学長(1908-2003)」日仏法学 23 号 (2005)
ローラン・ルヴヌール(大村敦志訳)「フランス民法典とヨーロッパ人権条約・ヨーロッパ統合」ジュリスト 1204 号 (2001)
同(平野裕之訳)「ヨーロッパにおける販売された消費財についての新たな担保責任──統一，多様性または共通の土台？」ジュリスト 1303 号

◆参考文献◆

　（2005）
幡野弘樹「ヨーロッパ人権条約がフランス家族法に与える影響」日仏法学
　　24号（2007）
大久保泰甫『ボワソナアド——日本近代法の父』（岩波書店，1977）
大久保泰甫＝高橋良彰編『ボワソナード民法典の編纂』（雄松堂，1999）
野田良之『フランス法概論(上)』（有斐閣，1954/55，再版，1970）
山口俊夫『概説フランス法(上)・(下)』（東京大学出版会，1978/2004）
同『フランス債権法』（東京大学出版会，1986）
滝沢正『フランス法』（三省堂，1997，第2版，2002，第3版，2008）
山本和彦『フランスの司法』（有斐閣，1995）
水町勇一郎『労働社会の変容と再生——フランス労働法制の歴史と理論』
　　（有斐閣，2001）
岩村正彦『労災補償と損害賠償——イギリス法・フランス法との比較法的
　　考察』（東京大学出版会，1984）
山口俊夫編『フランス法辞典』（東京大学出版会，2002）
水林　章『モーツァルト《フィガロの結婚》読解——暗闇のなかの共和国』
　　（みすず書房，2007）
星野英一『人間・社会・法』（創文社，2009）
斎藤兆史＝野崎歓『英語のたくらみ，フランス語のたわむれ』（東京大学出
　　版会，2004）
山田登世子『晶子とシャネル』（勁草書房，2006）
樋口陽一『ふらんす』（平凡社，2008）
樋口陽一『「共和国」フランスと私』（つげ書房新社，2007）

◆ **Leçon 01　回　顧**

渡辺一民『フランスの誘惑』（岩波書店，1995）
小倉和夫『グローバリズムへの叛逆——反米主義と市民運動』（中央公論新
　　社，2004）
星野英一「日本民法典に与えたフランス民法の影響」同『民法論集第1巻』
　　（有斐閣，1970/65）
同「フランス民法典が日本に与えた影響」200年A
森田　修「私法学における歴史認識と規範認識（1－2）」社会科学研究47
　　巻4号，6号（1995-96）
大村敦志『公序良俗と契約正義』（有斐閣，1995）

同『典型契約と性質決定』（有斐閣，1997）
同『法源・解釈・民法学』（有斐閣，1995）
同『法典・教育・民法学』（有斐閣，1999）
同『民法総論』（岩波書店，2001）
同『フランスの社交と法』（有斐閣，2002）
同『民法読解 総則編』（有斐閣，2009）
大村敦志＝道垣内弘人＝森田宏樹＝山本敬三『民法研究ハンドブック』
（有斐閣，2000）
瀬川信久『不動産附合法の研究』（有斐閣，1981）
池田真朗『債権譲渡の研究』（弘文堂，1993，増補2版，2004）
山本桂一『フランス企業法序説』（東京大学出版会，1969）
淡路剛久『連帯債務の研究』（弘文堂，1975）
金山直樹『時効理論展開の軌跡』（信山社，1994）
内田 貴『契約の再生』（弘文堂，1990）
道垣内弘人『信託法理と私法体系』（有斐閣，1996）
森田宏樹『契約責任の帰責構造』（有斐閣，2002）
吉田邦彦『民法解釈と揺れ動く所有論』（有斐閣，2000）
同『契約法・医事法の関係的展開』（有斐閣，2003）
水町勇一郎『労働社会の変容と再生』（有斐閣，2001）
Hauser (J.) et al.(dir.), *Code des personnes et de la famille*, Litec, 2001-

◆ Leçon 02　法 ─────────────────────
杉山直治郎『法源と解釈』（有斐閣，1957）
大村敦志『法源・解釈・民法学』（有斐閣，1995）
同『法典・教育・民法学』（有斐閣，1999）

◆ Leçon 03　権　利 ───────────────────
末川 博『権利濫用の研究』（岩波書店，1949）〔同・権利侵害と権利濫用（岩波書店，1970）〕
大塚 直「生活妨害の差止に関する基礎的考察（1-8）」法学協会雑誌103巻4号〜107巻4号（1986-1990）

◆ Leçon 04　同　定 ───────────────────
滝沢（佐藤）聿代「フランスの判例における夫婦の氏」法学協会雑誌87巻11=12号（1970）

261

◆参考文献◆

大村敦志「同性愛・性転換と民法」同『消費者・家族と法』（東京大学出版会，1999/95）
澤 敬子「ネーションと外国人の法についての準備的考察（1-2）」法学論叢144巻2号，145巻6号（1998-99）
大村敦志「人」200年A

◆ Leçon 05　法　人
山本桂一『フランス企業法序説』（東京大学出版会，1969）
星野英一「いわゆる『権利能力なき社団』について」同『民法論集第1巻』（有斐閣，1970）
山田誠一「フランスにおける法人格のない組合」日仏法学17号（1991）
井上武史「結社の自由保障の理念と制度（1-2）」法学論叢155巻4号，156巻1号（2004-05）

◆ Leçon 06　人格権
北村一郎「私生活の尊重を求める権利」同編『山口俊夫先生古稀記念 現代ヨーロッパ法の展望』（東京大学出版会，1998）
大村敦志「フランスにおける人工生殖論議」同『法源・解釈・民法学』（有斐閣，1995）
水町勇一郎『労働社会の変容と再生』（有斐閣，2001）
大村敦志『フランスの社交と法』（有斐閣，2002）
大村敦志「20世紀が民法に与えた影響（1-2未完）」法学協会雑誌120巻1号，12号（2003）

◆ Leçon 07　婚　姻
久貴忠彦『現代家族法の展開』（一粒社，1990）
高橋朋子「夫婦の居住用不動産の処分制限に関する一考察」中川良延ほか編『星野英一先生古稀祝賀 日本民法学の形成と課題(下)』（有斐閣，1996）
二宮周平「フランスにおける事実婚（1-2）」阪大法学106号，107号（1978）
同「フランスの事実婚」太田武男＝溜池良夫編『事実婚の比較法的研究』（有斐閣，1986）
大村敦志「同性愛・性転換と民法」同『消費者・家族と法』（東京大学出版会，1999/95）
大村敦志「パクスの教訓」同『学術としての民法Ⅰ 20世紀フランス民法学から』（東京大学出版会，2009/05）

◆参考文献◆

◆ Leçon 08　離　婚
水野紀子「離婚給付の系譜的考察（1-2）」法学協会雑誌100巻9号,12号（1983）
水野貴浩「フランス離婚給付法の再出発（1-2）」民商法雑誌129巻1号,2号（2003）
大村敦志「フランス家族法改革と立法学」同『法源・解釈・民法学』（有斐閣, 1995）
大杉麻美『フランスの離婚制度』（成文堂, 2008）

◆ Leçon 09　親　子
水野紀子「フランスにおける親子関係の決定と民事身分の保護（1-3）」民商法雑誌104巻1号,3号,105巻1号（1991-92）
同「実親子関係と血縁主義に関する一考察」中川良延ほか編『星野英一先生古稀祝賀 日本民法学の形成と課題(下)』（1996）
同「認知無効について（1-2）」東北大学法学64巻1号,2号（2000）
伊藤昌司「フランス親子法における身分占有」林良平・甲斐道太郎編『谷口知平先生追悼論文集 第一巻 家族法』（信山社, 1992）
山田美枝子「フランス親子関係法における自然子の権利の保障の変遷」法学研究69巻1号（1996）
中川高男『第二の自然』（一粒社, 1986）

◆ Leçon 10　未成年者・被保護成年者
田中通裕『親権法の歴史と課題』（信山社, 1993）
須永 醇『被保護成年者制度の研究』（勁草書房, 1996）
大村敦志「『再構成家族』に関する一考察」『学術としての民法Ⅱ 新しい日本の民法学へ』（東京大学出版会, 2009/1998）

◆ Leçon 11　夫婦財産制
稲本洋之助『フランスの家族法』（東京大学出版会, 1985）〔第2部〕
犬伏由子「フランス夫婦財産関係法と夫婦の平等（1-5）」山形大学紀要18巻1号,19巻1号,20巻2号,21巻2号,22巻2号（1988-1992）
高橋朋子『近代家族団体論の形成と展開』（有斐閣, 1999/88-91）
大村敦志「夫婦連名預金の法的性質」同『消費者・家族と法』（東京大学出版会, 1999/96）
Cornu (G.), *Les régimes matrimoniaux*, PUF, 9e éd, 1997

◆ 参 考 文 献 ◆

◆ Leçon 12　相　続
稲本洋之助『近代相続法の研究』（岩波書店，1968）
伊藤昌司『相続法の基本的諸問題』（有斐閣，1981）
原田純孝「フランス相続法の改正と生存配偶者の法的地位（1-3）」判例タイムズ1116号，1117号，1120号（2003）
伊丹一浩『民法典相続法と農民の戦略』（御茶の水書房，2003）
松川正毅『遺言意思の研究』（成文堂，1983）
高木多喜男『遺留分制度の研究』（成文堂，1981）
西希代子「遺留分制度の再検討（1-10）」法学協会雑誌123巻9号〜125巻6号（2006-08）
金子敬明「相続財産の重層性をめぐって（1-5）」法学協会雑誌118巻11号（2001）〜121巻6号（2004）
Mazeaud (H.) et al., Leçons de droit civil, tome 4, vol. 2, Successions-libéralités, 5e éd., par Leveneur (L.) et Mazeaud-Leveneur (S.), Montchrestien, 1999

◆ Leçon 13　分　類
片山直也「財産」200年A
原 恵美「信用の担保たる財産に関する基礎的考察──フランスにおけるパトリモワーヌ（patrimoine）の解明」慶應義塾大学法学政治学論究63号（2004）
同「フランスにおけるパトリモワーヌ論の原型──オーブリ＝ローの理論の分析」慶應義塾大学法学政治学論究69号（2006）
福井勇二郎「1909年3月17日の仏国営業財産法に就いて（1-2）」法学協会雑誌55巻6号，7号（1937）

◆ Leçon 14　所 有 権
吉田克己「フランス民法典第544条と『絶対的土地所有権』」本間義人ほか編『土地基本法を読む』（日本経済評論社，1990）
同『フランス住宅法の形成』（東京大学出版会，1997）
原田純孝『近代土地賃貸借法の研究』（東京大学出版会，1980）
瀬川信久『不動産附合法の研究』（有斐閣，1981）
星野英一「低廉家賃住宅」有泉亨編『集団住宅とその管理』（東京大学出版会，1961）

◆ 参考文献 ◆

同「低廉家賃住宅」有泉亨編『ヨーロッパ諸国の団地管理』(東京大学出版会，1967)
山田誠一「共有者間の法律関係（1－4）」法学協会雑誌 101 巻 11 号～102 巻 7 号（1984-85）
大村敦志「『『後継ぎ遺贈』論の可能性」同『学術としての民法Ⅱ　新しい日本の民法学へ』（東京大学出版会，2009/03）
武林悦子「フランス民法における SERVITUDES(役権)の研究（1－5）」愛知学院大学論叢法学研究 45 巻 4 号，46 巻 1 号～4 号（2004-05）
山野目章夫「フランス法における動産売主のための担保」東北大学法学 49 巻 2 号，3 号（1985）
道垣内弘人『買主の倒産における動産売主の保護』(有斐閣，1997〔初出は 1986-87〕)

◆ Leçon 15　登 記 制 度
横山美夏「所有権」200 年 A
滝沢聿代『物権変動の理論』（有斐閣，1987）
星野英一「フランスにおける不動産物権公示制度の概観」同『民法論集第 2 巻』（有斐閣，1970）
同「フランスにおける 1955 年以降の不動産物権公示制度の改正」同『民法論集第 2 巻』（有斐閣，1970）
鎌田 薫「フランスにおける不動産取引と公証人の役割（1－2）」早稲田法学 56 巻 1 号，2 号（1981）
横山美夏「不動産売買契約の『成立』と所有権の移転（1－2）」早稲田法学 65 巻 2 号，3 号（1990）
同「競合する契約相互の優先関係（1－5）」大阪市大法学雑誌 42 巻 4 号，43 巻 4 号，45 巻 3・4 号，47 巻 1 号，49 巻 4 号（1996-2003）
鈴木正道『不動産売買取引における司法書士の役割 ── フランスの公証人との比較において』（日本評論社，2000）
七戸克彦「対抗要件主義に関するボワソナードの理論」慶應義塾大学法学研究 64 巻 12 号（1991）

◆ Leçon 16　意思 ── 合意・錯誤
森田宏樹「契約」200 年 A
金山直樹「フランス革命・民法典における契約自由の原則（1－2）」民商

法雑誌 131 巻 2 号, 3 号（2004）

野村豊弘「意思表示の錯誤（1-7）」法学協会雑誌 92 巻 10 号〜93 巻 6 号（1975-76）

森田宏樹「民法 95 条」広中俊雄＝星野英一編『民法典の百年Ⅱ』（有斐閣, 1998）

山下純司「情報の収集と錯誤の利用（1-2未完）」法学協会雑誌 119 巻 5 号, 123 巻 1 号（2002/06）

馬場圭太「フランス法における情報提供義務理論の生成と展開（1-2）」早稲田法学 73 巻 2 号, 74 巻 1 号（1997-98）

今村与一「意思主義と書証主義」日仏法学 23 号（2004）

中原太郎「フランス法における申込み及び一方予約の拘束力とその基礎（1-2）」法学協会雑誌 123 巻 2 号, 3 号（2006）

杉山直治郎「附合契約に就いて」法源と解釈（有斐閣, 1957）

安井 宏『法律行為・約款論の現代的展開』（法律文化社, 1995）

大澤 彩「不当条項規制の構造と展開（1-7）」法学協会雑誌 126 巻 1 号〜7 号（2009）

◈ Leçon 17　世界 —— コーズ・公序

森山浩江「恵与における『目的』概念」九大法学 64 号（1992）

小粥太郎「フランス法におけるコーズの理論」早稲田法学 70 巻 3 号（1995）

大村敦志『典型契約と性質決定』（有斐閣, 1997）

同『公序良俗と契約正義』（有斐閣, 1995）

竹中悟人「契約の成立とコーズ（1-4・未完）」126 巻 12 号（2009- ）〜

筏津安恕『失われた契約理論』（昭和堂, 1998）

金山直樹「フランス契約法の最前線 —— 連帯主義の動向をめぐって」判例タイムズ 1183 号（2005）

◈ Leçon 18　意味 —— 解釈・性質決定

北村一郎「契約の解釈に対するフランス破毀院のコントロオル（1-10）」法学協会雑誌 93 巻 12 号〜95 巻 5 号（1976-78）

沖野眞已「契約の解釈に関する一考察（1-3）フランス法を手がかりとして」法学協会雑誌 109 巻 2 号, 4 号, 8 号（1992）

大村敦志『典型契約と性質決定』（有斐閣, 1997）

石川博康「『契約の本性』の法理論（1-10）」法学協会雑誌 122 巻 2 号〜124 巻

1号, 5号, 11号（2005-07）

◆ Leçon 19　射程 ── 契約の拘束力

後藤巻則『消費者契約の法理論』（弘文堂, 2002）
五十嵐清『契約と事情変更』（有斐閣, 1969）
野澤正充「契約の相対的効力と特定承継人の地位（1-5）民商法雑誌 100 巻 1 号, 2 号, 4 号〜 6 号（1989）
中舎寛樹「虚偽表示における当事者の目的（1-2）」名古屋大学法政論集 82 号, 83 号（1979-80）
片山直也「フランス私法におけるフロード（fraude）の法理の一素描」日仏法学 24 号（2005）

◆ Leçon 20　契約責任

森田宏樹『契約責任の帰責構造』（有斐閣, 2002）
高畑順子『フランス法における契約規範と法規範』（法律文化社, 2003）
今野正規「フランス契約責任論の形成（1-3）」北大法学論集 54 巻 4 号〜 6 号（2003-04）
福本忍「フランス債務法における法定解除の法的基礎（fondement juridique）と要件論（1-2）」立命館法学 299 号, 302 号（2005）
齋藤哲志「フランスにおける契約の解除（1-2）」法学協会雑誌 123 巻 7 号, 8 号（2006）

◆ Leçon 21　不法行為責任

瀬川信久「不法行為」200 年 A
野田良之「フランス民法における faute の概念」川島武宜ほか編『我妻栄先生還暦記念　損害賠償責任の研究（上）』（有斐閣, 1957）
同「自動車事故に関するフランスの民事責任法（1-3）」法学協会雑誌 57 巻 2 号〜 4 号（1939）
同「フランスの責任保険法（1-4）」法学協会雑誌 56 巻 1 号-4 号（1938）
関口晃「フランス法における損害賠償の範囲及び方法について」都立大学創立 10 周年記念論集（法経編）（1960）
飛世昭裕「フランス私法学史における『フォオト』概念の成立（1-）」北大法学論集 41 巻 5 = 6 合併号（1991- ）〜
新関輝夫「フランス不法行為におけるフォート概念の変容」淡路剛久ほか編『森島昭夫教授還暦記念論文集　不法行為法の現代的課題と展開』（日

本評論社, 1995)
同『フランス不法行為責任の研究』（法律文化社, 1991)
北村一郎「フランス法における《他人の所為による責任の一般原理の形成》」
　加藤雅信ほか編『高翔龍先生日韓法学交流記念 21世紀の日韓民事法学』
　（信山社, 2005)
久保野恵美子「子の行為に関する親の不法行為責任（1-2）」法学協会雑
　誌116巻4号, 117巻1号（1999/2000)
平野裕之『製造物責任の理論と法解釈』（信山社, 1990)
吉田邦彦『債権侵害論再考』（有斐閣, 1991)
淡路剛久「スタルク教授の民事責任論」日仏法学10号（1979)
中田裕康「侵害された利益の正当性」『一橋大学法学部創立50周年記念論
　文集 変動期における法と国際関係』（有斐閣, 2001)
大村敦志「共和国の民法学（1）」法学協会雑誌121巻12号（2004)

◆ Leçon 22　債権債務関係

池田真朗『債権譲渡の研究』（弘文堂, 1993)
野澤正充『契約譲渡の研究』（弘文堂, 2002)
工藤祐厳「フランス法における債権者代位権の機能と構造（1-3）」民商
　法雑誌95巻5号, 96巻1号, 2号（1987)
佐藤岩昭『詐害行為取消権の理論』（東京大学出版会, 2001)
山本桂一「フランス法における債務のastreinte（罰金強制）について」川
　島武宜ほか編『我妻栄先生還暦記念 損害賠償責任の研究（下）』（有斐閣,
　1965)
森田 修『強制履行の法学的構造』（東京大学出版会, 1995)
淡路剛久『連帯債務の研究』（弘文堂, 1975)
福田誠治「19世紀フランス法における連帯債務と保証（1-7）」北大法学
　論集47巻5号〜50巻4号（1997-99)
深谷格「相殺の構造と機能（1-4）」名大法政論集133号〜137号（1990-91)
都筑満雄『複合取引の法構造』（成文堂, 2007)

◆ Leçon 23　各 種 契 約

中田裕康「売買契約」200年A
同『継続的取引の研究』（有斐閣, 2000)
同『継続的売買の解消』（有斐閣, 1994)

◆参考文献◆

野澤正充「有償契約における代金額の決定(1)(2)」立教法学50号，51号（1998-99）
片山直也「フランス法の買戻制度における賃貸借の保護と排除」慶應義塾大学法学研究70巻12号（1997）
吉田克己「賃貸借契約」200年A
同「フランスにおける住居賃貸借法制の新展開」日仏法学15号（1987）
加賀山茂「民法613条の直接訴権《action directe》について（1-2）」阪大法学102号，103号（1977）
大川四郎「ロベール・ジョゼフ・ポティエの邪利息論についての一試論（1-4）」名大法政論集114号，116号，117号，120号（1987-88）
古軸隆介「フランス法における1978年法による改正後の『建造者の責任』」日仏法学18号（1993）
力丸祥子「フランスにおける『共同の利益を有する委任契約』とその展開（1-2）」法学新報101巻7号，8号（1995）
山田誠一「フランスにおける法人格のない組合」日仏法学17号（1990）
加藤佳子「忘恩行為による贈与の撤回――フランス法を中心として（1-5）」名大法政論集113号，114号，117号，118号，122号（1986-88）
瀬川信久「フランス法における，児童を預かった者の安全確保義務」北大法学論集38巻5=6号（1988）

◆ Leçon 24　担保及び時効
山野目章夫「抵当権」200年A
池田恒男「フランス抵当権改革前史（1-2）」東京大学社会科学研究30巻5号，31巻2号（1979）
同「共和歴三年法論（1-2）」東京大学社会科学研究32巻1号，3号（1980）
今村与一「19世紀フランスの抵当改革（1-2）」東京大学社会科学研究37巻6号，38巻1号（1986）
森田修「16世紀フランスにおける担保権実行」日仏法学21号（1998）
山野目章夫「フランス法における動産売主のための担保」東北大学法学49巻2号，3号（1985）
道垣内弘人『買主の倒産における動産売主の保護』（有斐閣，1997）
片山直也「フランスにおける詐害的賃貸借排除の法理」慶應義塾大学法学研究64巻12号（1991）
高橋智也「抵当権の物上代位に関する一考察（1-3）――フランスsub-

rogation réelle 理論の歴史的展開からの示唆」東京都立大学法学会雑誌 38巻2号, 39巻1号, 39巻2号（1997-99）
今尾 真「所有権に基づく物上代位に関する基礎的考察（1 -）── フランス法における物的代位 subrogation réelle を手掛かりとして」明治学院大学法学研究 73号（明治学院論叢 675号）（2002-）〜
山野目章夫＝平野裕之＝片山直也「2006年フランス担保法改正の概要」ジュリスト 1335号（2007）
山野目章夫＝平野裕之＝片山直也「特集 フランス担保法 2006年改正」日仏法学 25号（2009）
関 武志『留置権の研究』（信山社, 2001）
下村信江「フランス先取特権制度論」帝塚山法学 3号, 4号（1999-2000）
金山直樹「時効」200年 A
同『時効理論展開の軌跡』（信山社, 1994）
星野英一「時効に関する覚書」同『民法論集第4巻』（有斐閣, 1978）

◆ Leçon 25　展　望

吉田克己「民法学の方法・覚書」ジュリスト 1126号（1998）
小粥太郎「日本の民法学におけるフランス法研究」民商法雑誌 131巻 4＝5号（2005）
同『民法学の行方』（商事法務, 2008）
大村敦志『法源・解釈・民法学』（有斐閣, 1995）
同『法典・教育・民法学』（有斐閣, 1999）
同『学術としての民法 I　20世紀フランス民法学から』（東京大学出版会, 2009）
同『フランスの社交と法』（有斐閣, 2002）
瀬川信久『不動産附合法の研究』（有斐閣, 1981）
池田真朗『債権譲渡の研究』（弘文堂, 1993）
金山直樹「フランス革命・民法典における契約自由の原則（1-2）」民商法雑誌 131巻2号, 3号（2004）
水林 彪「近代民法の本源的性格」民法研究 5号（2008）
高村学人『アソシアシオンへの自由』（勁草書房, 2007）
髙山佳奈子「社会的連帯と個人主義」ジュリスト 1341号（2007）
稲本洋之助＝原田純孝＝鎌田薫「フランスの農家担保（1-7）」社会科学研究 36巻3号, 4号, 37巻1号, 6号, 38巻3号, 5号, 39巻5号（1984-88）

◆参 考 文 献◆

原田純孝『近代土地賃貸借法の研究』(東京大学出版会, 1980)
吉田克己『フランス住宅法の形成』(東京大学出版会, 1997)
森田宏樹『契約責任の帰責構造』(有斐閣, 2002)
中田裕康『継続的取引の研究』(有斐閣, 2000)
北村一郎「グローバル化時代におけるフランス法の挑戦」〔口頭報告〕(日仏会報, 2008)

◇事項索引◇

◆あ行

アイデンティティ……………… 44, 48
アクイリア法…………………… 215
アグレガシオン………………… 136
アジア……………………… 60, 145
アソシアシオン法………… 50, 58
後継ぎ遺贈…………………… 142
アラカルト離婚………………… 83
アルザス・ロレーヌ法……… 148
アンチコーザリスト…………… 173
育成扶助………………… 102, 106
池田＝道垣内論争…………… 221
意思主義………………… 146, 152
意思自律……………………… 188
　──の原則……………… 64, 159
イスラム………………………… 69
依存契約……………………… 227
イタリア民法典………………… 80
一元論（faute 説）…………… 210
一般原則……………………… 23
一般条項……………………… 175
一般読書人…………………… 228
稲本テーゼ…………………… 124
遺留分法……………………… 125
医療事故法…………………… 208
インテリゲンチャ……………… 4
ヴィネー草案……………… 203, 217
失われた原型………………… 249
英米法………………………… 10
営利団体……………………… 50
江藤新平……………………… 126
沿革（研究）……………… 8, 254
autonomie de la vlonte の原則…… 188
親子関係不存在確認訴訟…… 95

◆か行

お雇い外国人………………… 79
親を持つ権利………………… 105
オランダ新民法典……………… 59
オルドナンス………………… 239

改革の改革………………… 27, 88
外国人法……………………… 49
解　釈………………………… 25
解釈準則……………………… 179
解　除………………………… 182
概説書………………………… 18
改　訂………………………… 19
外的観点（視点）……… 67, 141, 174
概　念………………………… 187
外来の原因…………………… 216
カウンター・バランス………… 4
科学学派………… 25, 29, 144, 187, 213
価格決定……………………… 233
科学主義……………………… 83
科学的自由探究……………… 187
各種（の）契約………… 156, 229
学　説…………………… 27-29
学説継受……………… 5, 51, 224
嫁資制………………… 112, 113
瑕疵担保責任………… 195, 199
過剰損害……………………… 168
家　族………………………… 106
　──の法……… 41, 78, 100, 109
家族財産法…………………… 109
家族法改革…………………… 49
家族法立法学……………… 84, 89
カタラ草案………………… 58, 158
カトリック………………… 82, 83

273

◆ 事項索引 ◆

カルボニエ改革 …………… 27, 28, 49, 70, 80, 81, 83, 86, 88
川島テーゼ ……………………… 121
環　境 …………………………… 38
環境秩序 ………………………… 141
韓　国 ……………………… 18, 89, 253
韓国民法典 ……………………… 249
慣習法 ……………………… 40, 176
間接強制 ………………………… 224
間接訴権 ………………………… 194
議員立法 ……………………… 87, 89
機会喪失 ………………………… 216
企業（法） ……………………… 53
ギグー改革 ……………………… 86
菊田医師事件 …………………… 98
危険責任 ………………………… 8
危険理論 ………………………… 205
帰責事由 ………………………… 199
機　能 …………………………… 187
機能主義 ……………… 55, 162, 240
逆照射 …………………………… 254
給付の均衡 ……………………… 169
旧民法典 ……………… 51, 90, 239
協議離婚 ………………………… 82
競合管理 ………………………… 111
教授資格試験 …………………… 136
競争秩序 ………………………… 141
兄弟姉妹 ………………………… 106
共通財産 ………………………… 111
共通制 …………………………… 111
共同管理 ………………………… 111
協同組合論 ……………………… 58
共同親権 ………………………… 106
共同生活 ………………………… 75
共同不法行為論 ………………… 221
競　売 …………………………… 234
協力義務 ………………………… 192
共和国 ……………………… 72, 171, 172

共和主義 ………………………… 44
虚偽表示 ………………………… 153
居　所 …………………………… 45
禁治産 …………………………… 100
近代家族 ………………………… 116
近代資本主義法研究 …………… 122
近代的家族観 …………………… 123
近代的所有論 …………………… 138
近代デジタルライブラリー …… 127
近隣妨害 ………………………… 37
組　合 …………………………… 57
クラポン運河判決 ……………… 191
グローバリゼーション …… 4, 69, 158
継親子関係 ……………………… 105
継続的売買 ……………………… 230
刑法学 …………………………… 155
契約一般 ………………………… 156
契約各則 ………………………… 229
契約群 …………………………… 201
契約主義 ………………………… 190
契約正義 ………………………… 170
契約停止 ………………………… 206
契約の基礎理論 ………………… 28
契約引受論 ……………………… 195
契約類型 ………………………… 29
血縁主義 ………………………… 95
結果債務 ……………………… 8, 199
血統家族 ………………………… 74
ケベック民法草案 ……………… 169
原　因 …………………………… 168
原因証書 ………………………… 148
研究プログラム ……… 8, 99, 138
健康状態 ………………………… 74
検察（官） …………………… 64, 182
建築予定不動産 ………………… 235
謙抑主義 ………………………… 84
権　利 …………………………… 38
　——の本質 …………………… 33

274

◆事項索引◆

——の濫用	33
原理	187
権利能力なき社団	54
権利否定論	39
権力	39
権利濫用論	8
公益(一般利益)	39
公役務	192
公開	72, 136
更改	223
公害研究	214
公共性と私事性	71
後見	42
皇国民法仮規則	91
講座派マルクス主義	138
公示	72
公衆衛生法典	106
公序	39
公序規定	168
公証人(慣行)	152, 182
公信力説	152
構造主義	164
交通事故(法)	208, 211
高等法院	40
後得財産	111
後得財産共通制	111
衡平(法)	37, 174, 190
公法学	29, 155
公論重視	83
国際私法	48, 182
国籍	42
国籍法典	47
国民統合	30
故障申立て	72
個人主義	34, 53, 137, 188
コーズ	162, 168
戸籍法	43
国家	140
子ども会議	106
子ども中心主義	88
子どもの権利	88, 100
子ども保護官	107
子の利益	45, 102
古法	111, 121
コモンロー	69
固有財産	111
コルマール控訴院判決	34
コレージュ・ド・フランス	155
婚姻	71
第二の——	78
婚姻住宅の保護	76
婚姻障害	78
婚姻同意権	73
コンセイユ・デタ	182

◆ さ 行

債権債務関係	219
債権譲渡	226
債権譲渡特例法	5
債権総則	219
債権に関する取引操作	226
債権の制度	219
債権法改正	247
財産	32, 133
財産収益権	104
財産(patrimoine)理論	65
裁判員裁判	19
裁判員制度	247
裁判官	23
再編家族	98, 106
債務転形論	204
債務法改正案	58
在来法	155
詐害行為取消権	153, 182, 225
差別	46
産業革命	8

275

◆ 事 項 索 引 ◆

参照枠……………………………254
私　権………………………… 39, 42
時　効……………………………242
　　──の存在理由………………243
施行延期法………………………79
時効期間の短縮化………………244
思考様式…………………173, 185, 186
資　産……………………………134
事情変更の原則…………………191
私生活の尊重…………………45, 63
私生子の処遇……………………91
自然人……………………………50
自然法……………………………7
思　想…………………………10, 85
実証研究…………………………139
実証分析…………………………140
civilの意味……………………207, 218
司法省法学校……………………89
私法叢書…………………………136
市　民……………………………172
市民社会…………………………248
市民性……………………………237
市民的権利………………………141
市民法……………………………140
氏　名……………………………44
社　会……………………………167
社会主義………………………35, 177
社会統合…………………………88
社会福祉法典……………………106
社会保障法………………………167
社会問題…………………………8
射倖契約…………………………235
自由結合………………………71, 77
住　所……………………………45
集団主義…………………………35
熟度論……………………………153
手段債務………………………8, 199
出生証書…………………………44

純粋経済損害……………………215
障害児……………………………68
　　──の権利……………………100
障害者法…………………………106
状況の濫用………………………170
小契約……………………………229
証拠法……………………………91
照射機能…………………………232
消費者保護………………………64
消費法典…………………………237
情報提供義務……………………163
消滅時効…………………………182
将来の物…………………………235
条　理……………………………27
所有権……………………………131
所有権絶対の原則………………137
所有権留保………………………142
人　格……………………………62
人格権…………………………60, 63
人格・人身…………………42, 217, 235
新擬制説…………………………55
信義則………………163, 186, 192, 193
新刑法典…………………………155
親権解放…………………………105
信玄公旗掛松事件……………34, 35
人権裁判所………………………46
人権条約………………………30, 45, 158
人工生殖（論議）………………66
新自由主義……………………18, 214
新・受忍限度論…………………214
深　層…………………………10, 181
親族会……………………………105
親族扶養…………………………107
人体の尊重………………………61
信託法……………………………134
信託理論…………………………56
人文主義法学……………………9
推定の及ばない嫡出子…………95

◆事項索引◆

生活妨害……………………………37
正　義………………………169, 171
政　治………………………………39
性質決定……………………29, 182
生殖医療関連親子法………………5
生殖補助医療………………98, 228
精神分析…………………………186
製造物責任(法)……195, 208, 212
制　度……………………………167
性同一性障害……………………45
制度理解……………………223, 224
成年後見法…………………5, 250
性　別………………………………45
　　──の変更……………………46
生命倫理(法)………27, 61, 65-67
生命倫理論議………………………28
世界主義……………………………25
責任財産……………………………54
世俗化………………………………43
絶対的効力事由…………………220
世　論………………………29, 84
　　──は立法せず………………82
専属管理…………………………111
占　有……………………………242
総　合……………………………164
総資産……………………………134
「相続させる」遺言……………125
相続地図…………………………124
相続調査……………………125, 253
相続の法…………………………109
贈　与……………………………236
即時取得…………………………242
訴　権……………………………225

◆た　行◆

第一次財産制……………………111
体系化………………………………28
大契約……………………………229

対抗とは何か……………………153
対抗要件主義………………146, 226
体制移行……………………………69
妥協の法律…………………………84
多元主義……………………83, 87
太政官布告…………………………26
他人の負担………………………107
男女差別……………………………46
男女平等…………………………112
団　体………………………………50
団体性と個人性…………………115
担保編……………………………239
担保法大改正………………………15
地役権……………………………132
知識人………………………………4
知的財産権…………………50, 135
嫡出推定＝否認…………………182
中華民国民法……………………249
中間法………………………40, 112
中　国………………………18, 253
注釈学派……………………177, 187
注釈書………………………………18
懲罰的損害賠償……………216, 217
直接訴権……………………195, 226
著作権………………………136, 235
著作者人格権……………………136
賃借権物権化……………………139
賃貸借……………………………236
妻の無能力………………………105
DNA鑑定…………………………244
テーズ………………………136, 227
デマール判決……………………212
デレガシオン……………………227
ドイツ(法)… 5, 8, 9, 51, 98, 225, 230, 249
ドイツ法的な法律構成…………222
ドイツ民法………………………220
謄　記……………………………148
登記制度……………………131, 146

277

◆ 事 項 索 引 ◆

動産・後得財産共通制・・・・・・・・・・・・・・ *111*
同　　棲・・・・・・・・・・・・・・・・・・・・・・・・・・・・ *76*
同性カップル・・・・・・・・・・・・・・・・・・・・・・ *78*
同　　定・・・・・・・・・・・・・・・・・・・・・・・・・・・・ *42*
特定承継論・・・・・・・・・・・・・・・・・・・・・・・・ *195*
特別養子法・・・・・・・・・・・・・・・・ *5, 97, 250*
ドグマ・・・・・・・・・・・・・・・・・・・・ *45, 142, 143*
都市計画法典・・・・・・・・・・・・・・・・・・・・ *144*
トップダウン・・・・・・・・・・・・・・・・・・・・・・ *186*
取引慣行・・・・・・・・・・・・・・・・・・・・・・・・・・ *147*
トルコ・・・・・・・・・・・・・・・・・・・・・・・・・・・・・・ *7*

◆ な 行

内　　縁・・・・・・・・・・・・・・・・・・・・・・・・・・・・ *77*
内的観点・・・・・・・・・・・・・・・・・・・・・・・・・・ *141*
内的視点・・・・・・・・・・・・・・・・・・・・・・・・・・・・ *28*
ナケ法・・・・・・・・・・・・・・・・・・・・・・・・・・・・・・ *80*
ナポレオン・・・・・・・・・・・・・・・・・・・・・・・・・・ *92*
ナポレオン法典・・・・・・・・・ *40, 70, 80, 104,*
　　　　　　　　　　111, 112, 116, 121
二元論（risque 説）・・・・・・・・・・・・・・ *210*
二重帰属・・・・・・・・・・・・・・・・・・・・・・・・・・ *237*
日仏会館・・・・・・・・・・・・・・・・・・・・・・ *107, 255*
日仏法学・・・・・・・・・・・・・・・・・・ *108, 255, 248*
日仏法学共同研究集会・・・・・・・・・・ *108*
日仏法学交流・・・・・・・・・・・・・・・・ *108, 144*
日仏法学会・・・・・・・・・・・・ *17, 31, 107, 250*
日本学派・・・・・・・・・・・・・・・・・・・・・・・・・・ *206*
日本法とフランス法の距離・・・・・・ *245*
認諾離婚・・・・・・・・・・・・・・・・・・・・・・・・・・・・ *84*
ネオコーザリスト・・・・・・・・・・・・・・・・ *173*
年　　齢・・・・・・・・・・・・・・・・・・・・・・・・・・・・ *46*
ノヴァック事件・・・・・・・・・・・・・・・ *93, 98*
農村法典・・・・・・・・・・・・・・・・・・・・・・・・・・ *140*
農　　地・・・・・・・・・・・・・・・・・・・・・・・・・・・・ *139*
農地改革・・・・・・・・・・・・・・・・・・・・・・・・・・ *139*

◆ は 行

陪審制度・・・・・・・・・・・・・・・・・・・・・・・・・・ *182*
背信的悪意者・・・・・・・・・・・・・・・・ *152, 193*
廃罷訴権・・・・・・・・・・・・・・・・・・・・・・・・・・ *194*
博士学位論文・・・・・・・・・・・・・・・・・・・・ *136*
破毀院・・・・・・・・・・・・・・・・・・・・・ *46, 180, 191*
パクス・・・・・・・・・・・・・・・ *29, 44, 71, 78, 251*
パクス法・・・・・・・・・・・・・・・・・・・・・・・・・・・・ *87*
パクス立法・・・・・・・・・・・・・・・・・・・・・・・・・・ *28*
莫大損害・・・・・・・・・・・・・・・・・・・・・・・・・・ *169*
パーソナル・ネットワーク・・・・・・ *106*
破綻主義・・・・・・・・・・・・・・・・・・・・・・・・・・・・ *82*
発想源・・・・・・・・・・・・・・・・・・・・・・・・・・・・・・ *254*
ハードケース・・・・・・・・・・・・・・・・・ *17, 186*
ハビトゥス・・・・・・・・・・・・・・・・・・・・・・・・ *124*
判　　例・・・・・・・・・・・・・・・・・・・・・・・・ *27, 28*
判例分析・・・・・・・・・・・・・・・・・・・・ *38, 54, 65*
非営利団体・・・・・・・・・・・・・・・・ *50, 58, 191*
比較法・・・・・・・・・・・・・・・・・・・・・・・・・・・・・・ *17*
　──の賜・・・・・・・・・・・・・・・・・・・・・・・・ *80*
東アジア・・・・・・・・・・・・・・・ *18, 249, 250, 253*
美術品取引・・・・・・・・・・・・・・・・・・・・・・・・ *165*
非摘出子の相続分・・・・・・・・・・・・・・ *120*
人・・・・・・・・・・・・・・・・・・・・・・・・・・・・・・・・・・・・ *50*
　──と家族の法・・・・・・・・・・・・・ *11, 12*
　──の法・・・・・・・・・・・・・・・ *41, 60, 65, 67,*
　　　　　　　　　　69, 78, 100, 217
被保護成年者・・・・・・・・・・・・・・・・・・・・ *102*
広中理論・・・・・・・・・・・・・・・・・・・・・・・・・・ *141*
夫婦財産制・・・・・・・・・・・・・・・・・・・・ *57, 109*
夫婦別姓論議・・・・・・・・・・・・・・・・・・・・・・ *44*
フェミニスト・・・・・・・・・・・・・・・・・・・・ *117*
フェミニズム・・・・・・・・・・・・・ *69, 81, 112*
フォート（faute）・・・・ *34, 37, 152, 209, 210*
父　　権・・・・・・・・・・・・・・・・・・・・・・・・・・ *105*
附合契約・・・・・・・・・・・・・・・・・・・・・・・・・・ *166*
附従物・・・・・・・・・・・・・・・・・・・・・・・・・・・・・・ *195*

◆事項索引◆

不真正連帯債務……………………220	別産制……………………111, 113
附遅滞………………………………204	別様に／異なる仕方で……………254
物権法改正草案……………………250	ペリュシュ………………29, 107, 212, 251
プッサン事件………………………165	ペリュシュ事件……………28, 67, 215
不動産開発契約……………………235	ベルギー民法草案……………………80
不動産物権変動……………………146	ベルトラン判決……………………211
不分割………………………………235	法……………………………………30
不予見理論…………………………191	ボヴァリー夫人………………………80
フランス学…………………………255	妨害（障害）…………………………39
フランス型プライバシー保護………66	法 学…………………………177, 187
フランス現代思想……………………4	法学改革運動…………………………25
フランス人……………………………47	法学者共同体………………………248
フランス政府給費留学生…………148	法学入門…………………………23, 24
フランス的「権利」観………………57	法科大学院……………………118, 247
フランス的「婚姻」観…………73, 85	――の発足…………………………14
フランス的「財産」観………………57	包括共有制…………………………111
フランス的な「婚姻親子」観………91	法教育…………………………237, 247
フランス的な司法観………………182	法 源…………………………25, 27
フランス文学…………………………4	法現象…………………………………30
フランス法学………………………255	報告委員………………………………79
フランス法研究のルネサンス……5, 99	方式の自由…………………………189
フランス法主義…………………146, 154	法システム……………28, 140, 181, 244
フランス民法	法社会学………………………………83
544条………………………………137	法主体…………………………………50
1134条……………………………188	法 人……………………42, 50, 56
1382条……………………………208	法人格…………………………………56
フランス民法(典)100周年………7, 31	法人理論………………………………51
フランス民法(典)200周年…14, 31, 158	法制審議会……………………………89
フランス民法典200周年記念論文集	法定管理権…………………………104
………………………12, 16, 255	法定財産制…………………………111
フランス・モデル…………………251	法定相続主義………………………123
ブリク判決…………………………211	法定抵当権…………………………241
不履行の抗弁………………………205	法適用過程……………………………28
フロード（論）…………………152, 193	法 典…………………………………30
文 化…………………………………38	法典調査会……………………………79
分 析…………………………………164	法典論争…………………………5, 7, 79
分 類…………………………………133	法とは何か……………………………24
別 居…………………………………80	法認識論………………………………27

279

◆ 事 項 索 引 ◆

法の社会化……………………… 8, 188
暴利行為論……………………… 169
法　律………… 23, 27, 171, 189, 190
補充指定………………………… 142
保　証…………………………… 236
補償給付………………………… 85
補助線機能……………………… 232
母体保護法……………………… 74
ボトムアップ…………………… 186
母　法…………………………… 226
母法研究………………………… 8, 9
本質的債務論…………………… 184

　　　◆ ま 行

マイノリティ………………… 69, 106
マイヨット…………………… 15, 149
前契約…………………………… 234
負け組…………………………… 4
マンション法…………………… 143
短い世紀………………………… 6
身分証書………………………… 42
身分占有………………………… 97
民権運動…………………… 7, 127
民事婚…………………………… 72
民事責任論………………… 34, 210
民事身分…………………… 43, 48
民法(社会の基本法としての～) … 251
民法季刊雑誌…………………… 136
民法(債権法)改正……………… 250
民法(債権法)改正検討委員会…… 17
民法典………………… 30, 31, 141, 254
　　　──という思想……… 251
民法典改正委員会……………… 112
民法入門………………………… 32
無生物責任……………………… 211
もう一つの契約総則…………… 234
目　的………………… 56, 168, 174
物(財産)の法…………………… 131

物と債権債務の法………… 11, 15, 131
森田＝潮見論争………………… 222, 223
問題発見………………………… 233

　　　◆ や 行

約定共通制……………………… 111
約　款…………………………… 8
遺言自由主義…………………… 123
友　人…………………………… 106
有責離婚………………………… 83
UFJ事件………………………… 167
ユニドロワ契約法原則………… 170
ユマニスム………………… 65, 135
要件事実論……………………… 183
預金口座………………………… 112
ヨーロッパ契約法(典)…… 30, 58, 158
ヨーロッパ契約法原則………… 170
ヨーロッパ統合………………… 30
ヨーロッパ法…………………… 30

　　　◆ ら 行

濫用条項………………………… 166
利益考量(論)……… 9, 10, 54, 161, 240
理　解…………………… 66, 152, 154, 155
履行補助者の責任……………… 199
立法(公論としての～)………… 28
立法学…………………………… 27, 29
立法に対する消極主義・積極主義…… 84
立法(の)過程………………… 29, 66
立法資料………………………… 177
立法的多元主義………………… 84
立法のインフレ………………… 228
療養看護………………………… 104
リヨン大学……………………… 89
理　論…………………… 134, 187
臨時法制審議会………………… 89
隣　人…………………………… 106
類別コーズ……………………… 183

280

◆事項索引◆

ル=シャプリエ法……………50
ルネサンス……………………255
歴史人類学……………………124
歴史的解釈……………………187
レジオン………………168, 234
連　帯……………………171, 213
連帯主義……………25, 172, 213
労災補償法……………………208

労働災害法……………………167
ローカルカラー………………147
ローマ法………35, 177, 184, 189, 229

◆わ 行

ワイン……………………………234
枠契約……………………………231

281

◇人名索引◇

◆ あ 行

青山道夫……………………………94
アコラス，エミール（Accolas, Émile）
　………………………………177
アティアス，クリスティアン（Atias, Christian）………………………27
淡路剛久………………213, 220, 249
筏津安恕……………………………176
五十嵐清…………………………60, 191
池澤夏樹……………………………246
池田真朗…………9, 185, 221, 243, 249
石川博康………………………176, 184
石坂音四郎…………………………98
石崎政一郎…………………144, 206
磯村保………………………………118
伊丹一浩……………………………124
伊藤昌司…………………………96, 122
稲本洋之助……………70, 113, 120, 138
犬伏由子……………………………115
井上正一………………………………7
岩村正彦……………………………167
ヴィダル，ジョセ（Vidal, Jose）……193
ヴィネー，ジュヌヴィエーヴ（Viney, Geneviève）………………159, 203
ヴェイユ，シモーヌ（Veil, Simone）…93
上田敏………………………………3
内池慶四郎…………………………222
内田貴…………………………10, 230
梅謙次郎…5, 80, 89, 90, 144, 148, 162, 206
エスマン，アデマール（Esmein, Adhemar）……………………211
海老原明夫…………………………51
遠藤周作……………………………246
大江健三郎………………………4, 246

大塚直………………………………36
大塚久雄……………………………138
大村敦志………10, 27, 66, 141, 142, 169, 171, 175, 182, 185, 252
荻野アンナ…………………………246
沖野眞已……………………………180
オブリー，シャルル（Aubry, Charles）
　……………………………65, 134, 177
オリヴィエ＝マルタン，フランソワ
　（Olivier-Martin, François）………189
オーリウ，モーリス（Hauriou, Maurice）
　…………………………………29

◆ か 行

戒能通厚……………………………138
甲斐道太郎…………………………138
加賀乙彦……………………………246
加賀山茂……………………………153
片山直也………………………134, 193
カタラ，ピエール（Catala, Pierre）…59
加藤一郎…………………………54, 94
加藤周一………………………………4
金山直樹………9, 118, 144, 244, 252
カピタン，アンリ（Capitant, Henri）
　………………………23, 25, 108, 173, 187
カピタン，ルネ（Capitant, René）…108
鎌田薫……………………113, 149, 152, 182
カミュ，アルベール（Camus, Albert）
　…………………………………4
カムピオン，リュシアン（Campion, Lucien）………………………36
カルボニエ，ジャン（Carbonnier, Jean）
　………24, 30, 32, 40, 49, 57, 61, 69, 73, 83, 84, 107, 108, 112, 114, 132, 137, 188, 190, 206, 227, 228

◆ 人名索引 ◆

川島武宜·············8, 98, 147, 220, 225
カンバセレス，ジャン＝ジャック・レジ・ド（Cambacérès, Jean-Jacques Régis de）
·············40
ギグー，エリザベート（Guigou, Élisabeth）
·············86
北川善太郎·············5, 230
北村一郎·············64, 167, 179, 212, 254
ギメ，エミール（Guimet, Émile）·····89
久貴忠彦·············74
工藤祐厳·············226
久保野恵美·············212
倉橋由美子·············246
グリマルディ，ミシェル（Grimaldi, Michel）·············158
来栖三郎·············222
クローデル，ポール（Claudel, Paul）
·············107
ゲスタン，ジャック（Jacques, Ghestin）
·············162, 164, 169, 171, 172, 175, 227
小粥太郎·············133, 172, 175, 196, 248
後藤巻則·············92, 163
五来欣造·············6
コルメ＝ド＝サンテール，エドゥアール（Colmet de Santerre, Edouard）···225
コルニュ，ジェラール（Cornu, Gérard）
·············49, 62, 110, 115, 132, 169, 170, 237
今野正規·············201

◆ さ 行 ◆

齋藤哲志·············182, 205
斎藤兆史·············256
佐藤岩昭·············185, 225
サヴァチエ，ルネ（Savatier, René）
·············210
サルトル，ジャン＝ポール（Sartre, Jean-Paul）·············4
サレイユ，レイモン（Saleilles, Reymond）
·············26, 51, 187, 210, 211
澤敬子·············48
ジェニー，フランソワ（Gény, François）
·············25, 26, 144, 187
下森定·············225
七戸克彦·············154
四宮和夫·············56
渋沢栄一·············107
島崎藤村·············246
シムノン，ジョルジュ（Simenon, Georges）·············113, 246
シャザル，ジャン＝パスカル（Chazal, Jean-Pascal）·············189
ジャマン，クリストフ（Jamin, Christophe）·············171, 189
ジュペ，アラン（Juppé, Alain）······86
ジュリオ・ド・ラ・モランディエール，レオン（Julliot de la Morandiere, Léon）
·············85, 108
ジョスパン，リオネル（Jospin, Lionel）
·············86
ジョスラン，ルイ（Josserand, Louis）
·············36
シラク，ジャック（Chirac, Jacques）
·············31
新関輝夫·············211
末川博·············8, 34
末弘厳太郎·············8, 98, 147, 155
杉山直治郎
·············8, 25, 53, 89, 107, 166, 181, 213, 250
スタルク，ボリス（Starck, Boris）···213
須永醇·············102
瀬川信久·············9, 216, 249
関口晃·············216
芹沢光治良·············246
千藤洋三·············119
ゾラ，エミール（Zola, Émile）······246

283

◆人名索引◆

◆ た 行

高木多喜男 …………………………… 125
高橋幸八郎 ……………………… 113, 138
高橋たか子 …………………………… 246
高橋朋子 …………………………… 57, 115
高畑順子 ……………………………… 200
高村学人 ……………………… 58, 191, 252
滝沢正 ………………………………… 118
滝沢聿代 ……………………………… 149
田中通裕 ……………………………… 101
辻邦生 ………………………………… 246
辻仁成 ………………………………… 246
椿寿夫 ………………………………… 220
デュケヴェ゠デフォセ，フランソワーズ
　（Dekeuwer-Defossez, Françoise）… 86
デュギ，レオン（Duguit, Léon）
　………………………… 8, 29, 39, 155
テリー，イレーヌ（Irène, Théry）…… 86
デリダ，ジャック（Derrida, Jacques）
　………………………………………… 4
デルマス゠マルティ，ミレイユ（Delmas-
　Marty, Mireille）………………… 155
テレ，フランソワ（Terré, François）
　………………………… 31, 59, 187, 228
道垣内弘人 ……………………… 10, 141, 240
ドゥパルデュー，ジェラール（Depardieu,
　Gérard）…………………………… 113
ドゥマント，アントワーヌ゠マリ
　（Demante, Antoine Marie）……… 225
ドゥモーグ，ルネ（Demogue, Rene）
　……………………………………… 200
ドゥモロンブ，シャルル（Demolombe,
　Charles）…………………… 224, 225
ド・ゴール，シャルル（de Gaulle, Charles）
　……………………………………… 49
トッド，エマニュエル（Todd, Emmanuel）
　……………………………………… 124

飛世昭裕 ……………………………… 210
ドマ，ジャン（Domat, Jean）… 177, 249
富井政章 …… 25, 52, 80, 89, 107, 144, 162

◆ な 行

永井荷風 ……………………………… 246
中川善之助 …………………………… 94
中川高男 ……………………………… 97
中田裕康 ………………………… 215, 230, 253
中村真一郎 ………………………… 4, 246
中家一憲 ……………………………… 181
ナポレオン　→ボナパルト，ナポレオン
西希代子 ……………………………… 249
西村信雄 ……………………………… 230
二宮周平 ……………………………… 77
二宮宏之 ……………………………… 114
橋島次郎 ……………………………… 67
野崎歓 ………………………………… 256
野澤正充 ………………………… 194, 222, 233
野田良之 ……………… 8, 26, 27, 52, 108, 113,
　　　　　　138, 144, 181, 209, 246, 250
野村豊弘 ………………………… 160, 185

◆ は 行

橋本博之 ……………………………… 29
鳩山秀夫 ………………………… 35, 98, 148
パニョル，マルセル（Pagnol, Marcel）
　……………………………………… 246
原恵美 ………………………………… 134
原田純孝 ………………………… 113, 122, 138
バルザック，オノレ・ド（Balzac, Honoré
　de）…………………………… 113, 246
樋口陽一 …………… 68, 114, 137, 144, 256
ピコ，イヴ（Picod, Yves）………… 192
平井宜雄 ………………………… 5, 8, 9, 226, 233
平野義太郎 …………………………… 138
広中俊雄 ……………………………… 69
ファーブル゠マニャン，ミュリエル

284

◆人名索引◆

（Fable-Magnan, Muriel）………… *165*
フォン・バール，カール・ルードヴィッヒ（Von Bar, Carl Ludwig）……… *158*
福井勇二郎……………………… *181, 250*
福田誠治………………………… *221, 249*
福永武彦……………………………… *4*
福本忍………………………………… *205*
フーコー，ミシェル（Foucault, Michel）……………………………………… *4*
プラニオル，マルセル（Planiol, Marcel）……………………………… *63, 210*
ブルデュー，ピエール（Bourdieu, Pierre）……………………………… *4, 124*
フワイエ，ジャン（Foyer, Jean）…… *49*
ペリネ＝マルケ，ユーグ（Périnet-Marquet, Hugues）………… *141, 144*
ペロー，ロジェ（Perrot, Roger）… *187*
星野英一………………… *5, 6, 54, 99, 147, 148, 230, 243, 249, 251*
穂積重遠………………………… *89, 90*
穂積陳重………………………… *80, 89*
ポチエ，ロバート・ジョセフ（Pothier, Robert Joseph）…………… *177, 249*
ボナパルト，ナポレオン（Bonaparte, Napoléon）……………………… *40*
堀江敏幸…………………………… *246*
ポルタリス，ジャン＝エティエンヌ＝マリー（Portalis, Jean-Etienne-Marie）……………………………… *40, 65*
ボワソナード，ギュスターヴ・エミール（Boissonade, Gustave Émile）………… *5, 7, 79, 154, 162, 221, 224, 243*
ボンヌカーズ，ジュリアン（Bonnecase, Julien）…………………… *112, 187*

◆ま 行

牧野英一…………………… *26, 35, 213*
マゾー，ドゥニ（Mazeaud, Denis）

……………… *108, 119, 158, 171*
松尾弘……………………………… *155*
松川正毅………………………… *125, 144*
マロリー，フィリップ（Malaurie, Philippe）……… *132, 136, 159, 242, 246*
ミシュー，レオン（Michoud, Léon）… *51*
水野紀子……………………… *78, 85, 94*
水林章……………………………… *246*
水林彪……………………………… *252*
水町勇一郎…………………… *10, 167*
水本浩……………………………… *138*
箕作麟祥………………………… *126*
モチュルスキー，アンリ（Henri, Motulsky）………………………… *187*
モーパッサン，ギ ド（Maupassant, Guy de）…………………………… *91, 246*
森有正…………………………… *4, 246*
モリエール（Moliére）…………… *246*
モーリー，ジャン（Maury, Jean）… *187*
森田修………………… *171, 204, 223, 249*
森田宏樹… *10, 159, 162, 189, 198, 227, 253*
モンテスキュー，シャルル＝ルイ・ド（Montesquieu, Charles-Louis de）… *189*

◆や 行

山口俊夫………………… *8, 52, 108, 144, 170, 188, 196, 206, 213*
山口昌男……………………………… *3*
山下純司…………………………… *164*
山田誠一………………………… *55, 143*
山田登世子………………………… *256*
山野目章夫…………… *69, 141, 240, 241*
山本和彦………………………… *29, 167*
山本桂一………………………… *9, 52, 181*
山本敬三…………………………… *171*
横光利一…………………………… *246*
横山美夏…………………… *57, 118, 134, 154*
吉田克己………………… *113, 141, 248*

285

吉田邦彦·····················*10, 215*
米倉明·························*94*

◆ ら 行

ラスレット，ピーター（Peter, Laslett）
　····························*124*
ラヌウイ，ベロニック（Ranouil, Véronique）···············*189*
リペール，ジョージ（Ripert, Georges）
　··························*36, 53*
ルヴヌール，ローラン（Laurent, Leveneur）·················*158*
ルケット，イヴ（Lequette, Yves）···*158*
ルジャンドル，ピエール（Legendre, Pierre）····················*186*
ルポール，ピエール（Lepaulle, Pierre）

　····························*56*
レヴィ=ストロース，クロード（Lévi-Strauss, Claude）···········*4*
レミー，フィリップ（Rémy, Philippe）
　····························*203*
ロー，シャルル（Rau, Charles）
　······················*65, 134, 177*
ロベール，ジャック（Robert, Jacques）
　····························*108*

◆ わ 行

我妻栄··················*8, 34, 138, 148*
渡辺一夫·······················*246*
渡辺一民·························*3*
渡辺洋三······················*138*

著者紹介

大村敦志（おおむら・あつし）

1958 年　千葉県生まれ
1982 年　東京大学法学部卒業
現　在　東京大学法学部教授

主要著書

公序良俗と契約正義（有斐閣，1995 年）
法源・解釈・民法学（有斐閣，1995 年）
典型契約と性質決定（有斐閣，1997 年）
契約法から消費者法へ（東京大学出版会，1999 年）
消費者・家族と法（東京大学出版会，1999 年）
法典・教育・民法学（有斐閣，1999 年）
20 世紀のフランス民法学から（東京大学出版会，2009 年）
新しい日本の民法学へ（東京大学出版会，2009 年）
基本民法Ⅰ・Ⅱ・Ⅲ（有斐閣，Ⅰ：2001 年，第 3 版，2007 年，Ⅱ：2003 年，第 2 版，2005 年，Ⅲ：2004 年，第 2 版，2005 年）
消費者法（有斐閣，1998 年，第 3 版，2007 年）
家族法（有斐閣，1999 年，第 3 版，2010 年）
民法研究ハンドブック（有斐閣，共著，2000 年）
民法総論（岩波書店，2001 年）
民法読解　総則編（有斐閣，2009 年）

フランス民法──日本における研究状況　　　〈法律学の森〉

2010（平成22）年 8 月 10 日　第 1 版第 1 刷発行
　　　　　　　　　　　　　　　2391-0-01011：P304，￥3800E

著　者　大　村　敦　志
発行者　今　井　　貴
発行所　信山社出版株式会社
　　　　〒113-0033　東京都文京区本郷6-2-9-102
　　　　Tel 03 - 3818 - 1019
　　　　Fax 03 - 3818 - 0344
　　　　出版契約 2010-2391-01010　info@shinzansha.co.jp
　　　　笠間支店　kurusu@shinzansha.co.jp

Printed in Japan

Ⓒ Atsushi OMURA：大村敦志，2010．印刷・製本／亜細亜印刷・大三製本

ISBN978-4-7972-2391-0 C3332

2391-0-01011-012-030-005　コピー禁止　信山社　分類324.028 a 001.フランス民法・日本民法

『法律学の森』刊行にあたって

一八八〇年（明治一三年）、西欧列強との不平等条約改正の条件とされた西欧法体制の継受の第一弾として旧刑法・治罪法が制定されて以来、わが国の法律学は一世紀以上の歴史を重ねました。この間、明治期・大正期・第二次大戦後の法体制の変革期を越えたわが国の法律学は、高度経済成長期を迎えて急速にその内容を成熟させるにいたりました。この結果、わが国の法律学は、世界的にみても高度かつ独自の法文化の伝統を形成するにいたり、法律家の国際交流も学術レベル・実務レベルの全般にわたって盛んに行われ、世界各国の法文化と日本法文化の「接触」も深まりつつあります。

さらに近年は、法律学の対象の一層の高度化・複合化・国際化の進展にともない、法律学と法学者に対するニーズが大きく変化して、分極化・専門化と横断化は加速度的に進んでいます。このため、従来の法律学の読み替え、再構成の試みが新しい世代により推し進められているところです。

まもなく二一世紀です。

そこで、私どもは、世界史的な変動のなかで新たな展開を試みつつある法学者の自由な発想と方法論の開発を支援し励まして多くの独創的な法律学の誕生を促し、もって変化の著しい時代への対応を可能ならしめることを希って、本叢書の刊行を企図いたしました。自由で開放的かつ奥深い「法律学の森」が、研究者の協力と読者の支持によって健やかに成長を遂げて形成されることを念じて、刊行を進めてまいります。

一九九四年三月

『法律学の森』企画委員
信山社

広中俊雄 編著

〔協力〕大村敦志・岡孝・中村哲也

日本民法典資料集成
第一巻 民法典編纂の新方針

【目次】

『日本民法典資料集成』(全一五巻)への序
全巻凡例　日本民法典編纂史年表
全巻総目次　第一巻目次　第一部細目次

第一部「民法典編纂の新方針」総説
Ⅰ 新方針＝民法修正の基礎
Ⅱ 法典調査会の作業方針
Ⅲ 甲号議案審議前に提出された乙号議案とその審議
Ⅳ 民法目次案
Ⅴ 甲号議案審議以後に提出された乙号議案

第一部あとがき(研究ノート)

来栖三郎著作集Ⅰ～Ⅲ

《解説》安達三季生・池田恒男・岩城謙二・清水誠・須永醇・瀬川信久
利谷信義・唄孝一・久留都茂子・三藤邦彦・山田卓生

《Ⅰ》 1 法律家・法の解釈・財産法 2 慣習法判例評釈(1)(総則・物権) ＊法律家 3 法の解釈と法律家 4 法の解釈における制定法フィクション論につらなるもの 5 法の解釈 6 法の解釈適用上の遵守 7 いわゆる事実たる慣習 B 民法・財産法全般・契約法を除く 8 学習展望・民法 9 民法における親似について 10 立木取引における明認方法について 11 財産法判例評釈(1)(総則・物権) 証券 12 損害賠償の範囲および方法に関する日独両法の比較研究 13 契約法と不当利得法 ＊財産法判例評釈(2)(債権・その他) C 契約法 14 契約法の歴史と現状 15 契約法判例評釈(1)(総則) 16 日本の贈与法 17 第三者のためにする契約 18 日本の手付法 19 小売商人の瑕疵担保責任 20 民法上の組合の訴訟当事者能力 ＊財産法判例評釈(2)(債権・その他)

《Ⅲ》 家族法・家族法判例評釈(親族・相続) D 親族法に関するもの 21 内縁関係に関する学説の発展 22 婚姻の無効と戸籍の訂正 23 穂積陳重先生の自由離婚論と穂積重遠先生の離婚制度の研究講演 24 養子制度に関する二三の問題について 25 日本の養子法 26 中川善之助『日本の親族法』(紹介) E 相続法に就いて 27 共同相続財産に就いて[new!] 《新刊紹介》 ＊家族法

28 相続順位 29 日本の相続税と相続制度 30 遺言の取消 31 相続に関するもの(法令の解釈) F その他・家族法に関する論文 32 戸籍法と親族相続法 33 lowest について 34 中川善之助「身分法の総則的課題＝身分権及び身分行為法判例評釈(親族・相続)」付・略歴・業績目録

信山社

民法研究

広中俊雄責任編集

第一号
民法と民法典を考える——「思想としての民法」のために/大村敦志
日本民法典編纂史とその資料——旧民法公布以後についての概観/広中俊雄
二、五〇〇円（税別）

第二号
法律行為論の課題（上）——当事者意思の視点から/磯村 保
「民法中修正案」（後二編を定める分）について
——政府提出の冊子、条文の変遷/広中俊雄
箕作麟祥民法修正関係文書一覧
三、〇〇〇円（税別）

第三号
第一二回帝国議会における民法修正案（後二編）の審議/広中俊雄
民法修正原案の「単独起草合議定案」の事例研究・梅文書・穂積文書所収
稿〈所有権／取得／共有〉及び書き込みの解読を通して/中村哲也
田部芳民法修正関係文書一覧
三、〇〇〇円（税別）

第四号
《民法の理論的諸問題》の部 「人の法」の観点の再整理/山野目章夫
《隣接領域からの寄稿》の部 〈個人の尊厳と人間の尊厳〉
人間の尊厳 vs 人権？
——ペリュシュ事件をきっかけとして——／報告 樋口陽一（挨拶 広中俊雄）
主題〈個人の尊厳と人間の尊厳〉に関するおぼえがき/広中俊雄
二、〇〇〇円（税別）

第五号
近代民法の本源的性格——全法体系の根本法としての Code civil／水林 彪
基本権の保護と不法行為法の役割／山本敬三
『日本民法典資料集成』第一巻の刊行について（紹介）／瀬川信久
三、五〇〇円（税別）

信山社

21世紀の日韓民事法学
― 高翔龍先生日韓法学交流記念 ―

韓日に斯くの如き交流あり　　4-7972-3225-0　10,000円（税別）

【編集】加藤雅信／瀬川信久／能見善久／内田貴／大村敦志／尹大成／玄炳哲／李起勇

法学六法／標準六法
石川明・池田真朗・宮島司・安冨潔・三上威彦・大森正仁・三木浩一・小山剛 編集代表

潮見佳男 著
プラクティス債権総論〔第3版〕

木村琢麿 著
プラクティス行政法

山川隆一 編
プラクティス労働法

柳原正治・森川幸一・兼原敦子 編
プラクティス国際法講義

信山社